U0568172

江苏省 2014 国际博物馆日 主题论坛论文集

江苏省文物局／编

文物出版社

主　　编：刘谨胜

副 主 编：车　宁

执行主编：邢致远

责任印制：张道奇

责任编辑：孙漪娜

图书在版编目（CIP）数据

江苏省2014国际博物馆日主题论坛论文集／江苏省
文物局编．—北京：文物出版社，2015.4
ISBN 978 - 7 - 5010 - 4261 - 6

Ⅰ. ①江…　Ⅱ. ①江…　Ⅲ. ①博物馆 - 工作 - 文集
Ⅳ. ①G26 - 53

中国版本图书馆 CIP 数据核字（2015）第 085327 号

江苏省2014国际博物馆日主题论坛论文集
江苏省文物局　编
*
文 物 出 版 社 出 版 发 行
（北京市东城区东直门内北小街 2 号楼）
http：//www. wenwu. com
E-mail：web@ wenwu. com
北京宝蕾元科技发展有限责任公司制版
北 京 京 都 六 环 印 刷 厂 印 刷
新 华 书 店 经 销
787 × 1092　1/16　印张：23.5
2015 年 4 月第 1 版　2015 年 4 月第 1 次印刷
ISBN 978 - 7 - 5010 - 4261 - 6　定价：120.00 元

本书版权为独家所有，非经授权，不得复制翻印

目录

民办博物馆法人财产权研究的必要性与可行性刍议

内容提要 |

　　目前，法人财产权已成为民办博物馆管理中最为薄弱的环节。本文从开展这一研究的背景入手，重点分析了研究的可行性和必要性，并阐述了研究的主要目标和主要内容，以及在此研究基础上将形成的成果。

关 键 词 |

　　民办博物馆　法人财产权　研究

江苏省文物局

邢致远

随着社会经济的发展和文化遗产保护理念的深入，民间资本日趋活跃，公众消费能力不断提高，民间收藏队伍逐步壮大，民办博物馆数量迅速增加。同时，各级行政主管部门相继制定和出台了相关管理和扶持政策，为民办博物馆搭建了良好的发展平台。在对民办博物馆的管理实践中，法人财产权已成为法人治理体系中最薄弱的环节，权、责、利之间不明晰，既不能保障民办博物馆的合法权益，又不能依法对民办博物馆进行有效的管理。有鉴于此，系统研究民办博物馆法人财产权制度，编制有关规范性文件，对于完善民办博物馆管理制度体系、规范和促进民办博物馆健康发展具有十分积极的意义。

一、开展民办博物馆法人财产权研究的背景

民办博物馆是为了教育、研究、欣赏的目的，由社会力量利用非国有文物、标本、资料等资产举办，并向公众开放的非营利性社会服务机构。根据《民办非企业单位登记管理暂行条例》规定，成立民办博物馆，应当在民政部门登记并取得独立法人资格。

根据《民法通则》的规定，作为具有法人资格的社会组织，民办博物馆具有民事权利能力和民事行为能力，独立享有民事权利和承担民事义务。作为法人民事权利的核心，民办博物馆应当拥有完整的法人财产权。所谓"法人财产权"即法人财产所有权，是《民办通则》赋予法人的四项基本特征之一，也是法人存在的基本要素。只有具备了独立的财产，法人才能真正成为"依法独立享有民事权利和承担民事义务的组织"。

民办博物馆作为非营利的社会服务机构，其财产是受国家法律保护的法人财产，特别是其所收藏的藏品属于带有公共信托属性和历史、艺术、科学价值的公共文化财富，具有特殊的法律地位，应当得到明确的所有权。只有在确保民办博物馆享有完整所有权的基础上，才能保证其对藏品的详细记录、长久保管、合理利用和有序管理。

二、民办博物馆法人财产权研究工作的必要性分析

1. 健全法人财产权是民办博物馆行使法人权利的保障

《民法通则》第三十七条规定，"法人应当具备有必要的财产或者经费。"《物权法》第六十九条规定，"社会团体依法所有的不动产和动产，受法律保护。"《民办非企业单位登记管理暂行条例》第二十一条规定，"民办非企业单位的资产来源必须合法，任何单位和个人不得侵占、私分或者挪用民办非企业单位的资产。"民办博物馆是依据《民办非企业单位登记管理暂行条例》登记设立的民办非企业法人。根据《民法通则》规定，民办博物馆作为独立人格的法人组织，应当拥有完整的法人财产权。作为法人民事权利的核心，法人财产所有权是法人之所以存在的基本要件。只有具备了独立的财产，法人才能真正成为"依法独立享有民事权利和承担民事义务的组织"。根据《民办非企业单位登记管理暂行条例》的规定，民办博物馆属于民办非企业单位（在《物权法》中称为社会团体），应当对其财产拥有法人财产权。

2. 健全法人财产权是民办博物馆履行职业道德的要求

民办博物馆作为非营利的社会服务机构，其财产是受国家法律保护的法人

财产，特别是其所收藏的藏品属于带有公共信托属性和历史、艺术、科学价值的公共文化财富，具有特殊的法律地位，应当得到明确的所有权。《国际博物馆协会博物馆职业道德（2004）》将合法所有权作为博物馆公共信托的首要组成部分。只有在确保民办博物馆享有完整法人财产权的基础上，才能贯彻落实文物保护的"保护为主、抢救第一、合理利用、加强管理"的实质要义，推进民办博物馆的持续、健康发展，履行博物馆的职业道德，实现博物馆这一公益性文化机构的社会效益。

3. 健全法人财产权是加强民办博物馆管理的基础环节

民办博物馆法人财产往往依附于举办者所有。根据国家文物局"规范和促进民办博物馆发展调研"所收集的数据显示：有86.8%的民办博物馆的藏品仍属于举办者所有，56.6%的民办博物馆馆舍属举办者所有。由于没有独立的财产权，以及与财产权相配套的确权、监管和保障措施，民办博物馆所拥有的财产，包括接收捐赠和接受政府资助而形成的财产，都处于举办者的实际控制之中，从制度层面很难保证其应有的公益属性和公用物价值。现行博物馆管理法规中关于民办博物馆法人财产权的规定稀少且零散，缺少对于民办博物馆法人财产构成、认定、确权、监管、审计以及博物馆终止后处置的专门规定，不利于推进民办博物馆的健康可持续发展。

三、民办博物馆法人财产权研究工作的可行性分析

1. 行政部门为民办博物馆健全法人财产权搭建了政策平台

党的十八届三中全会明确提出：推进社会组织明确权责、依法自治、

发挥作用。法人财产权问题已经成为了制约各种类型社会组织可持续发展的普遍性问题。文物行政主管部门一直积极倡导落实民办博物馆的法人财产权，并将"落实民办博物馆的法人财产权"明确写入了中央七部门《关于促进民办博物馆发展的意见》（文物博发〔2010〕11号）。国家文物局开展"规范与促进民办博物馆发展专题调研""民办博物馆行为规范评估"，出台了《民办博物馆设立标准》，为健全民办博物馆法人财产权进行了前期的调研，积累了必要的数据资料。各地方党委、政府十分重视民办博物馆的建设与发展。据不完全统计，以地方党委或政府名义，出台相应的扶持政策的地区有：成都市、慈溪市、柳州市、上虞市、绍兴市、宜兴市、永康市等；地方党委或政府以转发文件的方式，出台相应的扶持政策的地区有：北京市朝阳区、余姚市等；以文物部门单独行文或联合有关主管部门出台相应的扶持政策的地区有：重庆市、南通市、天津市滨海新区、常州市武进区、海宁市、深圳市等。长沙市制定了《民办博物馆管理办法》、淄博市等公布了促进民办博物馆发展的意见，常州市、扬州市正在调研和制定民办博物馆管理的相应政策。

2. 其他行业的实践为民办博物馆健全法人财产权提供了思路

与民办博物馆相类似的各类民间公益组织，都开始将法人财产权制度建设作为其行业管理和内部治理的重点问题。在民办教育领域，根据《民办教育促进法》关于"民办学校对举办者投入民办学校的资产、国有资产、受赠的财产以及办学积累享有法人财产权"的有关规定，江西、上海等多地教育主管部门均制定了落实民办学校法人财产权的实施细则。2007年，江西省教育厅、省财政厅、省审计厅、省民政厅在《江西省民办高等学校法人财产权管理办法》中，明确规定了民办高等学校法人财产的概念、构成、认定和过户程序、监督管理制度和违规处罚措施等；2010 年，上海市人民政府办公厅转发了上海市教委、市发展改革委、市财政局、市国税局、市地税局、市住房保障房屋管理局、市民政局联合制订的《上海市推进民办高等学校落实法人财产权的实施办法》，对举办者投入资产、接受国家直接或间接支持形成的资产、接受捐赠形成的资产、学费收入、办学积累以及其他收入等六种不同类型民办高等学校法人财产的登记、管理、监督、信息公开以及学校终止后的处置方法进行了详细规定。实践证明，依法规范民办高等学校法人财产管理，落实民办高校法人财产权，对于明晰民办学校的财产归属、强化民办教育的公益属性，维护民办高校、学生以及举办者的合法权益具有重要价值。这些有效的实践证明健全法人财产权是加强行业管理的必然趋势，同时为民办博物馆的管理提供了思路。

3. 民办博物馆自身需求是健全法人财产权的内在动力

当前，我国民办博物馆已经进入了一个前所未有的快速发展阶段。从 433 家到 535 家再到 647 家，全国民办博物馆数量每年都以超过 20% 的速度快速增长。伴随着数量上的快速增长，民办博物馆的质量和水平也不断提高，许多民办博物馆自身建设不断增强，社会服务能力进一步提升，社会影响也日益扩大。在这样的大背景下，一些民办博物馆从完善内部管理的角度出发，提出了完善法人治理结构的内在要求。2009 年 10 月，北京观复博物馆发起成立了地方性非公募基金会——观复文化基金会，并提出将观复博物馆及其藏品交由基金会管理。宁波华茂集团也成立了华茂教育基金会，为华茂美术馆藏品征集等提供必要的资金支持。据国家文物局统计，截至 2013 年，全国 647 家民办博物馆中，有 237 家成立了理事会（董事会），占总数的 36.6%，较 2010 年的 23 家增加近 10 倍。法人财产权作为法人治理体系中的重要环节，也正在受到民办博物馆的关注，一些民办博物馆馆长已经明确提出了加强法人财产管理、明晰藏品产权属的意愿。在 2010 年"全国民办博物馆发展成都论坛"通过的《关于规范和促进全国民办博物馆发展的成都倡议》中明确提出：落实民办博物馆以藏品为核心的法人财产权和办馆自主权。可以想象，在不久的将来，民办博物馆完善法人治理、明晰财产权属的自身需求必将成为健全法人财产权的内在动力。

四、民办博物馆法人财产权研究工作目标和主要内容

1. 民办博物馆法人财产权研究的主要目标与核心要素

民办博物馆法人财产权研究是一个涉及法学、博物馆学、社会学、经济学等多个领域的复合型研究课题。从目前我国民办博物馆发展现状来看，现阶段此项研究的重点应侧重于确立民办博物馆法人财产权制度，编制《民办博物馆法人财产权管理办法》。研究的目标主要是：明晰民办博物馆的法人财产构成，界定民办博物馆法人财产权的权利属性，规范民办博物馆法人财产认定和过户制度，明确民办博物馆资产管理制度。

依据上述研究目标，民办博物馆法人财产权研究的核心要素应主要包括以下八个方面：

（1）民办博物馆法人财产权的概念和内容：依据现行《民法通则》《物权法》《文物保护法》的有关规定，研究民办博物馆法人财产权的概念和主要内容。

（2）民办博物馆法人财产的类型：根据《民法通则》《物权法》关于财产所有权客体的规定，结合民办博物馆的特点，民办博物馆法人财产主要包括：不动产（馆舍所有权、国有土地使用权）、藏品（馆藏文物、非文物藏品）、其他实物资产、货币资金及有价证券、无形资产、其他资产六个类型，不同类型财产所有权的内容和行使方式均有区别，在本研究中应进一步明确民办博物馆法人财产的分类，并依据分类明确各类财产的权利内容和权利行使要求。

（3）民办博物馆法人财产的构成：根据《民办非企业单位登记管理暂行条例》对于民办非企业单位财产构成的规定，结合民办博物馆管理运行的实际情况，依据财产来源不同，民办博物馆法人财产主要由举办者投入资产、接受国家直接或间接支持形成的资产、接受捐赠形成的资产、门票和文化产品销售收入、办馆积累和其他收入六个方面构成，研究中应当进一步明晰不同来源财产所不同的权属性质和行使权利的相关特殊要求。

（4）民办博物馆法人财产的确权程序：主要研究民办博物馆法人财产的认定和过户制度，包括：不动产所有权变更登记程序、藏品所有权转让登记和备案程序、其他实物资产的转让程序、货币资金的验资程序、无形资产的评估程序、其他资产的相关特别程序等。

（5）民办博物馆法人财产权的行使：主要研究举办者、捐赠人、博物馆理事会、博物馆管理层、政府主管部门及其他相对人对博物馆法人财产所拥有的不同形式的管理权、利用权和监督权等，以及其行使的方式与限制。

（6）民办博物馆法人财产权的监督：主要研究民办博物馆自身、政府主管部门、第三方机构（验资机构、资产评估机构、审计机构）和社会公众对民办博物馆法人财产权进行监督的程序和方法。

（7）民办博物馆法人财产的处置：主要研究民办博物馆法人财产处置（包括藏品处置）应当遵循的博物馆学专业要求和法律规范，并设计符合现行法律与博物馆职业伦理的法人财产处置（包括藏品处置）规范。

（8）相关违法违规行为的处罚措施：主要研究针对涉及民办博物馆法人财产权相关违法违规行为的处罚和救济措施。

2. 民办博物馆法人财产权研究的主要难点

民办博物馆藏品，特别是文物藏品，的财产权确权、管理机制是研究的难点。鉴于民办非企业法人具有民事权利能力，民办博物馆对其依法取得的藏品享有《物权法》规定的所有权。这种所有权一方面受到《物权法》的保护，但另一方面也会受到《文物保护法》《博物馆管理办法》等专门法规和规范性文件对于馆藏文物管理有关规定的限制，属于一种受限制的所有权。依据《物权法》《文物保护法》《民办非企业单位登记管理暂行条例》《博物馆管理办法》等现行规定系统探讨民办博物馆藏品法人财产权归属状况，以及民办博物馆对其藏品所拥有权利的性质、内容与限制。

五、民办博物馆法人财产权研究成果及形式

通过问卷调查、实地调研、分析整理相关数据，综合分析民办博物

馆法人财产管理现状情况，包括财产类型、财产构成、财产来源、财产所有权状况、财产管理情况、接受政府主管部门监管情况等，为制定相关政策提供基础素材支撑。在政策研究、资料分析和实地调研的基础上，编写《民办博物馆法人财产权制度研究报告》《民办博物馆法人财产权制度（草案）》。根据民办博物馆法人财产的不同来源、不同类型财产的管理方式和使用权限情况，依据《民法通则》《物权法》《文物保护法》《信托法》等现行上位法律，结合博物馆业务工作的现状特点，对博物馆法人财产的概念、构成、认定和过户程序、管理制度、监督审计制度、信息公开制度和违规处罚措施等问题进行深入研究，并提出制度设计方案。

《民办博物馆法人财产权制度研究报告》详细阐述民办博物馆法人财产的概念、构成、管理现状情况，民办博物馆所拥有权利的性质、内容与限制以及民办博物馆藏品法人财产权管理和保障机制等问题。

《民办博物馆法人财产权管理办法（草案）》以规范性文件的形式，对民办博物馆法人财产的概念、构成、认定和过户程序、管理制度、监督审计制度、信息公开制度和违规处罚措施等问题加以调整和规范。

《民办博物馆法人财产权制度研究资料汇编》将研究过程中收集的各种资料汇编成册，供今后相关研究参考。

六、 结语

随着民营经济的发展和日趋活跃，越来越多的民间资本通过多种方式参与到博物馆事业中来。民间资本通过合法途径进入博物馆，在一定程度上促进了博物馆事业的发展，民间资本也成为弥补国有资本投入不足的有效补充方式。当前，中国的民办博物馆正以每年 100 家的速度快速增长，这一发展趋势势必要求借鉴相关行业的经验，编制有关民办博物馆法人财产权管理的规范性文件，加强对民办博物馆法人财产权的规范管理，完善民办博物馆管理制度体系，从而促进民办博物馆持续、健康发展。

实现博物馆藏品保护工作的可持续发展

——藏品抢救性和预防性保护的对策与建议

南京市太平天国历史博物馆　钱文胜

内容提要

　　随着我国博物馆事业的不断发展，馆藏文物的保护问题越来越受到人们的重视，但人们对于藏品发生突发性事件所进行的抢救性保护和防患未然的预防性保护所要遵循的规律和原则，以及如何建立相应的保护规划体系尚缺乏清醒的认识，且从理念到实践都还相对薄弱。特别是关注点主要集中在"病后施治"方面。因此借鉴国外成熟的研究成果，普及与提高我国博物馆藏品预防保护的知识和水平，建立、发展和完善藏品保护综合评价体系，协调抢救性保护和预防性保护的有机互动是快速推动博物馆事业实现科学技术现代化的重要途径，也是衡量博物馆现代化水准的标志之一。

关键词

　　抢救性保护　预防性保护　风险管理　可持续发展

众所周知，文物保护是自然科学中一门研究人类文化遗产和自然现象质量变化规律的科学，其实质就是保持藏品的历史价值、艺术价值和科学价值。只有保存本来面貌，才能保持其珍贵价值。因此，文物藏品保护工作的基本原则是保持其原状。藏品保护这个概念，是由其特有的研究对象和承担的专门任务而形成的。其内容是研究对抗自然力对藏品破坏的科学，即研究历代各种质地文物和自然标本在内外因素影响下的质、量变化规律，应用科学技术手段维护藏品质量，对抗一切形式的质变，阻止延缓质变过程，控制降低质变速度，对藏品的劣化进行综合防治；此外，还包含对已损藏品进行修整复原，断定藏品的确切年代以及为探索藏品的构成材料、制作工艺、质变规律、保养措施、修复方法提供科学依据和资讯等诸多方面。

现代科学技术的广泛应用是文物保护实现可持续发展的动力。同时，现代科学技术迅猛发展和管理学的日益强大以及国内外藏品保护观念的更新，引发了我们对现有保护理念的重新审视，重新定位。

一、当前藏品保护现状及问题

人类在历史上创造的具有历史、艺术、科学价值的文化遗存，大部分都已经毁灭消失，保存下来的仅是其中的极小部分。历史文物和自然标本受损的原因，应归于人类自身和大自然。人是文化财产的创造者，也是长期保存历史遗存的最大威胁者。无论是有意识还是无意识的破坏行为，都会带来严重后果。如为了城市建设，随意将古建筑拆毁，用新

13

建筑取而代之。为开发旅游,不适当地在名胜古迹兴建机场、公路、桥梁和人造景观,破坏文化古迹的环境面貌,乃至破坏文化古迹。交通发达所引起的频繁震动,破坏了地质构造的稳定,影响着尚埋藏于地下的文物的保存。在博物馆、文物保护单位附近建设工厂,烟囱林立,烟雾弥漫,排放污水、废弃物,造成环境污染,腐蚀文物。旅游业发展,游客数量倍增,对文物随意触摸、涂刻而造成危害的情况时有发生。文物出土后所采取的保护措施不力、管理不妥或疏忽失职而造成的对文物的损害等。上述人为损坏文物的情况,至今仍未消除且时有发生,因此更应该引起高度重视。

在自然力对文物的破坏中,自然灾害的破坏力是迅速惊人的,包括地壳运动、地震、洪水、台风等。这种灾难性的巨大破坏力,往往是难以预防和突发的。另一类自然破坏力,它虽不如自然灾害那样来势凶猛,但却持久地侵袭着文物,这类自然力包括气候变化、光线辐射、空气污染、生物危害等。这种破坏力虽然进行得缓慢轻微,但日积月累的破坏力绝不可低估,在这些自然破坏因素的作用下,文物向衰败、损坏、消失的方向转化,金属腐蚀矿化、砖瓦酥碱粉碎、石雕风化剥离、织物粘连腐烂、书卷虫蛀霉变、文献字迹漫漶等等,造成对文物寿命的严重威胁。

尽管我国文物保护事业近十年来取得了令人瞩目的成就,但与当前文物保护的繁重任务相比、与国外同行和国内其他行业发展水平相比,博物馆藏品保护总体发展仍然落后。一方面,在频发的自然灾害和病害面前,我们普遍存在"重被动性抢救、轻预防性保护"的观念。另一方面存在"重微观应用、轻综合研究"的现象,在进行藏品保护前没有对所使用的技术手段和方法进行必要的风险管理评估。

二、抢救性和预防性保护的观念内涵

随着我国博物馆事业的不断发展，馆藏文物的保护问题越来越受到人们的重视。我们不但要对已损文物进行抢救性保护，在关注"病后施治"的过程中，其更长期的任务是预防。预防性保护就是通过评估藏品的风险，采取必要的风险管理措施和方法，从而避免或减少藏品未来受损的可能。这是藏品保护从被动向主动转变的结果。

预防性保护概念最初于 1930 年在罗马召开的关于艺术品国际研讨会上被提出，当时预防性保护的概念主要是指博物馆、图书馆和档案馆的温湿度控制，即对博物馆藏品保存环境实现有效监控。这是一次具有里程碑意义的国际研讨会。在这次会议上肯定了实验室研究对文物研究的意义，在国际范围内达成了文物科学保护的共识。1963 年，布朗迪在他的《修复理论》中首次指出，藏品保护最重要和优先的原则应该是采取预防性保护措施，其效果极大优于在紧急情况下的抢救性修复。

从 20 世纪 70 年代开始，ICCROM（国际文化遗产保护与修复研究中心）在全球范围内 11 个国家的 26 个博物馆推广预防性保护的理念。直到 20 世纪 90 年代，这一理念逐渐成熟，并有了相对统一的阐述。ICCROM 将广义预防性保护概括为在不危及物品真实性的前提下，延迟任何形式的、可以避免的损害所采取的必要的措施和行动。可以看出，广义的预防性保护不但包括环境控制等技术层面的因素，还包括管理层面和社会层面的理念。近二十年来，国外的藏品预防性保护发展迅速，有关专家学者对文物的保存环境和灾后处理进行了较为深入的研究，将风险管理的理念引入藏品保护领域。

相较于国外，我国对文物保护的研究方向主要集中于灾害对文物的破坏及针对某种灾害（如火灾、虫害等）发生后的抢救技术，特别是应对式的、抢救式的保护问题。近五年来，专家学者们逐步接受风险防范理念，认识到预防的重要性，研究逐步向积极、有效的预防性保护转变，并在深度与广度上都有一定的突破，但大多缺乏系统的方法。

三、量化藏品风险，实施藏品科学化保护

"风险"的意思仅是"损失的可能性"，它作为一个日常用词和一个术语，往往只是在博物馆面临发生罕见的和灾难性损失的可能，如遭遇火灾、盗窃、战争损害或重大自然灾害时才被提及。而如今"损失的可能性"同样也包括由某些因素对藏品造成的逐步性的和累积性的损害，比如遭受潮湿、虫害、光照以及污染。藏品风险管理的目标就是为了藏品尽可能地减少损失，并最大限度地预防未来的损失。特别是在很多潜在因素造成藏品损害和损失时，量化风险可以有效地分配管理资源，尤其是在资金、设备、人员欠缺的情况下，可使严重的风险得到有效的控制和管理。

对博物馆而言，有多至数以千计的降低藏品风险的方法，这些方法经细分后大致可分为避免恶化因素的源头与诱发物、阻隔所有恶化因素的接触与接触途径、侦测博物馆内造成文物损毁的恶化因素、对存在的恶化因素进行

推测或侦查后做出应对措施、使藏品从恶化因素的影响中恢复五个步骤。前四个步骤是对损害进行预防性保护，而最后一个步骤则是抢救性保护范畴。这五步骤我们不能简单地理解为是独立的，它们之间可以是相互联系的整体，把风险管理工作划分为五个阶段。

1. 确定评估范围与对象

这一阶段是风险评估的基础，需要收集与博物馆及所藏文物的相关的资料，包括当地地震、海啸、台风等自然灾害的资料，以及博物馆曾遭受灾害的历史记录，文物的使用保管记录等，以便更好地进行风险评估与防范；依据对藏品的了解，对其进行价值判定，根据重要性对其进行分级保管，在紧急时刻，优先抢救最重要藏品，避免无法挽回的损失，再按划分级别依次抢救其他藏品，这样才能将价值损失降至最低。

2. 风险识别

对博物馆外部环境、库房的现有设备进行调查，如博物馆建筑的安全、稳定性及其内部布局，如馆内水管、消防设施、警报系统、温湿度调节装置等；观察文物的摆放及保存现状；进行风险识别以推测藏品可能存在的风险。一般可划分为自然力（光照与紫外线、不恰当的温湿度、污染、虫害等累积型风险以及地震、火灾、水灾、盗窃等事件型风险）和人为管理失误造成的风险（蓄意破坏、保护性破坏、信息失传及使用现代信息技术保护文物带来的风险等）。值得注意的是，风险识别并不是一成不变的，环境的改变、设备的更新都会对其造成影响，因此需要结合具体情况以确保风险管理的准确性、有效性。

3. 风险分析

风险分析是量化风险的过程和重要环节。此时需要为每种风险发生的频率或速度、每件藏品价值损失的程度和受影响的藏品范围三个参数进行评分，据此量化风险指数及不确定性。累积型风险的分析需要掌握很多专业知识，要了解藏品制作材料（纸张、字迹等）、工艺流程，监测藏品所处的各项环境指数，明确二者的风险关系；而事件型风险的分析则应在大量信息的基础上进行，需要与各部门建立联系，取得当地的气象资料、地质环境及地震、洪水等自然灾害发生的报告等，另外也需要相关专家在分析过程中给予指导和意见；对于人为风险可根据调查博物馆现行的管理制度及工作人员的知识技能水平等展开分析。

4. 风险评估

根据风险指数及不确定性的大小进行风险评估，其中风险指数越高，表明风险的危害性或者强度越大，反之，则越小；而不确定性越小，表示对于该风险的评估的准确程度越高，反之，则越低。风险指数高、不确定性小的风险，表示该风险危害性强，发生的可能性大，需要进行优先处理。风险分析和评估可使工作人员快速抓住重点，有利于科学分配有限的资源。

5. 风险应对

在经历了风险识别、风险分析、风险评估等环节之后，最终进入风险应对阶段。对于累积型风险，文物保护专家对藏品特性及博物馆环境标准建设方面已做了大量研究，可根据博物馆自身资金、设备及人员条件，对文物采取防光、防温湿度突变等措施，尽可能地为藏品创造稳定洁净的环境；由于事件型风险具有突发性、紧急性、高度不确定性以及广泛的破坏性，直接关系到文物的安全，要动员所有相关部门和人员，真正做到防患于未然。对于文物存在的人为风险，需要加强管理，应形成统一的保护规范，提高档案管理人员的素质，建立完善的管理制度。因此制定一套实用完备的应急预案、健全应急系统、完善应急措施、增强工作人员的风险意识及定期组织应急演练显得尤为重要。

风险管理的五个阶段是对博物馆藏品科学化保护的综合考量和评估，同时也为我们正确处理"抢救性保护"和"预防性保护"二者的辩证关系提供了借鉴作用。

藏品的九项恶化因素

恶化因素	恶化因素的风险	突发性因素	与风险管理有关的其他活动与规定
直接物理作用力 1. 震动 2. 撞击 3. 磨损 4. 重力	破损；变形；凹痕；刺穿；抓痕；磨损。	地震；战争；不当处理；过度拥挤的贮藏；博物馆内部与外部运输。	维护；全体馆员的检测、处理和紧急情况应对；清洁服务；博物馆与政府应对紧急情况的准备措施。
窃贼、破坏者和未经授权使用或移除藏品的人 1. 有意 2. 无意	完全损失；遗失或错放。	职业犯罪和非职业犯罪普通民众；博物员工；高度引人注意的贵重文物。	安保；藏品管理；管理人员和研究人员；当地警方。
火	无法恢复的完全毁坏；焦痕；烟熏损害；水的间接损害。	展览装置；有缺陷的电路、光照系统；纵火；吸烟；毗邻的建筑物。	安保（火灾）；所有博物馆人员参与检测；当地消防服务；维护。

恶化因素	恶化因素的风险	突发性因素	与风险管理有关的其他活动与规定
水	在多孔渗水材料上的渗透或潮湿印记；有机物膨胀；金属锈蚀；黏着剂的溶解；含分层性成分的文物的分层、隆起、被扣住；含连接性成分的文物的松脱、断裂、腐蚀；紧密编织的纺织品或画布的收缩变形。	洪水；暴风雨；有缺陷的屋顶；有缺陷的内部用水与污水排放衔接；有缺陷的外部用水与污水排放衔接；湿管灭火系统。	维护；博物馆与政府应对紧急情况的准备措施。全体馆员的检测；处理和紧急情况应对；清洁服务。
虫害 1. 昆虫 2. 寄生虫、鸟及其他动物 3. 霉菌、细菌	消耗、穿孔、切口、洞穴；排泄物导致材料的毁坏、减弱、外形损毁；蚀刻物质，特别是毛皮、羽毛、皮肤、昆虫藏品、纺织品、纸和木头；有机物质的消耗、细小项目的错置；排泄物与尿液的污染；无机物成为产生虫害物接近有机物的障碍，产生穿孔，对无机物造成污染。	周围景观；接近建筑物边界的植被栖息地；垃圾堆放区；建筑物材料的引入；文物的引入；散落的食物。	维护；建筑物的经营；供应饮食的服务；展览设计；全体馆员；馆外虫害控制公司；馆外识别虫害的生物学家。
污染物 1. 室内与室外气体（污染、氧化等） 2. 液体（增塑剂、脂肪等） 3. 固体（尘土、盐等）	人造品的解体、退色或腐蚀，特别是反应性及多孔渗水性材料。	城市污染；自然污染；建筑材料；包装材料；某些人造产品；清洁材料。	维护；建筑物的运作；展览的设计；建筑物清洁服务。

恶化因素	恶化因素的风险	突发性因素	与风险管理有关的其他活动与规定
辐射 1. 紫外线 2. 灯光（有明显的辐射）	有机物质与某些有色无机物质的外层分解、退色、变暗或变黄；涂料与木质材料外层的退色或变暗，受影响层厚度为 10～100um，或在透明度更高的材料上产生更深的影响。	目光；天窗、窗户的光线；电灯照明。	维护；建筑师；建筑物的运作；展览的设计；安全人员。
不恰当温度 1. 过高 2. 过低 3. 温度变动	有机物质逐渐分解或变色，特别是化学性质不稳定的物质（例如酸性纸、彩色照片、亚硝酸盐与醋酸盐影片）；失去韧性，由颜料与其他聚合物的裂口造成；易脆、固体材料内的破裂与分层，特别是该物品为层状物时 RH 值（温湿相对值）变动而引起的。	区域性气候；漏水；冷墙；有缺陷的机械系统；通风不足。	维护；建筑师；建筑物的运作；展览的设计。
不恰当相对湿度 1. 潮湿（RH 值超过 75%） 2. RH 值高于或低于临界值 3. RH 值波动	霉（有机与无机物质都会被有污点或被弱化）、（金属的）腐蚀与（密梳羊毛织品的）缩水；使某些物质氢氧化/脱水，也使含有盐分的金属腐蚀；逐渐使有机物质分解或退色，特别是化学性不稳定的物质（例如酸性纸）；使没有保护的有机物缩水与膨胀，使有保护的有机物被压破或断裂；引起层化有机物质的分层、隆起、扣住；有机组成部分在结合处变松散。	区域性气候；漏水；冷墙；有缺陷的机械系统；通风不足。	维护；建筑师；建筑物的运作；展览的设计。

四、加强文保科技综合研究和人才培养，促进藏品保护可持续发展

文保科技研究的目的是延缓文物的衰老过程。值得指出的是，由于自然环境的日益恶化和人类不断地开发建设，破坏和保护这一对矛盾必然长期存在。而且人们面对不断变化的形势往往缺乏经验，矛盾也会变得异常尖锐。

长期以来，博物馆还是习惯于从微观角度去衡量具体、实际的保护工作，并没有从宏观角度去审视文物保护所面临的主要问题，也不能协调好抢救性保护与预防性保护二者之间的关系。实践证明，要真正扭转文物保护的被动局面，就必须在大量科学研究成果的基础上向全面、系统、规范的预防性保护转化。例如"小麦淀粉"一直是修复馆藏吴煦档案的普遍采用的传统黏合剂材料，但其抗虫、防霉性能差，我们年年修档案，但没过二三年，档案上就会出现新生霉斑和虫眼。针对既要保持原材料的传统特色不变，又要提高"小麦淀粉"黏合剂的抗虫、防霉性能这一难题，我们以此为契机相继开展"馆藏吴煦档案保护修复预研究"课题攻关。在吴煦档案修复保护预研究中首次将风险管理理念植入整个环节，将全部预研究工作分成前期调研、制定预研方案、试验性修复和修复后总结评估四个阶段实施，并将风险管理评判系统作为考量研究成果的重要参考数据。最终根据评判标准，科研人员研制出的"改性小麦淀粉"配方，大大提高了黏合剂的抗虫、防霉性能，并在以后档案修复中正式启用。通过这一经验表明，加强文保科技综合研究，

坚持"预防性"保护目标，将具体实际与宏观战略相结合、具体保护任务与中长期保护规划相结合，协调好抢救性保护与预防性保护二者关系才是实现文物保护可持续发展的必由之路。

文物保护科学技术属于文物和科技的结合，文物是有限的，科技保护的手段则是无限多样的。随着科学技术的提高，越来越多的文物保护问题可以借现代科学和传统工艺来解决。但如何提高博物馆文保科技水平，关键在于人，因为技术和设备都需要人这个主体来进行使用和操作。博物馆的成长离不开专业人才。首先要善于开发现有的人才资源。我们要尽可能的创造条件，留住一些热爱博物馆工作、致力于博物馆事业的从业人员。要为藏品保护专业人才的成长提供一个良好的环境。其次，文物保护管理研究技术是一个区域化、国际化的技术。要善于借鉴国外成熟的研究成果，普及与提高我国博物馆藏品预防保护的知识和水平。我们一代代博物馆人身上都肩负着重要的历史使命，强烈的责任意识也必将促使着我们转变传统观念，提升思路。唯有如此，才是快速推动博物馆事业实现科学技术现代化的重要途径。

参考文献

［1］G. Ellis Burcaw 著，张云、曹志建、吴瑜等译，《新博物馆学手册》，重庆：重庆大学出版社，2011 年。

［2］帕特里克·博伊兰，《经营博物馆》，上海：译林出版社，2010 年。

［3］Nathan Stolow 著，宋燕、卢燕玲、黄晓宏等译，《博物馆藏品保护与展览》，北京：科学出版社，2010 年。

［4］马里奥·米凯利著，詹长法译，《文物保护与修复的问题（第3卷）》，北京：文物出版社，2009年。

［5］侯卫东，《文物保护科学论文集》，北京：文物出版社，2000年。

［6］詹长法，《预防性保护问题面面观》，《国际博物馆（全球中文版）》2009年第3期。

谁在与你对话？

——博物馆展出藏品的故事性角色与原始性回归

内容提要｜

博物馆在当今扮演着越来越多样的社会角色。作为博物馆向公众展示的窗口之一——展览，也需紧跟时代前行的脚步。对策展人员而言，寻求藏品与观众间有效的交流方式仍值得探究。无论是以主题为重、藏品为辅，向观众讲述故事的展示方式，还是唤起藏品的原始性，以激发观众私人独享感受的方式，都各有千秋。在这种情况下，寻求两者的平衡也许是达到藏品与观众沟通的最真实与最有效的途径。

关键词｜

博物馆　展出藏品　故事性　原始性

常州博物馆

林健　惠露佳

美国福格艺术博物馆（Fogg Art Museum）馆长伊凡·加斯克尔（Ivan Gaskell）曾经说过："如果我们想成为具备批评能力的思想者的话，我们必须承认藏品具有'来世'"。[1]藏品的征集、藏品的定名、藏品的使用方式、藏品价值的体现，反映出的是相关工作人员的主观选择。藏品可以用作考古新发现的参考物，可以作为电视纪录片的主角，可以作为教育教学的视觉辅助工具，可以为博物馆衍生产品的设计提供灵感等。乔治·埃里斯·博寇（G. Ellis Burcaw）认为："藏品的一个主要用途是研究。这种研究可以催生新的知识，可以发现新的资料来源，可以用来编写各种出版物，可以防止赝品，可以编制目录和标签，还可以帮助员工提高技术、增加知识。而藏品的另一个显而易见的用途就是展览。"[2]用之于展览的藏品被赋予了新的意义，这些藏品变成了媒介，成为了沟通历史与当今，沟通观众与博物馆，甚至是沟通藏品与藏品的桥梁。而怎样的沟通方式才是与时俱进、有效可靠的呢？是博物馆工作人员借助藏品与观众对话？还是藏品本身无形之中在和观众交流？

一、博物馆展出藏品的故事性角色

提及美术馆或是博物馆的展览，大多数观众还是抱着"看宝物"的心态前去观赏。例如 2013 年 12 月～2014 年 3 月在上海当代艺术馆举办的"草间弥生——我的一个梦"展，草间弥生其个人品牌效应与独树一帜的艺术表现方式无疑是吸睛的一大法宝；又如 2014 年 3～6 月在上海 K11 举办的莫奈展，非艺术专业的观众一般都是因其《睡莲》慕名而至；想必

"太阳王路易十四——法国凡尔赛宫珍品展"较之石雕艺术展对于大部分观众而言更具有"大片来袭"的震撼感。不可否认，一些以器物为主的展览魅力不容小觑，但是这种"重器物"的展览往往是从历史的角度出发，以"时间轴"为展览基线，将同类或并列的器物按照一定的逻辑顺序呈现在观众面前，容易产生三大弊端：一是展示方式的单一性，基本都要进入历史序列的走向；二是展示内容的表面性，往往将目光投向展示藏品的时代稀缺性和现存价值性；三是展示文化的割裂性，单一类型的器物展示，因忽视了展品背后的人类活动因素，容易"割断了器物与它生存的社会及文化之间的联系，在这种指导思想下形成的陈列往往把观众抛置在一种非解释的环境中，使一般的社会观众难以建立与历史生活的联系"[3]。因此，博物馆策展人员渐渐将目光集中在如何赋予展品新的生命力这一议题之上。尽管展品具有多样化，但是他们之间的内在联系为他们扮演故事性角色提供了可能。

2013 年美国大都会博物馆的展览——"中国园林：亭台楼阁、画室、静居处"，以"园林"这个意向为出发点，通过与其相关的画作、陶瓷、竹刻、漆器、金属制品、纺织品甚至是一些当代照片来表明"园林"这样一处雅所，在中国人口密集的城市中心，往往被视作一个扩展的生活区。这一区域是举办文学集会、戏剧表演、郊游等活动的理想场所，为文学家、艺术家提供了源源不断的创作灵感。如今，园林也被视作反映居住者的品位和个性的一个依据。这一种展示方式所呈现的不是并列的单件物品构成的展示组合（例如展示物都是与园林相关的书画），而是通过一系列与主题相关的藏品来展现园林这一现象以及其对于不同人之意义的变化。本次展览中的六十余件藏品均来自于美国大都会博物馆，以主题为基础，寻求藏品与主题之间的联

27

系，寻求藏品与藏品之间的流转变化关系。对博物馆工作人员而言，不仅要了解单件藏品的内涵，还要了解相关藏品之间的关系，这一藏品选取的过程是反复而且需要甄选比对，才能选择最切合主题的藏品群。这样一种展览，从社会联系和历史变化的角度出发，具有亲和力，因为其冲破了年代学的藩篱以及按风格编排的传统，虽然非历史展览淡化了展览的历史因素，但要理解非历史展览却恰恰要到历史中寻找答案，探寻产生于相距遥远的历史时期和完全不同的文化的作品之间的一致性[4]。

如果说上述藏品所扮演的故事性角色并无强烈的情感色彩用以支撑整个主题，伦敦博物馆2013年的临时展览"医生，解剖和复活人体"则更强调了策展人员的主观性，藏品成为展览主题最强有力的辩护者。而在观众看来，藏品原本的"主体"地位被弱化，取而代之的是展览所传递的信息。这引发了人们开放性的思考：你的身体到底属于谁，以及现代社会尸体解剖、器官移植是否人性化。在这个展览中，藏品实实在在地扮演了一回证人角色，藏品不是主角，主角变为了展览的故事主题。

又如位于英国湖区的彼得兔博物馆，这个博物馆的展示对于藏品的弱化相当明显。观众来这个博物馆很大原因是被彼得兔的故事所吸引。整个博物馆被布置成了一个童话世界，以立体的方式还原了原作中的 23 个场景。可以说这个博物馆中的藏品也许就只有几张作者碧雅翠丝·波特（Helen Beatrix Potter）的照片而已。但在这种叙事性的展示方式中，策展人员将区域的历史文化活化。若将作者碧雅翠丝·波特的系列童话书籍视作博物馆库房中所有的藏品，那再现的这 23 个场景其实也就是一组支撑"彼得兔"主体故事的展品群。通过这一展示方式，展现的是在故事线上当时湖区人们的生存状态与生活方式。

以故事性角色参与展览的藏品,它们的价值突破了传统意义上的历史、科学、艺术价值,更不能用市场上的绝对价值来衡量。这时藏品的价值在于它们成为了沟通媒介,价值的判断标准转而变为藏品自身所蕴含的文化信息,藏品能否支持展览达到主题传播的目的,是否为自然与历史变化过程中强有力的物证,是否能胜任其所扮演的角色以及承担的使命。此种方式的沟通在博物馆界如火如荼地展开,然而藏品所扮演的故事性角色是不是带有强烈的主观性?这样一种展示方式能达到有效的沟通吗?藏品的故事性角色能不能成为一种长久的趋势?

二、博物馆展出藏品的原始性回归

诚然,博物馆并非一个中立的空间。展览主题的选定,展览藏品的选择,展品摆放的位置,展览的文字说明等等都是由策展人员所决定的。展品的意义正在每一次的"再构造"中完成其不同定位。外在因素给予藏品的"二次生命"甚至是多次生命,改变了观众视展品为"对历史自发的依靠"[5]。珍妮特·马斯汀(Janet Marstine)认为:"当我们参观一件博物馆展品时,我们可能认为自己看到的是一些纯净和'权威'的东西——自它诞生以来未经触及……但是博物馆仍然保持着作为'断言的环境'的状态来对参观者的经历产生着影响……博物馆不仅仅反映文化身份,而且通过塑造来产生文化身份。"[6]在不同的历史背景、社会制度之下,藏品的意义是不同的,虽说这样可以激发藏品无限的文化价值,但是其本真是否还是应当得到尊重?这时,在博物馆内,物品不再仅仅是物品,博物馆叙事给藏品构建了新的身份。在这样一种情况下，博物馆是否应当呼唤藏品的原始性回归？

桑德拉·达德利（Sandra Dudley）在其《与中国铜马不期而遇——被藏品的物质性所吸引》一文中讲述了她的经历。她在进入英国康普顿瓦内（Compton Verney）画廊参观前并不知道有什么中国展品，但当她第一眼见到一尊汉代铜马时，她产生了这样的感慨："回归藏品本身是一种私人独享的感受。可以借此增加对藏品本身的关注，而不是通过辅助手段接受'被传递''被教育'的东西。藏品的回归很重要，过去博物馆会展出藏品，大部分提供的都是一种惊奇的感受，而不是为了达到教育的目的。"[7]然而，宋向光认为："只注重藏品，强调让藏品自己表现自己，忽略藏品与现实社会的联系，只会使博物馆笼罩在历史的阴影中，使博物馆长久陷身单调冷清的境遇……所传达的只能是已逝去的信息，所表现的只是材料、形态、纹饰、色泽、工艺、尺度等有限的几种可被看到的特征。如果只展示这些历史信息和单调的外在因素，博物馆展览能不令人费解和使人乏味吗？更重要的，脱离了显示的历史将很难为当代人理解，不能满足当代社会需求的历史只能是无生命的历史。"[8]

博物馆藏品的利用怎样才能达到一个较好的沟通方式？若按照前者，只注重藏品带来的感受进行布展，很容易进入"开放式存储"（展示品即是藏品）的误区。反之，若继续大步走纯故事化的展览，即便引导观众了解藏品的意义和背景这一方式值得肯定，但这样一来很有可能就阻碍或者完全割断了观众与藏品不期而遇产生的第一反应，反而会被藏品"人为叙述"的故事所吸引。藏品价值最好的体现，仍然是"沟通的媒介"。最好的沟通方式应当是被观众认可的价值，而不是策展人员赋予他们的价值。较之在"藏品故事性角色参与"中最后阐述的藏品价值的实现，并不是否定而是添加。此时最好的解决方法就是，在展览中寻求藏品的故事性角色与原始性回归的平衡。

三、藏品的故事性角色与原始性回归的平衡

澳大利亚国家博物馆的策展人在 2009 年"澳大利亚之旅"（2013 年更名为"旅程"）一展中，突出藏品本身又赋予藏品故事框架，并配合多重感官的体验方式，叙述来去澳洲旅人的经历，以激发展品和观众之间的互动。策展人员试图将参观者和他人丰富多样的生活世界相联系，邀请参观者进入他人主观的经历或感受的一个想象空间，使得展品成为连接参观者自身的过往和他人历史的桥梁。他们希望这个展览是以展品为中心而不是以大量的文字叙述为基础，故事的讲述作为展品的附属。策展人员希望参观者可以探索藏品自身的力量来激发这样一种感受：由于认识到原本在彼时彼地的一件器物如今在此时此地的惊喜感。他们希望让藏品回归它们本身的"特质"，藏品可以自行地、主动地激发出观众的好奇心。

在展示理念上，追求"少文多物"。澳大利亚之旅的策展人为选取的藏品构建了"小传"，把注意力放在了这些物件是怎么"参与"到澳大利亚旅人生活之中的。在构建故事体系的过程中，策展人员摒弃了大量文字叙述的方式，对文字的长度、深度做出严格限制。策展人员认为若将一件藏品和单一的时间、地点捆绑在一起会完全消除藏品本身可以给观众提供想象的可能性。所以，取而代之的是激发观众在意识到某一

展品"是什么""有何用处""使用时间""在哪里被使用过"之前感官的本能反应。希望观众能够"设身处地"地站在澳大利亚旅人生活的世界里进行想象，可以通过展品感知过去的人事物，激发观众面对展品第一时间的信息反馈。

在展示方式上，讲求"集中发散"。策展人员把整个大展分为40个小的展示，每一个展示都以一件藏品为中心，辐射到在其周围的相关展品，以激发不同的故事线，使观众将注意力集中在展品和展品之间的联系之上。类似地，1988年，设计师哈罗德·茨芒（Harald Szeemann）的"空间三分法"在鹿特丹的鲍曼斯－冯·波宁根博物馆（Boymans-Van Beuningen Museum）"非历史之声"（A Historisch Klanken）这一展览中也有所体现，特别是在具体陈列方面，在每一个空间里混杂着各种不同质地的展品，而雕塑都占据着中心的位置。设计师希望通过这种方式使观众从个人理解的角度看到不同时代、不同风格及不同质地的艺术作品之间的基本联系[9]。

在展示延伸上，探求"心神合一"。为了让观众全心全意关注藏品本身而不过多的被文字分散注意力，博物馆工作人员将必要的文字和展品分开，取而代之的是每个展柜边上的提示标签。同时"感知体验设备（Sensory Station）"对应每一个小展示也应运而生，工作人员希望观众的体验能够更具持续性，更具发散性，更具移情（Empathy，又叫做换位思考、神入、共情，指站在对方立场设身处地思考的一种方式）作用。例如，当观众看到印度尼西亚渔民用的大锅时可以闻到海参的味道；另外，观众可以触摸刺绣地图的复制品。

很显然，回归对藏品的高度关注这一做法并不是呼吁博物馆要重回忽略观众和缺乏亲和力的落满灰尘的精英主义场所，或者抛弃故事性的叙述方式。这是一个新的契机，为使藏品散发其本身的魅力创造了可能性。这一新的尝试不是推翻今天博物馆的收藏、展示、研究与教育功能，而是对现有策展理念的一种添加。

四、谁在与你对话

虽说博物馆的一大功能为"教育"，但应该很少有观众希望他们在博物馆的参观之旅变成了一场阅读立体之书的体验。聆听讲解、阅读文字，博物馆并非首选之地。对观众来说，"博物馆真正吸引他们前往的，是去观看所陈列的各种展品，以及由这些展品形成的形象体系。当一件实物恰如其分地被放置在一定的分类框架中，成为类概念中一个个案时，它就被解释了，也就被理解了"[10]。博物馆需要提供这样一个空间，在精心排列组合之下，给予展品各自的分工。在观众看来展品各司其职，传递信息，实则是博物馆的策展人员将故事娓娓道来。

而藏品要实现其自身的对话功能，则要从其自身意义出发。因为并不是每一件藏品离开解说都仍具有吸引力。宋向光在谈及博物馆藏品意义时，将藏品置于"社会行为"和"社会活动"这一概念之上，并将其意义分为了三个层面：一为"自我意义"层面，二为"历史意义"层面，三为"现实意义层面"。这三者分别关注藏品的实物形态、用途与环境；同类物、文化与发展；社会、博物馆与未来。[11]

藏品并不是孤立的，当藏品被策展人员选取，"摇身"变为展品时，其最纯粹的客观性已经被改变。将展品与策展人员完全分离，客观地去评价某一件藏品、某一组展品、某一个展览是完全不可能的。当一件藏品具备上述三个层面的意义并被置于展览空间之中时，与观众对话的不仅仅是藏品本身，还有与藏品相关的主观行为。因此，给观众营造一个客观大于主观或客观与主观平衡的博物馆体验也许能给予观众最真实的对话空间。

参考文献

[1] 伊凡·加斯克尔，《维米尔的赌注：思索艺术史，理论以及艺术博物馆》，伦敦：Reaktion，2000 年。

[2] G. Ellis Burcaw 著，张玉、曹志建、吴瑜等译，《新博物馆学手册》，重庆：重庆大学出版社，2011 年，第 133 ~ 134 页。

[3] 严建强，《当代西方博物馆学理论化倾向及其特征》，《中国博物馆》2000 年第 2 期，第 7 页。

[4] 严建强、胡群芳，《博物馆展示中的时间因素及其变化》，《中国博物馆》1998 年第 2 期，第 86 ~ 71 页。

[5]［美］珍妮特·马斯汀编著，钱春霞、陈颖隽、华建辉、苗杨译，《新博物馆理论与实践导论》，江苏：凤凰传媒出版集团、江苏美术出版社，2008 年 8 月，第 2 ~ 3 页。

[6]［美］珍妮特·马斯汀编著，钱春霞、陈颖隽、华建辉、苗杨译，《新博物馆理论与实践导论》，江苏：凤凰传媒出版集团、江苏美术出版社，2008 年 8 月，第 5 ~ 6 页。

［7］Edited by Sandra H. Dudley，*Museum Objects：Experiencing the Properties of Things*，Routledge，2012，p2.

［8］宋向光，《博物馆藏品与博物馆功能》，《文博》1996 年第 5 期，第 100 页。

［9］严建强、胡群芳，《博物馆展示中的时间因素及其变化》，《中国博物馆》1998 年第 2 期，第 87～88 页。

［10］严建强，《论博物馆的传播与学习》，《博物馆新论》，《东南文化》2009 年第 6 期，第 101～102 页。

［11］宋向光，《博物馆藏品的意义：社会行为的物化》，《中国博物馆》1997 年第 3 期，第 17～23 页。

用藏品与展览搭建沟通桥梁

苏州碑刻博物馆 陆雪梅

内容提要

　　博物馆应该如何满足公众日渐提高的文化生活需求，搭建良好的沟通桥梁，成为了目前发展博物馆事业的重要命题。本文分析了苏州碑刻博物馆开展的"停云留翰——文徵明碑刻拓片特展"以及"碑刻文物库房探秘"活动，得出结论如下：博物馆必须充分发挥主观能动性，充分开发自身藏品，策划符合博物馆自身特点的展览；除此以外，还应开展不同形式的展览，不要把展览局限在展厅中，充分运用博物馆现有条件，在传统媒体、新媒体的帮助下吸引公众的眼球，让大众了解博物馆、走进博物馆。

关 键 词

　　博物馆　碑刻　展览

　　博物馆作为公益性文化事业，往往被看成一个国家、地区或者城市的文化名片，是历史与遗产资源的有机结合体，在文物与文化遗产的传播保护、科学研究以及文化建设中占有重要地位，并且也从侧面反映出所在国家、地区或者城市的科学文化素质以及文化竞争力[1]。

　　自从 1905 年张謇建立南通博物苑起，我国博物馆事业已经发展了 108 年，这期间我国十分重视博物馆工作，博物馆事业实现了跨越式发展，但是，我国博物馆的社会服务能力、科学管理水平以及展示的多样化手段均与历史文化遗产大国的实际需求有着不小的差距。

　　2014 年国际博物馆日活动主题为"博物馆藏品搭建沟通的桥梁（Museum collections make collections）"，这说明全世界的博物馆也越来越重视公众对于博物馆的态度。在此契机下，苏州碑刻博物馆逐步推出一系列特展，拉近社会公众同博物馆的距离，以各类精美碑刻、拓片以及"苏州碑刻技艺"等亮点吸引着公众的眼球。让大众对于碑刻从好奇走向了解，有效地搭建起一座沟通的桥梁。

一、苏州碑刻博物馆概况

　　苏州碑刻博物馆所在的苏州文庙府学始创于北宋景祐二年（1035 年），是北宋著名政治家、教育家范仲淹所建，是当时第一个也是规模最大的地方州府级学府，号称"东南学宫"之首。苏州文庙府学旧制伟岸，至清代乾隆时，东临卧龙街、西倚东大街、南枕新市路、北至书院巷，占地面积约 10 万平方米，其中府学占地面积约 6 万平方米，文庙占地面积约 4 万平方米，就此而言，在当时是仅次于曲阜孔庙的全国第二大孔庙。

由于历史原因，文庙逐渐荒废，目前占地面积约为1.78万平方米，仅为全盛时期的六分之一，但是仍保留着东庙西学、两轴并列的建筑格局。东庙部分现存戟门、大成殿、崇圣祠以及棂星门，西学部分仅存泮池、七星池以及明伦堂。

苏州文庙内藏碑颇多，1981年市政府拨款重修文庙，同时在原址上建立苏州碑刻博物馆，这是当时全国首家专业性碑刻博物馆，所藏以《平江图》《天文图》《地理图》和《帝王绍运图》最为著名，1961年被国务院列为首批全国重点文物保护单位。除此以外，苏州碑刻博物馆还收藏着各类碑刻1300余方、拓片6000余张。

二、停云留翰——文徵明碑刻拓片特展

由于苏州碑刻博物馆馆藏文物以碑刻、拓片为主且大部分碑刻已经在各个展厅、碑廊陈列展出过，因此2013年7月起，馆内工作人员就以"文徵明"为关键词，在库房中查找相关各类拓片作品。通过整整两个月的仔细检索及归类，整理出与文徵明相关的各类拓片38组、碑刻5方（墓志铭1方、书条石3方以及文徵明撰写的《役田记》1方），共计100余份。从中选取精品50余件，于2013年11月举办了"停云留翰——文徵明碑刻拓片特展"。

1. 精品拓片简介

此次展出囊括了文徵明在各个时期撰写的不同字体的各类书法拓片。以

文徵明最为著名的"蝇头小楷"为例，文徵明书写的《千字文》，原作年代为明嘉靖己酉年（1549年），原碑存于拙政园拜文揖沈之斋。原作真迹为明天籁阁主人项子京所藏，清道光年间常熟张镜蓉刻石传世。文徵明是明代小楷代表人物，本版蝇头小楷《千字文》为依文徵明80岁时所作作品摹刻而成。拓片藏于苏州碑刻博物馆。

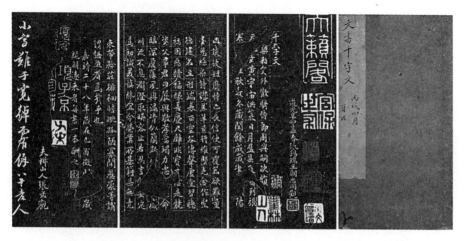

文徵明书《千字文》（部分）

除此以外，还展出了文徵明所书写的隶书作品如《乡饮酒碑铭》，拓片纵175、横91.5厘米。文徵明书并篆额，于明嘉靖二十二年（1543年）刻石。元、明两代书家，将"挑拨平硬、如折刀头"奉为书写隶书的金科玉律。文徵明隶书亦如此，大多硬毫铺锋，方板刻露，起笔、收笔处初略有装饰趣味，与他爽利精巧的行草判若二途，风格迥异。值得一提的是，镌刻此碑的章简甫亦是有明一代的刻石巨匠，可以说是文徵明书法的御用刻工。

与此同时，公众还能欣赏到若干件与文徵明相关的拓片作品，如《文待诏小像及文先生传》，此件拓片纵28、横68厘米，共二张。由王世贞撰文，明崇祯七年（1634年）刻石，原碑存于拙政园拜文揖沈之斋，详细介绍了

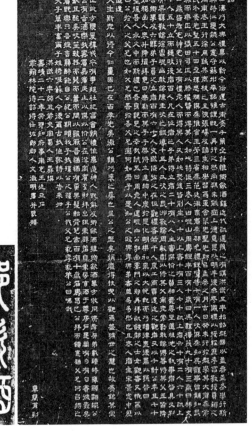

文徵明书《乡饮酒碑铭》

文徵明的生平事迹，并配有文徵明的自画像，让公众通过阅读拓片上面的文字，更加直观地了解文徵明的一生。

2. 展览期间活动概况

"停云留翰——文徵明碑刻拓片特展"从 2013 年 11 月 12 日开幕至 2014 年 2 月 16 日落幕，历经 96 天，受到了广大媒体的关注，新华网、光明网、中新社网、名城新闻网等国内网络媒体纷纷对此次展览进行了报道，《苏州日报》《姑苏晚报》《城市商报》《现代快报》以及苏州广电总台一套及二套的《苏州新闻》《社会传真》等栏目也对参观此次展览的市民进行了采访并报道。

此次展览共接待了超过 2 万余名书法爱好者及文徵明研究爱好者参观。与此同时，展览期间我馆还积极开动志愿者服务工作，数十名志愿者参与到讲解及引导工作中，共进行了 20 余次志愿者服务工作。

为配合此次展览，特地邀请苏州书法家协会副秘书长钦瑞兴先生作了两次题为《小王山摩崖石刻赏析》的专业讲座。复旦大学博士、苏州博物馆馆员李军作了《停云留翰——文徵明及其停云馆刻帖》讲座，吸引了近 200 名来自苏州老年大学、儒学研究会等社会机构、团体的各界人士参与。值得一提的是，我馆为此次展览特意复制了三方文徵明书法碑刻，供市民游客免费参加拓碑体验，活动开展以来，共举办了 12 场免费拓碑体验，240 余人参与了拓碑。

除此以外，苏州碑刻博物馆官方微博还举办了 10 期"停云留翰——文徵明碑刻拓片有奖问答"活动，获奖者则有机会获得《停云留翰——文徵明碑刻拓片特展》图册一本，此次活动获得极大反响。为了更好地宣传此次展览，我馆发布各类原创微博 87 条，积极回复粉丝关于此次活动的提问，有效地扩大了此次展览的影响力。

从 2014 年 2 月 26 日开始，此项展览移师苏州大学博物馆展出，这是碑刻博物馆将博物馆优秀展品送进大学校园的一项新举措。同时，苏州碑刻博物馆正在积极申报 2014 年度江苏省文物局"全省馆藏文物巡回展"项目，力争让文徵明碑刻拓片展览"活"起来，而且"动"起来，能够让这个展览发挥最大的社会教育功能，让更多公众了解碑刻的魅力。

三、碑刻文物库房开放展出

苏州碑刻博物馆碑刻文物库房建立于20世纪90年代初，前后大约经过三次修缮，现有碑刻106块，其中50余块是国家二级文物。

本馆所藏碑刻分三大类，一是政府公文性质的碑刻，由于大多涉及明清两朝工商业领域的内容，故又称为明清工商经济碑；一是记事性碑刻，一般碑文的开头都有"……碑记"，用来记载一些重要事件，如庙宇、道观、祠堂、书院的修建等；另有图文碑，如寿星图等。

1. 精品碑刻简介

在106块碑刻中最为著名的莫过于《普门禅寺记》，此碑于1974年夏天在苏州濂溪坊苏州电池厂夹弄内发现，碑长112、宽54厘米。因长期埋在地下，碑面受损，字迹漫漶，碑的左半部分已经看不清，所以具体的书写年代和作者都无法得知，仅可根据碑文内容推断是写于明成化十五

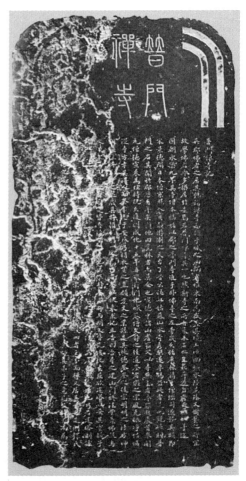

《普门禅寺记》

《记苏君仁华守狮子林事》

年（1479年）以后，也就是明中后叶。碑文共计四百三十余字，楷书，秀丽潇洒。在古代苏州，佛寺、道观众多，仅《平江图》上就刻有大大小小67座。普门禅寺碑之所以与众不同，是因为它记载了日本高僧来华的情况，进述了宋景德元年（1004年），日本国寂照高僧来宋游历，在苏州人丁谓的建议下来苏州游览，卓锡于普门寺的这段历史。寂照，日本国谏议大夫大江齐光之子，原名大江定基，因为爱妻早亡而出家，皈依佛门。这块石碑，是中日在古代友好往来的实物见证。

与此同时，碑刻文物库房中还藏有众多关于中日关系的碑刻，具有极高的史料价值。如《记苏君仁华守狮子林事》，此碑刻于1937年，正是日本全面侵华的那一年。撰文人滕固是当时一位颇具成就的美术理论家，一度从政，任行政院参事兼中央文物保管委员会常务委员、行政院所属各部档案整理处代理处长。书丹人是李宣倜，民国时期军事及政治人物，诗人，也是京剧剧作家。碑文记述了1932年的一·二八事变中，一位叫"苏仁华"的十九路军战士誓死守卫狮子林的事迹。苏华仁19岁参军，阵亡时年仅24岁，安葬于苏州太湖十九路军抗敌殉难将士公墓。

在碑刻文物库房中，不但藏有明清、民国时期的碑刻，还有着现代新刻制的碑刻——《南极仙翁像》。1989年欣逢建国40周年，苏州书画研究会、苏州书法协会、苏州美术协会和苏州碑刻博物馆联合举办"寿星书画展览"，邀请著名书画家沈子丞创作《南极仙翁像》，并请诸寿翁题名，并请"苏州碑刻技艺"代表性传承人时忠德先生刻石以资庆祝纪念。

2. 展览期间活动概况

碑刻由于体积较大、过于沉重不利于搬运，在陈列、展出中会遇到种种难题，因此让公众欣赏到碑刻文物库房中所藏的碑刻较为困难。在经过数月精心计划及准备后，苏州碑刻博物馆在2014年春节期间推出了"碑刻文物库房探秘"活动。

此次活动是苏州碑刻博物馆建馆以来的首次面向社会公众开放库房，也是春节期间苏州碑刻博物馆举办的"文庙里头过大年"活动的"压轴"环节。出于对文物保护等因素的考虑，开放时间仅为2月6日一天，虽然活动时间较为短暂，但是也吸引了一大批本地及外地市民冒着雨雪天前来参观。

"碑刻文物库房探秘"活动也是博物馆展览活动的一项突破，一般情况下博物馆的库房都很神秘，也不可能对外开放。社会公众对库房内所藏的文物都有着极大的好奇心，苏州碑刻博物馆在经过精心准备之后，大胆尝试了这种新型展览方式，有效地避免了碑刻在搬运过程中有可能受到的损坏，还充分节约了布展所需的人力、物力及时间。

在活动开始前，苏州碑刻博物馆工作人员集中对库房中的碑刻进行了系统的考据，不但要详细了解碑刻的年代，更要了解碑刻背后所描述的一个个故事，并将收集的资料进行分类汇总，编写一份由浅入深的讲解词。

"碑刻文物库房探秘"活动中，由参与资料搜集的工作人员向公众们进行讲解，无论从专业程度还是从趣味程度，都可以满足大众的需求。在此次活动中，公众们除了可以欣赏到碑刻上优美的书法，还了解到了与碑刻相关的各类知识，如：什么是"神道碑"？什么是"朱拓"？与此同时，公众们还更加了解到了碑刻背后的故事，如从《皇帝谕祭任环碑》中了解到明嘉靖年间苏州地区对抗倭寇的故事，从《同治九年重修万年桥记》中了解到中国明清时期对于商业贸易聚集区的城市规划情况等等。

"碑刻文物库房探秘"活动不但提升了博物馆工作人员对于碑刻的全面认识，还让社会公众真正地走进博物馆，完整、系统地了解了博物馆对于文物的保存、维护及研究。除此以外，在参观过程中，有许多市民纷纷表示出对碑刻内容的兴趣，并向博物馆资料研究人员提供了大量历史资料。

经过这次探秘活动的尝试，苏州碑刻博物馆总结了经验，在进一步完善开放制度的基础上，加强对文物藏品的安全保护，并将对外定期开放库房，让藏品与公众零距离接触。

四、结论

目前，全国各个博物馆逐渐从"象牙塔"中走了出来，从"教育公众"转变为"服务公众"，而且逐步走向"依靠公众"，因为社会公众才是博物馆"真正的主人"[2]。如何拉近博物馆同公众的距离成了现在发展博物馆事业的重要命题。本文通过苏州碑刻博物馆的实例分析得出两个结论。

一是为了更好地促进博物馆事业的蓬勃发展，各个博物馆应该充分发挥主观能动性，不能将眼光局限在现有展品中，博物馆除了要陈列出能吸引大众的常设展览，还必须举办各类有特色的临时展览，通过对博物馆馆藏文物的系统分类，以作者、年代、类别等划分不同主题、举办不同类型的展览吸引社会大众的关注。

二是对于移动不便、陈列困难的馆藏文物，应该在尽可能不搬运的情况下，通过文物库房开放、数字图像展览等方式让更多公众知晓，并且在展览中充分利用电视、报纸等传统媒体以及微博、微信等新兴媒体进行集中报道，不要把展览局限在展厅中，让这些"难得一见"的文物能够展现在大众的面前，在激起大众好奇心的同时，可吸引一批"文物爱好者"加入到文物研究中，达到共同学习、共同进步的效果。

参考文献

［1］凌琳，《浅谈中小博物馆保管人员的业务素质》，《博物馆藏品保管学术论文集：北京博物馆学会保管专业第四-八届学术研讨会论文选编》，北京：北京燕山出版社，2009年3月。

［2］单霁翔，《从"服务民众"到"依靠民众"——博物馆社会服务理念的提升》，《上海文博论丛》2013年第2期。

中小型博物馆藏品保护现状、存在的问题及对策

内容提要

　　中小型博物馆是博物馆群体中的大军，对馆藏文物进行科学有效保护是做好博物馆业务工作的基础。目前国内中小型博物馆在馆藏文物保护的手段、方法以及可持续的科学性上，普遍存在认识程度不高、技术手段落后、专项资金短缺、专业技术人才匮乏等方面的问题，应积极地分析原因，寻找对策，探索行之有效的办法，以提高和促进馆藏文物保护水平，有利于文化遗产的传承发展和永续利用。

关 键 词

　　藏品　保护　人才

文物藏品是人类文明的载体，是人类生产生活与发展历程的物化见证，是一个民族、一个国家最可珍视的文化遗产，也是人类共同的文化财富。保护和传承文化遗产，是全人类共同的责任。而博物馆作为承载文明记忆的平台，既是人类文明发展的阶段性标志，同时又起到传承文明、普及文化、启迪民智、推进人类文明进程的作用，因此文物藏品的保护是博物馆永恒的职能命题。

文物藏品的有效保护和合理利用是博物馆开展业务工作和持续发展的重要前提，对馆藏文物进行科学有效的保护和管理是其基础，在博物馆工作中占有举足轻重的位置。

目前，国内中小型博物馆在馆藏文物保护的手段、方法、形式以及科学性上，普遍存在认识程度不高、技术手段落后、专项资金短缺、专业技术人才匮乏等方面的问题，分析馆藏文物保护现状、查找威胁馆藏文物健康安全的原因并寻找解决问题的对策，不仅能够改善馆藏文物保护管理机制、提高管理水平，同时有利于文化遗产的传承发展和永续利用。

尽管我国博物馆事业发展时间不算太长，但地方中小型博物馆在传承文脉、推动博物馆事业繁荣方面起到中坚力量的作用。近年来，各级党委、政府高度重视博物馆建设与发展，党中央提出的深化文化体制改革和文化大发展大繁荣的宏伟目标以及各级政府关注公共文化服务、加大文化建设投入的举措，为博物馆发展提供了良好的契机。

作为博物馆工作者应当抢抓机遇、顺应形势，针对馆藏文物保护现状及时发现问题、研究对策，提出科学的方案，使文明的载体代代相传，不辱历史赋予我们的使命。

一、中小型博物馆藏品保护存在的问题

笔者据自身工作经历，结合调研，总结了目前中小型博物馆在馆藏文物保护方面的几个突出问题。

1. 馆藏文物生存的环境较差

馆藏文物保护工作最基本的要求是要给文物提供良好的生存环境。而大多数地方中小型博物馆给予馆藏文物的生存环境及空间相对于时代的发展较为落后。历史的陈因和观念的偏差造成了大多数博物馆没有专业的恒温恒湿文物库房，有很多博物馆文物库房是利用原有建筑进行简单改造而成的。近几年尽管各地利用新馆建设和展陈更新调整等手段使文物库房环境得以改善，库房保管面积得到增加，且部分配置了专业的恒温恒湿设备，但总的来说，中小型博物馆文物藏品的生存环境不容乐观。

除了文物库房自身条件简陋以外，当今的环境对文物的损坏比任何一段时间都要严重。空气质量的劣化，特别是城市空气中二氧化硫的增加，雾霾中的有毒有害气体，气候状况的极端恶劣等等，这都需要我们不仅仅面对场馆条件简陋的问题，还要应对新的环境问题。同时，陈列展览的环境和照明设施的落后，同样也会对文物造成伤害，加快了文物的损坏速度。

2. 馆藏文物保护经费短缺

馆藏文物保护经费不足一直是困扰文物保护和阻碍文物事业发展的突出问题。据中国博物馆学会原理事长张文彬介绍，全国 2200 多个博物馆中，以中小型博物馆居多。中小型博物馆一般是地方的非营利公益事业单位，财政支持力度小是存在的普遍问题。在传统观念的长期影响下，使得博物馆产业发展相对滞后，博物馆自身造血功能不强，导致文物保护资金经常处于"贫血"状态。由于资金投入有限，馆藏文物保护的许多基本问题无法得以解决，技术手段和专业设备的落后使发掘或征集的文物得不到及时有效的保护。上述问题的产生有多方面综合因素，但资金的短缺是重要原因之一。

3. 馆藏文物保护技术手段落后

由于馆藏文物保护科技运用和研究起步较晚，显得科研技术薄弱，手段落后，应用水平不高。随着时间的推移，许多中小型博物馆的馆藏文物自然损坏每年都会加重。据国家文物局局长励小捷透露：国内50.66%的馆藏文物存在着不同程度的腐蚀情况，其中受重度腐蚀的文物达到230万件，占馆藏文物总量的16.5%。加之博物馆的现代化保护技术水平落后，对馆藏文物的保护仅停留在查看数量、温湿度的工作层面，对馆藏文物中遇到的特殊问题找不到合适的方法，特别是在文物修复和复制中遇到的种种棘手问题缺少专业设备和技术手段来解决，只能眼睁睁地看着文物随着时间的推移而受损坏，这已成为我们不得不面对而又无奈的事实。例如馆藏的部分珍贵字画大都存在掉粉、颜色脱落、纸张碳化、残缺、糟朽等问题，纸质文物的病害广泛存在于全国各个博物馆。而数量众多、材质多样的文物，包括碑帖、陶瓷器、金属器、砖石、纺织品、角骨质器、竹木器等，由于保存环境、自然因素等种种原因，状况也堪忧。事实上，在文物保护技术上，尚有大量没有解决的难题。大多数文物保护还是"多年一贯制"，一直在沿袭传统的方法，现代科技手段在文物保护中的运用率和结合力不强，创新意识薄弱，引进、吸收先进技术的进度缓慢，都是造成馆藏文物健康安全状况不佳的原因。

4. 文物保护专业技术人员匮乏

设备、设施是文物保护的硬条件，博物馆内从事文物保护专业技术人员的素质、本领则是文物保护的软实力。文物保管人员的素质和能力，决定了文物保护工作的细致度。中小型博物馆文物保管人员的敬业精神和良好的职业操守为文物保护提供了有力的保障。但大多数人对文物保护技术的"专""精""尖"则难以做到，仅凭着自身在工作中不断地摸索和学习，以及老一辈传承下来的保管经验，显然是不够的。

自20世纪六七十年代以来，老一辈文物修复工作者以师傅带徒弟的方式，培养了文物保护技术人员。20世纪80年代起，国家、省级文物主管部门陆续开办多期学习培训班，对馆藏文物保护专业人员进行培养，在一段时间内形成了相对科学、完整的保护技术人才梯队。但随着老一辈文物修复专家离退休，六七十年代培养的业务骨干的转岗或退休，后备力量的培养没有形成一套长效机制，导致了目前专业技术队伍青黄不接，人才奇缺，专业技术人员严重匮乏的局面。文物保护的人才队伍与文物修复的实际要求存在着明显差距，不适应形势和发展的需要已成为馆藏文物保护不容忽视的问题和现状。

二、对中小型博物馆藏品保护工作的建议

藏品是博物馆发挥社会功能的关键依托，是博物馆存在的价值所在，是博物馆的生命线，中小型博物馆藏品的保护管理在先进文化建设中有不可取代的作用，加强中小博物馆的藏品保护管理工作意义重大。我们

只有认识到在文物保护工作中存在的问题，才能更深刻地思考解决问题的方式和办法，探索出科学保护文物的有效路径。笔者经思考认为，目前我们要着力解决并努力做好四个方面的工作。

1. 加强库房基础设施建设，改善文物生存环境

对馆藏文物实施科学保护与管理，在改善文物生存环境方面除了做到基本传统的"十防"（防震、防雷、防虫、防潮、防干、防光、防尘、防火、防盗和防污染）要求以外，加快对文物保护设备设施的更新或改造，建立科学规范的保管库房区域成为解决上述问题的首要任务。在满足恒温恒湿的基本前提下，通过对库房的空气进行粗过滤，配置库房空气杀菌净化设备，可以对空气质量进行有效控制。库房进口设置的风淋系统和衣、鞋、帽的更换场所，可以阻止有害气物体进入库房。同时，加强对藏品照明设施的使用和控制，特别是陈列室内采取必要的措施，以减少藏品潜在的危害。对库房文物和展厅陈列展示的文物，条件允许可以设置空气质量无线监测系统，以便随时观测、掌握文物生存的环境状况，并依此制订相应的处理和解决方案。

国家文物局励小捷局长提出的"文物受腐蚀损害是不可抗拒的自然趋势，但还是可以采取多种保护措施予以延缓，首先要改善文物保存环境，改善文物库房的温湿度控制、对纸质文物光照度的控制等，以防止产生新的病害，……避免文物受到腐蚀，一方面在文物出土的时候要进行及时修复，另一方面，也是更为重要的，要将文物放在恒温恒湿的条件进行独立保管"的要求和湖北省博物馆馆长方勤的"在一些地区财力有限、三级以上重点文物数量较少的情况下，可以考虑以市级为单位建立恒温恒湿的中心库房，统一集中保管，使资金得到有效利用，文物能够得到妥善保护"的观点，均进一步佐证了文物库房基础设施建设与改善文物生存环境在馆藏文物保护方面的重要性。

2. 寻求多方合作，加大文物保护资金的投入

在我国现行行政体制下，博物馆作为公益型事业单位，主要经费来源于地方政府财政。尽管《文物保护法》明确规定："国家用于文物保护的财政拨款随着财政收入的增长而增加"，但中小型博物馆每年的文物保护经费在公共财政支出中占比非常有限，不仅无法与国家馆、省馆相提并论，有些馆甚至连维持最基本的文物生存状况都难以保证。解决馆藏文物保护资金问题，除了加强宣传，引起全社会关注以外，单纯的"等""靠""要"永远解决不了问题，即便是在发达国家中的博物馆，也同样存在着资金矛盾。多渠道筹措、寻求多方合作，已经成为当下解决博物馆运营和文物保护资金的重要手段。

随着经济社会的发展，在国家制定优惠政策引导和鼓励支持社会各界对文物事业扶持，尝试收取资源税或适当减免相关税种的同时，博物馆自身要整合文物资源，拓宽文化产业渠道，开展与文物藏品有关的服务项目，积极探索社会参与、群众支持的文物保护新体制。要广泛争取国内大型企业、国际组织、友好国家政府及团体，特别是海外华人、港澳台同胞，对我国博物馆事业的关注和支持，设立保护基金。中小型博物馆要积极宣传自我，利用自身的优势，努力把博物馆的产品及相关产业推向市场，吸引观众，多方面地加大产业开发，获取经济收入，以增加文物保护资金的投入。

资金是中小型博物馆能提供文物保护、修复的基本设备和物资的保证，只有多方寻找合作，积极拓展筹措文物保护资金的渠道，博物馆对文物进行科学保护和利用才有可能。

3. 重视专业技术人才培养，提高文物保护水平

任何行业的发展，人是起决定作用的因素。要解决人的问题，需要建立培养和造就可持续发展人才的战略思维和有效机制。目前国内文物修复专业技术人才队伍状况，据有关资料显示不足 400 人，文物修复人才存在断层的危险。全国各博物馆如此大量的文化遗产要保存和继承下去，文物保护修复任务的艰巨性可想而知。培养高素质的文物保护修复人才群体，造就一批优秀的文物修复队伍，是我们改变文物保护现状的重要内容。通过将文物保护专业技术人才的引进纳入地方科技英才计划，创立打破区域限制的人才引进通道，设立人才引进奖励制度，搭建高端技术人才交换、交流平台的举措，努力形成一个利于文物保护专业人才发展的机制。文物修复专业技术人才的培养和引进，除了需要建立一个良好的机制以处，还需要加大培养力度，增强培养手段，将引进来、送出去有机相结合，形成一个完善的人才管理体制。一是要继续教育终身制。可以实行以院校的正规教育为主体，专题培训、项目科研为辅助的多形式、多渠道、多层次的培养方法，并结合传统的师傅带徒弟的"师承制"方式，培养综合素质高、动手能力强、有一定理论水平的修复人才。二是要注重现有专业技术人才的培养。为现有的藏品保护专业人才的成长提供一个良好便利的环境，为其在职学习、专业培训等方面创造机会。三是聘用外来技术和人才，为我所用。尝试引进社会中的修复人员参与到博物馆的文物修复中来。

4. 传统工艺与现代工艺相结合，推进文物保护技术力量

传统文物修复工艺的继承与发扬要与现代科学技术有机结合，依靠科技进步提高文物保护工作的整体水平。目前我国文物保护科技意识薄弱的现状令人忧虑，由于国家有关部门的学科分类中文物保护专业不单独设科，导致

普遍存在宏观保护（防止人为丢失、损坏）重于微观保护（防止文物本体自然损伤）和重材料轻技术、重设备轻运用的局面。运用现代科技手段对文物进行科学的发掘和提取、科学的诊断与分析、科学的处理与保存，强化记录技术、监测技术、分析技术和保管技术的运用，才能达到永续利用和传承的目的。

随着科学技术的提高，越来越多的文物保护问题可以借现代科学和传统工艺来解决，所以，我们要积极开展馆藏文物的保护研究工作，针对不同类别的文物展开技术性保护，以不断的实践促进技术的提高。文物保护管理研究技术是一个区域化、国际化的技术，我们也可以借鉴国内、外许多同行的技术。可以考虑从外单位聘用一些专家、学者担任顾问，走出去学、请进来教，借他人之学识，为我所用。

由于文物保护是一门跨领域的综合性学科，同时存在着种类繁多、生存环境极其复杂等因素，使得文物保护显现出积极尝试各种科学发现和技术发明，同时兼顾传统保护技术合理因素的特征，改善和更新馆藏文物保护方法和手段，以创新的思维形成新的文物保护理念。在建立和加强文物保护区域合作联盟、强化与大专院校合作的前提下，实施科技有效转换和运用的产学研一体化，形成传统文物保护技艺与现代科技的协同创新。在认识和手段方面努力实现从应对到预防、从被动的抢救性保护向主动的预防性保护的转变。

博物馆要架建、架好沟通的桥梁

中国海盐博物馆
颜世勋

内容提要

　　本文在简要论述"博物馆藏品架起沟通的桥梁"重要性的基础上，指出我们应该架建起历史与现实沟通、此地与彼地沟通、此业与彼业沟通的桥梁。为了架好这个沟通的桥梁，文博人应该多展出藏品、准确诠释藏品、尽力征集藏品。在开展这项工作时，所有博物馆人都要出力流汗，而专业人员所起的作用则更为关键。

关 键 词

　　博物馆　架建　沟通　桥梁

从某种意义上说，群体的博物馆无疑是一本大百科全书。虽然个体的博物馆只是这本大百科全书的一个章节、一个篇目，但无数博物馆之和则构成了世界上独一无二、无与伦比的大百科全书，博物馆人就好比这本大百科全书的编撰者，观众则好比读者。博物馆这本大百科全书，诚然有"以藏品说话、形象直观"的长处，但因为"囊括所有、内容丰富"，并不是所有人都能读懂。为让更多的人走进、了解、爱上博物馆，"博物馆藏品架起沟通的桥梁"十分重要。而我对这个主题的理解是，博物馆要围绕藏品架起与观众、外界沟通的桥梁，让人们能够认识、欣赏藏品。博物馆人在这方面已做了大量工作，但仍有提升空间。

一、博物馆要架建沟通的桥梁

在几年的工作实践中，我深深体会到，博物馆主要应从三个方面入手架建沟通的桥梁。

1. 要架起历史与现实沟通的桥梁

博物馆的重要任务之一是收藏历史，传承人类文明。无论是综合馆，还是专业馆、行业馆、专题馆，历史文物的收藏与陈列都占较大的比重。如果我们暂且撇开未展示的藏品不说，仅就在陈列中展出的藏品而言，为了让观众了解这些陈列，博物馆人要努力架起历史与现实沟通的桥梁。架起了这座桥梁，博物馆才能吸引观众。这是因为历史已经逝去，已经成为陈迹，而观众却是当今现实社会中的人们。"历史"与"现实"的时间距离又是比较大的，有的甚至是数千年。让数千年后的观众面对数千年前的"遗存"，有较多的"茫然"是在情理之中的。如果细分一下观众，大致可以分为三类：一类是对某些博物馆的一些陈列中展示出来的展（藏）品及其所处的历史背景有较为透彻的了解，他们再来这些博物馆参观，主要是为了欣赏，其中当然也有"温故而知新"的意味。需要指出的是，这类观众，他们尽管对"某些博物馆的一些陈列"有着"较为透彻的了解"，但并不是对所有博物馆的所有陈列都了解。所以说，这类观众也需要有"历史与现实沟通的桥梁"。第二类是对某些博物馆的一些陈列中展示出来的展（藏）品及其所处的历史背景有一定的了解，但不那么全面。有的虽然知道展（藏）品，但对展（藏）品所处的历史背景不那么了解。也有的对展（藏）品所处的历史背景有所了解，但对展（藏）品却知之不多。这类观众来馆参观，主要是为了学习，对这部分观众而言，"架起历史与现实沟通的桥梁"的重要性是不言而喻的。还有一类观念则对陈列中展示出来的展（藏）品及其所处的历史背景一无所知。博物馆如果不为这类观众"架起历史与现实沟通的桥梁"，他们是无法领略博物馆陈列的。笔者曾遇到这样的事，有少数观众进馆参观历史方面陈列后，连呼"没意思""没看头"。因此，博物馆有必要架起历史与现实沟通的桥梁。

2. 要架起此地与彼地沟通的桥梁

大百科全书囊括了人类的知识，并将其浓缩在方寸之间。把博物馆比作"大百科全书"，是就对博物馆也囊括了人类的知识这一特点的一种形象的说法。与真正的大百科全书有所不同的是，博物馆并不能将人类的知识浓缩在方寸之间，现实中的博物馆遍布世界各地。十里不同俗，遍布世界各地的大大小小博物馆都在反映、保护、传承所在区域的特色文化。无数的博物馆之和才能构成"大百科全书"，才能囊括人类的全部知识，才能反映人类创造的辉煌文明。然而，当彼地的观众来到此地的博物馆参观，感到"耳目一新"的同时，也在面临文化差异的困惑。在这种情况下，博物馆人的重要任务之一，就是要努力为来自其他地区和国外的观众搭建沟通的桥梁。

3. 要架起此业与彼业沟通的桥梁

我国文博事业蓬勃发展的重要标志之一就是博物馆数量的增多。博物馆数量增多体现在除了各个区域里的综合类博物馆不断增加外，还出现了众多的跨地域的专业馆、行业馆，这就需要我们架起此业与彼业沟通的桥梁，使参观专业馆、行业馆的非本专业、非本行业的观众也能看懂其基本陈列以及基本陈列中的特殊藏品的特殊用途。这在专业馆、行业馆绝对数量不断增加的今天尤其重要。这里有两个原因。一是现实生活中的行业太多了，俗话所说的"三百六十行"，是古代形容社会行业极多的虚数。在分工日益细化的今天，社会上的行业又何止是"三百六十行"？二是俗话说得好，"隔行如隔山"。任何行业都有其自身发展的历史、规律和特点，这"隔行如隔山"说的就是外行人要了解其他行业就如同"隔山"一般，是极其困难的。我馆是国务院批准建设并正式开放的反映海盐历史文明的专题博物馆，馆里收藏并展出了一些能充分表现相关历史的文物。其中就有一些海盐文物因不为人知或是外人无法充分认识其价值而遭冷遇——甚至得不到很好的保护。如我馆有一块国内罕见的整块盘铁，因其体积太大（直径为155厘米，周边均匀分布有长24、宽20厘米的方齿10个，厚8厘米）、重量太大（近两吨），搬迁不便，一直存放在老馆的庭院内。为保护这一罕世珍宝，去年，我们借老馆修缮的机会，为其修建了亭子并罩上玻璃，虽然多次向有关部门宣传其价值，但却得不到认同与支持。

二、博物馆要架好沟通的桥梁

博物馆不仅要架建起沟通的桥梁，还要力求架好这个桥梁。从"桥梁"的两端来看，一端为观众，一端为藏品。在"博物馆要架建起沟通的桥梁"中，我们侧重从观众这方面阐述了必要性，以下主要是从"藏品"角度说说"要架好沟通的桥梁"。

1. 要力求更多地展出藏品

文博人常常提及"藏品""展品""文物"这几个概念。其实，这几个是既有联系又有区别的三个词语。"藏品"是指博物馆保管、收藏的物件，"展品"是指展示出来的藏品。一般说，任何一个博物馆，其拥有的"藏品"数量总是大于其"展品"的数量（新建、库存文物极度匮乏的博物馆不在其中）。"藏品""展品"与"文物"是相互交叉的概念，"藏品""展品"并不都是"文物"，"文物"除"藏品""展品"这些可移动的物件外，尚有不可移动文物。众所周知，博物馆是以"藏品"（文物）说话的。按理说，博物馆应该展示出更多的藏品。展示的藏品愈多，对观众的吸引力愈大，"沟通桥梁"的物质基础就愈好。然而，现实并非如此，前面已说过，"藏品"数量总是大于其"展品"的数量——大型博物馆因为藏品太多而无法一一展出，中小型博物馆因为藏品太少而舍不得将珍品展出。对大型博物馆这方面的情况，我是略有耳闻，而对中小型博物馆的情况，了解就比较多了。有些中小型博物馆，其藏品尽管不多，但对馆藏的一两件上等级的（俗话说"拿得出手的"）文物是呵护有加，出于安全等因素的考虑，一直是

"藏在深闺"，从不轻易拿出来"示人"。"博物馆藏品架起沟通的桥梁"这个主题的重要元素就是"博物馆藏品"，以"博物馆藏品"为载体，架起与观众沟通的桥梁，如果不更新观念，尽可能多地展出藏品，又怎么能架起、架好与观众沟通的桥梁？所以说，藏品多的大型博物馆对众多的藏品要加强研究，有计划不断推出展览，尽可能让众多藏品与观众见面；藏品不多的中小型博物馆要努力提高安全保卫等工作水平，敢于拿出"镇馆之宝"与观众见面，变"死藏"为"活藏"，变"死宝"为"活宝"。此外，博物馆还要采取出版画册、音像资料等手段来宣传藏品。

2. 要准确无误地诠释藏品

任何一件藏品的背后都有故事。博物馆人的职责之一就是掀起藏品的面纱，讲述藏品背后的故事，揭示藏品的秘密——这也是"博物馆藏品架起沟通的桥梁"这个主题的应有之义。应该说，文博人在这个方面付出很多的劳动，并已取得了巨大的成绩。正是由于博物馆人的辛勤劳动，破译了藏品密码，揭示了众多藏品的内在有机联系，推出了一个个基本陈列、临时展览，才使得博物馆在社会生活中有无可替代的价值，才吸引人们走进博物馆。然而，博物馆人这方面工作也不是无懈可击的，我们听说过这样、那样的失误，有些失误还是让我们"丢脸面"的常识性的失误。如果宽容一点，博物馆人是人不是神，不可能无所不知。但博物馆人应该努力减少这方面的失误，力争准确无误地诠释藏品，向观众传递正确的信息，架好藏品与观众之间沟通的桥梁。其实，造成失误固然有客观原因，但博物馆人自身的主观原因是无可推诿的。深究一下，我们不难发现，一些大型博物馆出现的失误可能是专业人员的自负而造成的，中小型博物馆出现的失误可能是专业人员掌握的资料信息太少造成的。后者的失误看起来是由于客观条件的制约，但与中小型博物馆专业人员自身努力不够存在很大关系。馆藏资料尽管"汗牛充栋",专业人员不去翻阅也是枉然。所以说,准确无误地诠释藏品,是我们应该而且可以做到的,如果谨慎一些、认真一些,这方面的失误完全可以避免。

3. 要不遗余力地搜集、征集藏品

藏品是博物馆工作的物质基础,也是"博物馆藏品架起沟通的桥梁"这一主题中的重要元素,鉴于此,博物馆人要不遗余力地搜集、征集藏品,下大气力、花大时间搜集、征集藏品。对中小博物馆、新建的一些博物馆(无论是综合馆,还是专业馆)而言,因为藏品不多甚至匮乏这一先天不足,开展这项工作尤其重要。从某种程度上说,能否不断搜集、征集到与本馆相关的藏品,决定着该馆能否持续发展,基本陈列等业务工作能否再上台阶。我们盐城中国海盐博物馆自 2008 年开馆以来,高度重视开展这方面工作。几年来,我们"上穷碧落下黄泉",征集到与海盐产销相关的文物多件,目前尚有六十余件文物仍在征集之中。这些征集到手的文物丰富了馆藏,充实了基本陈列。有些文物填补了我馆的空白,如古代掣验海盐重量、防止走私的重要器物——石权,我馆已征集了三件——在淮盐生产区域盐城大丰市征集了一只,在淮盐集散地泰州征集了一只,在淮盐销售地河南某市征集了一只。可以说,我馆征集的石权已形成了系列,涵盖了淮盐的生产地、集散地和销售地。这里,简要介绍一下石权,石权俗称石秤砣,外表并不起眼,但它在淮盐的销售过程中起到了重要作用,而且使用方法特殊,古代称之为"悬枰",用法类于今天的天平。如果搞场景复原,可以成为我馆基本陈列中的亮点之一。

三、充分发挥博物馆人在"架好沟通的桥梁"中的 作用

人是生产力中最活跃的因素，在架建、架好沟通桥梁的过程中，要努力发挥博物馆人的应有作用。

1. 领导者应起主导作用

博物馆馆长是博物馆各项工作的组织者、领导者，这就要求博物馆馆长要把主要精力放在业务工作上，在开展业务工作的过程中要重视人才，重视发挥专业人员的作用。众所周知，资金问题一直困扰着博物馆工作的开展，在中小博物馆，这个问题尤其突出。在这种情况下，中小博物馆的领导者们要在保证"吃饭"的前提下，向业务人员倾斜，优先安排资金，保证业务工作的顺利开展。其他在收入分配、考核评优、人员培养等等问题上，也要优先考虑专业人员，充分调动专业人员的工作激情，确保"博物馆藏品架起沟通的桥梁"这一工作顺利开展。

2. 研究人员应起关键作用

在"博物馆藏品架起沟通的桥梁"这一工作中，研究人员应起到无可替代的关键作用。可以说，离开这部分人员的辛勤劳动，这样桥梁的架建就无从谈起。我馆在文物征集工作中之所以取得了较大的成绩，主要是因为我馆的业务工作人员发挥了较大的作用，无论是文物（藏品）秘密的破译，还是征集线索的获取，都是如此。就说石权的征集吧，在许多地区，人们一直认为它只是普普通通的衡器。而且，能知晓是普普通通的衡器已经不错了，有

不少地方的文博专业人员、收藏者甚至还不知道这个"石疙瘩"的用途，以至"弃如敝屣"。而我馆的业务人员从大量的古籍中找到了石权与淮盐销售之间的内在联系。在别人"弃如敝屣"的情况下，我们征集工作的开展就相对容易多了。因此，我们一定要注意发挥研究人员在"博物馆藏品架起沟通的桥梁"工作中的巨大作用。

3. 博物馆的其他人员也应为架建"沟通桥梁"共同努力

"博物馆藏品架起沟通的桥梁"是博物馆人的共同任务，博物馆所有工作人员都责无旁贷，都应该为此出力流汗。仅以博物馆的讲解人员为例，讲解员处在博物馆展示、展览工作的一线，与观众有着直接的联系。在讲解过程中，不能自说自话，也要注意双向交流，并将观众的要求及时反馈给相关部门，将观众对陈列的意见、对展品的疑惑（质疑）及时反馈给业务人员。这样，不仅有利于提高讲解工作水平，而且有利于"博物馆藏品架起沟通的桥梁"这项意义重大而深远的工作。

中小型博物馆藏品管理工作探讨

内容提要

　　文物藏品是博物馆立足的根本，无论是国家级省级博物馆、还是最基层的市县级博物馆，无不涉及文物藏品的保护管理这一基础性工作。目前，中小型博物馆加强藏品管理工作已成为当前的重点工作。通过不断的探究改进藏品管理工作的策略和方式，加强中小型博物馆藏品管理制度的完善与规范具有现实的理论意义和实践价值。

关 键 词

　　藏品管理　制度　规范

镇江博物馆
杨正宏　张剑

根据《国际博物馆协会章程》，博物馆是一个为社会及其发展服务的、向公众开放的非营利性常设机构，为教育、研究、欣赏的目的征集、保护、研究、传播并展出人类及人类环境的物质及非物质遗产，是一个国家、地区经济社会发展水平和文明程度的重要标志。如何保护、管理、利用好现有的文物资源，促使博物馆具有活跃、健康、繁荣的博物馆文化，从而在一个城市的发展中做出卓越的贡献，不仅是文物工作者的责任，也是文化建设发展中必不可少的环节。中小型博物馆是我国文博机构的基层单位，珍藏着大批历史文物资料，处于国家文物保护工作的前沿，它们通常体量不大，影响偏小，但是作为省级、国家级博物馆的重要补充，保护、管理、利用好现有的馆藏文物资源，也是它们法定的责任和义务，本文尝试着谈一些中小型博物馆藏品管理工作的思考。

一、中小型博物馆的地位和意义

在我国，中小型博物馆通常是指市县级博物馆，这类博物馆的业务活动主要是面向市、县，它们的藏品、展览、研究和服务对象也都以市、县为主。最近几年，随着文化事业的不断发展，各级政府对中小型博物馆建设日渐重视，再加上各基层文保单位自我意识逐步增强，为满足人们对文化生活日益增长的需求，市县级博物馆大量涌现，也使得这些市县在自己所辖范围内出土和发现的文物及标本能立足本地，更为经常和方便地对当地公众展出开放、宣传教育，特别是那些具有较高历史、科学和艺术价值，能够表现地区文化历史特征的器物，更成为各中小型博物馆经常展出的对象。这样，中小型博物馆站在了面对观众的前沿，即成为了国家最基本的文物收藏保护陈列单位。

博物馆的定义告诉我们，它是一种社会文化现象，其天然属性是为教育、研究、欣赏的目的征集、保护、研究、传播并展出人类及人类环境的物质及非物质遗产，由于中小型博物馆的区域性强，生长在居民身边，促使人们更容易对博物馆产生亲近感，在某种程度上有效地增强了这种功能，注定能为博物馆界带来新气象，受到了越来越多的欢迎和喜爱。同时中小型博物馆亦以自身的优势表明其具有蓬勃的生命力，可以看出，小而专的中小型博物馆"以其独到之处，令人开眼界、长知识、宽胸襟，使人得到更纯粹、更持久、更非同一般的经历和享受"[1]，博物馆走向小型化、专题化、多元化是博物馆学界出现的新曙光。

二、中小型博物馆文物藏品保管工作现状

1. 文物藏品硬件不够完善

从目前情况看，中小型博物馆一般都有文物库房，有存放文物的柜架，有安全设施，有一定的管理基础和保存文物的条件。但总体来说，库房还比较简陋，普遍缺乏必要的保管设施。比如，无消毒、去湿、通风、排气、恒温、恒湿等设备，文物的保存效果不理想，尚未完全达到"防火、防盗、防水、防霉、防虫、防尘"的要求，以致在气候变化、空气污染、虫蛀霉变等自然破坏因素的作用下，一些文物藏品向衰败的方向缓慢地转化，出现不同程度的损坏，造成对文物藏品寿命的严重威胁。

2. 人员配置不尽合理

文物藏品是博物馆各项业务活动的物质基础，藏品保管是博物馆一项经常性的工作，它直接影响到博物馆工作的开展是否顺利、业务效益是否明显，也是为其相关学科的研究最大限度地提供方便的关键。藏品保管员是藏品最直接的管理者，必须了解、研究藏品，才能做好建档、建卡工作，其对藏品的保护和管理是中小型博物馆管理中的重中之重。但目前，受各种条件限制，一些不具备文物管理素养的人员尚不能安排至其他岗位，藏品保管员的整体业务素质还需进一步提高。

3. 文物检索方面，普遍忽视检索工具的使用

没有很好地利用藏品分类卡、藏品分类账、藏品目录、藏品专题账、藏品专题卡以及藏品出入账等检索工具，以致检索不够快捷顺畅。比如有些单位检索工具上不标识文物存放的方位，检索文物只凭管理人员的记忆，库房内数千件文物，每件存放的位置都记得清清楚楚，只要一说出文物名称就知道放在哪柜哪架的什么地方，件件文物的方位都能准确说出，如数家珍，其记忆力及熟悉业务的程度令人佩服。但是，如果一旦记忆有误或主管人员不在场，就只能一柜一架地查找，费时费力，工作效率大大降低，严重影响了工作，达不到查用方便的管理目的和要求。

4. 文物藏品定名不规范

有些藏品的名称要素不齐全，反映不了文物藏品的特征或内涵，有些文物藏品名称中的"通称"陈旧、落后或错误，没有反映出新的科研成果，导致在宣传和教育方面出现不准确或不科学的误导。

5. 文物出库凭证无统一管理

出库凭证的纰漏可能会导致文博单位之间借用文物藏品和归还时的问题。

三、建章立制，进一步规范保管工作管理

博物馆藏品是宝贵的科学、文化财富，是博物馆业务活动的物质基础，对其保护管理利用是博物馆开展业务活动的重要内容。凡事"预"则立，为了加强藏品的保护管理，确保藏品的安全，充分发挥藏品的作用，从而科学地保护、规范地管理，博物馆人需要坚持薪火相传的理念，摆正中小型博物馆的位置，使藏品内涵价值得到长久的保存并不断转化为社会价值。

1. 制度标准化

制度标准化是藏品管理工作的核心。它可以把藏品工作的过程分解成若干基本部分，选择最佳的操作方法和安全模式，确定藏品标准化的作业过程、标准的动作和标准的工作量。根据国家制定的相关文物法规，各中小型博物馆可在深入研究社会发展对文物保管工作的影响下，结合各馆现有条件与藏品安全的需求，研究制度和标准，参照大馆模式，通过制度把技术和组织管理的各方面细节联系、协调起来，形成一个统一的藏品管理系统，从而保证文物工作有条不紊地进行。如固定入库登记及分类排架流程、加强藏品数据库建设、分类分时定期修复各类文物、针对不同门类藏品进行养护，以及依照制度规定完善文物保护的物质条件——设立库房洁净屏、恒温、恒湿、便携式装具、数据库运行设备及备份设备等。

2. 人员管理标准化

藏品保管的各种工作都需要专业的保管人员去完成，所以培养好保管人员，对人员管理实行标准化至关重要。国内博物馆保管部是藏品管理的中心

部门，负责文物的管理，主要工作内容是文物保管、保护及移动，工作特点是在脑力劳动的同时存在着大量的体力劳动，劳动强度非常大。做好文物保管工作，貌似管理物，实际关键在于管理人，充分调动广大工作人员的积极性，造就一支业务精通、纪律严明、作风优良、品格高尚的高素质的队伍，重在管理。其中制度管理以它的规范性、强制性、可预见性和可操作性的特点，在管理工作中发挥着独特的作用。比如，藏品管理必须坚持规范的操作流程，有章可依，诸如建章立制，用制度管理人，做到文物出现在哪里，制度建设就跟进到哪里，实现由"人管人"到"制度管人"的转变，使队伍管理由"软"变"硬"。再打个比方，保管工作需要耐心细致，所以保管部门通常女同志较多，而保管工作又涉及文物移动，要求体力的工作亦较多，势必需要将工作进行专业化分工，分工越细，专业化程度越深入，工作效率越高。可以选择相关专业毕业的人员进入账目和藏品保护、保管岗位，选择熟练技术工人进入包装运输工作岗位。这对于藏品的管理和保护无疑会起到很好的作用，既提高了各项工作的标准，亦降低了工作成本。

3. 提高藏品保管人员专业素质

首先，负责藏品的保管人员应该热爱这份工作，对于藏品保管工作有责任感，尊重客观事实，保证数据材料正确可靠。

其次，藏品保管员必须熟悉藏品特性，了解藏品保管工作。由于人员的专业化分工，使保管员有了更多的时间与精力去深化文物保管研究工作。藏品保管工作不是一项事务性的工作，管理人员本身就应该努力成为一个专业研究者，因此博物馆应该尽量选用具有较强专业知识的人员来负责。同时，保管人员不仅仅只是保管，还应具备创新精神，不断研究如何让藏品保管工作开展得更有效，提高藏品安全保管的科学性。

再次，博物馆应该健全保卫机构，对安全保卫工作定期检查。如制定安全知识学习日，开办安全法规知识讲座，进行保护文物安全教育。博物馆还要重视对于藏品安全保管工作人员职业技能的培训和职业道德的教育等。

四、藏品管理与科学研究有序进行

博物馆是时代文明的标志之一。一个国家的博物馆办得如何，反映了这个国家的文明程度；一个地区的博物馆如何，则往往体现这个地区的文明水平。因此，作为文化资源管理这个大范畴中的一部分，博物馆能否立足于社会成为社会文明的标志，不仅取决于它能否充分向世人宣传和展出它的收藏品，还取决于它有无能力研究保护和管理好这些收藏品[2]。科学的藏品管理为推动博物馆事业的发展起到重要作用。

1. 进行专业化管理，做好基础工作

博物馆藏品管理工作具有一定的规定程序。一件文物的入藏，从接收、鉴选、登记到编目、制档要经过多个环节，藏品记录有入库文物凭证、藏品总登记账、分类账、藏品卡片和藏品档案等，而且每件文物的入库时间、完整程度和来源等原始资料以及照片、绘图、拓片一应俱全。文物一经入藏，藏品管理工作人员就应承担起保护它们的使命和责任。所以，博物馆藏品管理是一项责任重大且复杂繁琐的工作，这就需要博物馆藏品管理工作人员具备高度的事业心和责任心，担负起管理和保护文物藏品的职责，做到《博物馆藏品管理办法》等条例所规定的"账目清楚、鉴定确切、编目详明、保管妥善、查用方便"。

2. 完善提调文物流程，增加过程控制

博物馆藏品管理工作的特点和职能，决定了它必须进行科学化、法制化管理，并与其他业务部门并行，形成博物馆的整体化运作。建国后，特别是改革开放以来，我国对博物馆馆藏文物已经有了一套法律法规和较为科学的管理办法，对博物馆科学管理藏品做了明确而又具体的规定。比如博物馆藏品保管工作讲究科学化、制度化，一般博物馆的藏品保管工作均有登记提取、库房管理、藏品核查、温湿度记录、防虫防霉消毒、钥匙管理、特殊藏品保密、库房进出人员登记、藏品管理奖惩等制度。这些制度对藏品的登记、提取、核查和利用以及库房温湿度、入库出库、防虫防霉和钥匙分管等做了具体规定，是藏品管理人员顺利完成工作任务的保证。但是在过去，藏品管理相对简单，在一般状况下，藏品仅会存在于库房和展厅两个空间，少有变动，因此只需为每件藏品建立相应的档、账、卡，并做好相关的保护和保管即可。随着时代进步和社会的巨大变革，各博物馆越来越多地利用馆藏文物组织对外展览、临时展览，编辑有关展览、藏品出版物，举办各类知识讲座等等，藏品进出库房成为常态。处在移动状态下的藏品，遭到损坏的可能性也最大，藏品动态化管理就成为博物馆管理中重要的一环，必须进行过程控制。如必须制定严格的藏品提用制度，重点考虑藏品提用中的安全要素、提借藏品的审批手续、藏品提用凭证的填写要求、发现问题后的应对办法等。这些细碎但却具有实效的条例是藏品在进出库房动态过程中的安全保障。再比如明确藏品在博物馆中只有一个进出关口。所有相关事宜都应集中在保管部门由专人办理，严格办理、填写相关的藏品进出库房凭证，如提借日期和原因、藏品的名称、总登记号、完残情况等，相关领导和经手的工作人员要分别签字，如此才形成一份完整而具有法律效力的藏品进出库房凭

证。还有各种进出凭证要妥善保管，使每一件进出藏品都有账可查，有理可据等等。

3. 做好拍照、摄影、传拓等资料收集工作

中小型博物馆藏品数量多则几万件，少则几千件，与之对应的藏品图像资料，诸如底片、照片、录像带、拓片等是对馆藏文物开展保管、保护、研究、宣传等业务活动的重要实物辅助资料，亦以千计万计。对这类资料的传统管理方式，大多数博物馆仍以底片、照片、录像带等实物形式保管，但由于数量庞大，在具体操作过程中，难免会出现霉变、褪色、划痕、老化、损坏、遗失等情况，而且在使用管理过程中，许多馆没有指定专人保管，使用时没有履行必要的制度，造成图像资料管理混乱或引起版权纠纷等问题。因此，如何保护好馆藏文物的图像资料，使其规范化、制度化管理，也是摆在文物藏品管理工作者面前的一个重要话题。以下几个建议供各中小型博物馆参考：①明确馆藏图像资料管理的责任人，完善和规范馆藏文物图像资料的拍摄、提取利用制度；②文物部门以外单位使用，以商业、宣传为目的，应严格遵守国家文物局颁布的《文物拍摄管理暂行办法》中的有关条例，签订协议或合同书；③文物部门及本单位内开展的陈列、研究、学术及宣传活动等业务工作需要提用的，要报相关领导书面批准；④本馆业务人员借取观摩研究或用于论文发表的，也应按文物的级别，由业务馆长或保管部主任批准提取使用；⑤馆藏文物图像资料在提取使用时，保管人员应设登记本逐一进行登记，并应跟踪使用、发表情况，及时记录在登记本或文物卡片上，以便掌握该藏品的研究、宣传、使用信息，为日后制作藏品档案时填写相关栏目提供基本资料。

4. 善用文物调查及数据库管理系统成果

作为一项以摸清馆藏文物家底、提高馆藏文物管理水平为基本目标，以调查馆藏可移动文物资源、采集馆藏文物信息为基本形式，以数字化的影像采集技术、数据存储技术和网络技术为基本手段的文化遗产领域的数字化基础工程，"文物调查及数据库管理系统建设项目"在各馆均已如期完成建设，这其中也包括不少中小型博物馆。该项目对于国家全面掌握馆藏文物资源，科学规划馆藏文物的保护与利用，不断提高馆藏文物管理水平，充分发挥馆藏文物的社会功能具有重要的意义。特别是当前，随着博物馆事业的快速发展和计算机网络技术向社会各个领域的快速渗透，亟需我们利用现代技术，不断推进馆藏文物数字化进程，为文物行政部门强化馆藏文物管理服务，为提高博物馆的公共文化服务能力服务，为广大人民群众鉴赏祖先创造出的灿烂文化、掌握历史知识、领略先进文化、提高综合素质服务提供强有力的支持，同时，也为中小型博物馆的藏品管理和利用提供契机。通过这次工作，很多传统作业手段被电子化取代，善用这次成果——如电子检索工具的使用——必然较大地推动中小型博物馆的文物利用率。

5. 积极开展藏品的科学研究工作

藏品是博物馆开展各项业务活动的基础，如果没有藏品，博物馆就成了无源之水、无本之木，从而也就失去了其存在的价值和意义，对藏品的研究绝对不容忽视。研究大体可以分为两类，一类是藏品的本体研究，一类是藏品管理的研究。笔者认为在以下方面可以多做探讨：依照行业标准规范，完善部门规章，做到有据可依，有章可循；积极培养保管人员藏品鉴定等方面的专业素养，定期交流或专题讨论；积极参加各类研讨会，撰写文章，开发原创性展览，提升部门员工的科研水平；挑选合适门类，对库藏文物进行专题研究，形成专题资料，为决策提供依据；申报承担省部级以上项目或课题，力求通过完成项目和课题产生标志性成果。

在具体的藏品管理过程中，各中小型博物馆还可以试着探索一些管理方法，进行科学界定。如签订责任状，明确责任；整合库房空间，使之分配更为合理；管理中推行"5S"制度（整理、整顿、清扫、清洁、素养），进行库房管理等。

总之，文物藏品是博物馆各项业务活动的物质基础，藏品管理是博物馆工作的重中之重，其作用直接影响到博物馆业务工作的顺利开展，以上浅见，仅作引玉之砖。

参考文献

[1] 刘毅，《中小型博物馆的生存和发展》，《经济日报》2000年1月6日。

[2] 王宏钧，《中国博物馆学基础》，上海：上海古籍出版社，1990年。

浅谈博物馆藏品利用方式

镇江焦山碑刻博物馆 丁超

内容提要

　　焦山碑刻博物馆是一家以收藏、展示、研究历代碑刻为主，当代名家书法作品为辅的专题性博物馆。焦山碑林的藏碑绝大部分是焦山的传世文物。其中，《瘗鹤铭》是我馆的镇馆之宝。多年来，我馆紧紧围绕这一重点，深入挖掘它的历史文化、艺术价值，精心打造"瘗鹤铭"这一文化品牌。立足自身特色藏品资源，在国内外举办各类拓片展览，不断提高焦山碑林知名度。传承发展书法艺术，举办各类书法比赛、展览等活动，不断丰富馆藏，吸引更多书法爱好者。开展各类丰富的活动，借助央视等影响力广泛的现代媒体开展宣传，进一步扩大品牌影响。出版各类专业刊物，召开高规格的学术研讨会，不断提升学术地位。开发以"瘗鹤铭"为主题的特色旅游纪念品，积极推进文化产业发展。

关 键 词

　　焦山碑林　藏品利用　《瘗鹤铭》　文化品牌

76

博物馆的藏品是每个博物馆的最基本要素，藏品的种类、方向决定博物馆的性质。焦山碑刻博物馆的藏品收藏种类和方向基本上是以石刻为主、当代名家书法作品为辅，是一个专题博物馆。

焦山碑刻博物馆成立于 1991 年，而焦山碑林则可以追溯到北宋庆历八年（1048 年），是中国南方最古老、规模最大的碑林。1988 年被列为全国重点文物保护单位，现存重要摩崖石刻 80 多处、藏碑 400 余方。她的规模虽然不大，但特色鲜明。一是大量精美的碑刻与绵延、珍贵的摩崖石刻相结合，其中有被历代书家尊称为"大字之祖""书家冠冕"的六朝《瘗鹤铭》，唐《金刚经偈句》《魏法师碑》，宋《米芾临兰亭序》《禹迹图》等；二是所藏碑刻以反映历代文人士大夫的思想感情为主，如抒情言志的《陆游踏雪观瘗鹤铭》《吴踞焦山诗》《吴迈游焦山诗》等，相互酬唱的《澄鉴堂石刻》《齐彦槐焦山唱和诗》等；三是独具魅力的江南园林式景观，廊廊相连，曲径通幽，因此得到了"江南第一碑林"的美誉。

焦山碑林的藏碑绝大部分是焦山的传世文物，其中"瘗鹤铭"更是镇馆之宝。多年来，我馆紧紧围绕这一重点，深入挖掘它的历史文化、艺术价值，精心打造"瘗鹤铭"这一文化品牌，目前它已经成为一个在全社会受关注度极高的较为成功的文化品牌。在国内博物馆中，将一件文物或藏品打造成为一个成功文化品牌是很少有的。综合而言，在藏品利用方面，我们主要从五个方面入手。

1. 立足自身特色藏品资源，在国内外举办各类拓片展览，不断提高焦山碑林知名度

为了使我馆丰富的碑刻藏品让更多的人所识，2004 年，我馆与陕西汉中博物馆联合举办了以两地摩崖石刻为代表的"南北二铭"展览，先后在焦山碑林和陕西汉中博物馆展出。2005年，与上海博物馆将各自珍藏的《瘗鹤铭》各种拓本、翻刻本及出版物共一百多件展品在鲁迅纪念馆集中展示，举办了"墨运翰藻　汉魏风骨——镇江焦山摩崖石刻和上海博物馆馆藏碑拓展"，同时，还举办了《瘗鹤铭》学术研讨会和笔会；同年，与西安碑林、陕西汉中博物馆联合在西安碑林举办了"碑碣墨韵——镇江焦山碑林、陕西汉中博物馆、西安碑林馆藏名碑拓片展"。2006年，与西安碑林、陕西汉中博物馆联合在成都杜甫草堂举办了"碑碣墨韵——西安碑林、镇江焦山碑林、汉中汉台碑林名碑拓本联展"。2007年，与南京博物院、南京市博物馆、扬州博物馆、苏州碑刻博物馆、徐州汉画画像石艺术馆、连云港市文管办、常熟碑刻博物馆、镇江博物馆联合举办了"江苏名碑、石刻拓本展"。2011年在北京语言大学举办了"镇江焦山碑刻博物馆名碑名帖展"；同年，"鹤鸣天下——镇江焦山碑林精品碑帖展"参加了省文物局举办的省内巡回展览，分别在灌南、张家港等四地展出。2012年又在福建泉州中国闽台缘博物馆和武汉晴川阁博物馆展出了焦山碑林的精品拓片。

此外，为了扩大焦山碑林在海外的影响，我馆于2001年与日本中国书法学院、日中文化交流促进会联合主办了"中国镇江焦山碑林原拓展"；2005年，以《瘗鹤铭》为代表的19件摩崖石刻拓片参加"中国镇江·日本津市友好城市21周年文化交流"展览，这些展览都在当地产生了热烈的反响，大大提高了焦山碑林在海内外的知名度。

2. 传承发展书法艺术，举办各类书法比赛、展览等活动，不断丰富馆藏，吸引更多书法爱好者

书法是我国的国粹，是历史文化的重要载体。焦山有着"书法之山"的美名，为了更好地传承发展书法这一国粹，我馆多年来注重通过举办比赛和展览来吸引书法爱好者，同时征集当代名家书法作品。2005和2006年分别举办了"首届瘗鹤铭书法邀请展"和"焦山碑林书法邀请展"；2007年，成功举办了"2007·中国镇江·瘗鹤铭全国名家书法邀请展"，展出了52位名家以《瘗鹤铭》为主题创作的作品。作为2012年中国书法家协会首次举办的水平一流的书法展事，2011～2012年举办的"中国瘗鹤铭奖"书法艺术大展产生了广泛影响，共收到投稿12000多件。它是我馆借助中国书法家协会这一高端平台来举办高水平赛事的成功案例。吸引了全国很多优秀书家前来投稿，使得大展艺术水准达到了镇江前所未有的高度，获奖作品基本代表了当代中国书法创作的最高水平。

2013年，我馆经过精心设计、施工，将焦山待渡楼二楼改造成为焦山书画院，解决了多年来缺少展览场所的问题，为今后引进、举办各类书画展提供了硬件的条件。待渡楼建成当年即举办了两个书法展："'墨韵三山'书法展"和"镇江汉中书法邀请展"。

自2009年起，我馆开展了"百名书法家游书法之山"活动，至今已有三十余位当代书法名家来我馆指导并挥毫。此项活动的开展为我馆获得了更多的书法创作和学术交流机会，我们会将这一活动长期延续下去。

此外，我馆还经常举办"少儿书法讲习班""少儿书法夏令营"等活动，让青少年了解传统文化，从小培养对传统文化的兴趣。2009年与书法报社联合举办了第一届"瘗鹤铭"杯全国少儿书法大赛。

今后我们还将在中小学书法教师队伍培训、书法进课堂等方面进行更多、更深入的探索。

3. 开展各类丰富活动，借助影响力广泛的媒体开展宣传，进一步扩大品牌影响

2008、2010年，我馆开展了打捞瘗鹤铭大型文化行动，中央电视台进行了现场跟踪拍摄和直播，《探索·发现》栏目组制作了专题片"探秘《瘗鹤铭》"，分别在央视几套节目中播出，一时成为社会热点，引起强烈反响；《走遍中国》等栏目组也制作了专题节目。2009年举办了"《瘗鹤铭》今探"系列活动，内容包括"《瘗鹤铭》打捞"考古成果汇报展、《瘗鹤铭》考古打捞新闻发布会、海外爱国华侨捐赠《瘗鹤铭》旧拓本、《瘗鹤铭》研究中心和江苏省书法创作研究中心挂牌仪式以及中日学者碑帖研究、收藏及书法评赏国际学术报告会等系列活动，吸引了大量媒体的关注。

在"中国瘗鹤铭奖"书法艺术大展举办过程中，为了扩大大展的宣传力度，我馆在《中国书法》《书法导报》《书法报》等进行了广泛宣传，并在专业书法网站"书法网"开展有奖征集建议活动；还通过中书协广泛发动各省书协网站加强活动宣传，江苏、浙江、山东、河南、湖北、安徽等地均在各自网站发布了征稿启事。中国书法网、书艺公社、书法网、瘗鹤铭书法传播网、名城镇江网、0511网友之家等网站对此次书法大展都进行了大量的宣传报道。经过广泛深入宣传，大展活动得到了书法界的热切关注和支持。

2013年，我馆协助央视完成《国宝档案·瘗鹤铭传奇》的拍摄工作，于2013年11月9日在央视四套播出。这档节目雅俗共赏，深受老百姓喜爱，影响力不容小觑。目前正在做《清乾隆御碑》《陆游踏雪观瘗鹤铭》《焦山碑林藏吴云"二百兰亭斋"兰亭禊帖》《魏法师碑》等几集的资料准备。

为了让更多的人能够通过网络了解焦山碑林，2009年，我馆将原有网站进行了升级改版，扩大了宣传力度，还与国家文物局信息中心合作进行《碑刻博物馆馆藏品信息系统软件》这一课题研究，完成后将会更好地为书法、文博爱好者提供服务。

4. 出版各类专业刊物，召开高规格学术研讨会，不断提升学术地位

2007 年，我馆成功举办了"2007·中国镇江·瘗鹤铭国际学术研讨会"，与会名家众多，提交论文质量较高，会场气氛热烈，掀起了《瘗鹤铭》研讨的一个新高潮。会后，我馆出版了论文集，如今《瘗鹤铭·2011辑》也已经出版，今后还将不定期出版，以进一步加强理论研究，不断深化"瘗鹤铭"品牌文化的内涵，同时也为广大专家学者提供一个学术交流的平台。

2012 年我馆与文物出版社《书法丛刊》编辑部联合举办了一次全国性高端学术研讨会"全国第二届碑帖研讨会"，国内众多知名专家应邀赴会，提交论文，会后出版了论文集，又将我馆理论研究水平推向一个新的高峰。

为了加强广大游客对我馆藏品的了解，2001 年，我馆曾出版一本《焦山碑林名碑赏鉴》，深受欢迎，几年前即已销售一空。2012 年，我馆又在文物出版社出版了一本高品质的专门介绍一套藏品的《澄鉴堂石刻》，今年还将与文物出版社合作出版一部图文并茂的《焦山碑林精品图录》。2013 年，我们还配合上海辞书出版社出版《瘗鹤铭雅集》一书和在《中国书法》（2013 年第 9 期）刊登《瘗鹤铭特辑》，进一步扩大了焦山碑林及瘗鹤铭的影响力。

5. 开发以"瘗鹤铭"为主题的特色旅游纪念品，积极推进文化产业发展

近年来，我馆还在依托现有藏品资源开发适合市场的文化产业及开拓博物馆在市场经济条件下的生存能力方面作了一些积极探索。除《瘗鹤铭》拓片册页一直深受书法爱好者的追捧外，还开发了折扇、T恤、扑克等旅游纪念品。2009年，《探索发现》专题片《瘗鹤铭》在央视播出，在海内外引起较大反响，我馆抓住时机将其内容制作成碟片，作为礼品赠送和旅游纪念品出售，配合节目播放对我馆进行了大力宣传。2010年底，我们重新设计、制作了"瘗鹤铭"高档礼品真丝缎面围巾，因其轻薄精美、便于携带，成为许多海内外游客的首选佳品，不仅宣传了"瘗鹤铭"文化，还带来了一定的经济效益，受到社会各界广泛好评。

以上是近些年来我馆在博物馆藏品利用方面所作的一些努力和探索，业已取得一些成绩和社会关注。今后，我们还将不断创新思路，进一步拓展藏品管理和利用的专业化水准，为将焦山碑刻博物馆打造成为一个具有较高品位的、特色鲜明的一流专题性博物馆而不断奋斗！

略论革命纪念馆文物的征集和保护工作

内容提要

　　文物的征集和保护是革命纪念馆开展各项工作的基础和前提，需高度重视。文物征集要有针对性，根据纪念馆的定位来开展文物征集；要体现科学性，制定科学的文物征集计划，突出重点、制定规范、依法有序地开展文物征集，同时要做好文物的收藏保管工作；要动员全社会力量，多渠道征集文物。要保证文物征集和保护的顺利开展，纪念馆还需加强对相关人才的培养。

关　键　词

　　文物征集　文物保护　革命纪念馆

中共代表团梅园新村纪念馆　王化许

　　文物藏品是革命纪念馆存在与发展的根基、命脉，离开了藏品，革命纪念馆就失去了意义。积极抢救并妥善地保管文物是革命纪念馆最基础的工作，是纪念馆陈列、宣教、科学研究等其他一切工作得以开展的前提。民间文物征集是革命纪念馆藏品的主要来源之一，是补充和丰富藏品、保管历史记忆的重要手段。同时，因为年代久远和保管条件受限，使得文物的抢救性征集和保护工作日益紧迫。因此革命纪念馆应该把文物征集和保护作为工作的重中之重来抓。要保证纪念馆征集文物的数量和征集工作的质量，应该做好以下几方面工作。

一、重视文物征集和保护工作

　　文物是在特定历史条件下形成的，是历史的存留，具有特定的历史价值、艺术价值、科学价值。要从思想上提高对文物征集和保护工作重要性的认识，要认识到文物征集工作是一项长期、艰巨且日益紧迫的任务。革命纪念馆必须立足当下，放眼长远，把文物征集工作摆在重要位置，周密部署，制定切实可行、有效的征集计划和保护措施，加大征集力度，尽可能地征集更多的文物，保护历史文化遗产。要高瞻远瞩，着眼长远，按照科学发展的要求，制定文物征集和保护工作的短期和长期规划，尽可能扩大征集文物的种类和范围。

　　革命纪念馆还面临一个问题，就是革命文物由于年代近，相比历史悠久的文物来说更容易为人们忽视，灭失更快，更加需要提高征集和保护的意识。同时还需注意，随着时间推移，革命历史的亲历者大多已风烛残年，这对于文物征集来说是一个巨大的挑战。面对这种现实，我们也要加大工作力度，抢救性地开展文物的征集和保护工作。

二、文物的征集要体现针对性

文物征集工作要有针对性，须根据纪念馆的定位来开展。紧紧围绕党的方针政策，结合办馆方针、宗旨和人民群众的精神文化需求来界定征集文物的范围、内容。

以中共代表团梅园新村纪念馆为例，作为一座专题性纪念馆和全国爱国主义教育示范基地，我馆主要纪念 1946 年 5 月 ～ 1947 年 3 月以周恩来为首的中国共产党代表团在南京和国民党政府进行的和平谈判。凡是在这一历史时期内能够反映谈判史实、可以提供研究和陈列使用的各类文献、实物，以及与活跃在这一重要历史阶段的人物相关的文献、实物以及记叙都是需要征集的对象。目前，我馆保存有等级革命文物近千件，这些革命文物背后都有着特殊的故事和意义。

我馆保存的一只仿明代成化的五彩敞口瓷花瓶属国家一级文物，它本身的文物价值与真正明代的花瓶是不能相提并论的，但它体现的寓意却是重大的。这只花瓶是周恩来在谈判期间赠送给当时的美国驻华大使司徒雷登的礼物。

抗战胜利后，国共双方对中国的前途有着不同的主张，为避免再次陷入内战，国共双方决定进行和平谈判，司徒雷登作为美方代表，直接参与其间，进行斡旋。由于国共双方意见差别太大，1946 年 11 月 15 日，国民党悍然召开一党包办的"国民大会"，关闭了和谈之门。11 月 19 日，周恩来率部分中共代表团成员离开南京返回延安。行前，周恩来请负责外事工作的王炳南将这只花瓶赠送给司徒雷登，司徒雷登收到花瓶后非常珍惜，并把花瓶带回了美国，悉心珍藏。在他病重时，嘱咐傅泾波先生将此物归还原主。由于各种原因，直到1988年，这只见证当年革命岁月的花瓶才由傅泾波的后人交给中共代表团梅园新村纪念馆。

三、文物的征集要体现科学性

1. 制定科学的文物征集计划

文物征集是项具体而繁琐的工作，应该有一个计划，遵守一定章法，必须踏踏实实，一步一个脚印。文物征集工作计划是针对本馆的情况，结合自身的定位而制定的文物征集的目标和方案，要以调查研究为基础。具体调查的内容应该包括馆内藏品的数量、质量、内容、类型及缺少的项目等，馆内陈列和研究所需要的材料及本馆计划筹备的展览和陈列中急需补充的展品、文物等。

2. 突出重点、制定规范、依法有序地开展文物征集工作

第一，成立文物征集工作领导小组，依据国家的有关法规制定文物的征集和保护方案，建立专职机构，收集文物信息并负责方案的执行、文物建档入库与保管，以及文物的陈列和展览工作。有历史价值的文物，都要列为征集的重点。

第二，在征集文物的过程中一定要记载好所征集文物的详细资料，以备研究人员的查阅。文物征集时，征集人员一定要详尽了解并记录文物的来龙

去脉、历史背景、流传的经过及文物相关的历史文化信息。

第三，规范文物征集的流程就是要完善文物征集的程序。在确定所要征集的文物对象后，要按照法规和流程进行：鉴定、征集、核实登记、保管、整理、入库、存档，做到有重点、有针对性地开展常态性征集。

3. 做好文物的收藏保管工作

对于征集到的文物和宝贵资料要妥善保管，建立文物台账和文物资料本，建立专门的、恒温恒湿的标准化库房进行收藏。把文物征集时的现场调查情况记录下来，整理归档。整理资料应该力求翔实、准确，因为原始资料与文物本身同样重要，一件文物如果没有清晰、完整的记录，其价值必然会大打折扣，影响后面的展出和使用。

文物，尤其是革命文物，其价值更多地体现在其本身蕴含的精神上，像中国老一辈革命家，他们在革命战争年代穿过的破旧衣物、用过的简陋用具等，本身都没有什么物质价值，但因为这些物件身上承载着当年的烽火岁月，蕴含着深厚的精神内涵，所以变得十分有分量。

中共代表团梅园新村纪念馆陈列的一块红绸，第一眼看上去，小小的、没有规则的形状，不仔细可能就会被人当做垃圾扔掉了。但是，如果仔细看，会发现上面写有"天作之合"四字，还有周恩来、董必武、邓颖超等人的签字，如果没有记载，谁都不知道这块红绸到底代表什么意思。原来，这块红绸是送给在南京谈判期间结婚的一对代表团成员夫妇的结婚贺礼。当时代表团成员在南京的处境非常艰苦险恶，这对夫妻新婚，大家却拿不出什么像样的贺礼，于是，邓颖超就临时剪下了一块红绸，由董必武挥笔题写了"天作之合"四个大字，周恩来及代表团成员一一签名，成就了一份珍贵的贺礼，现在它已经是国家一级文物。

四、文物征集和保护人才的培养

文物征集人员要有保护文物的坚定意识，要具备一流的技术素质和良好的沟通交流能力。必须怀着对事业高度负责的责任心，培养专业素质过硬的文物征集和保护队伍，这是文物征集工作得以开展的前提。这就要求我们积极主动地做好文物征集和保护人才的培养工作。从事相关工作的业务人员平时要刻苦钻研业务知识，勤学苦练硬功，提高修养，尽量多地了解掌握历史文化知识和文物鉴定技能，在理论上做到广泛的储备和足够的认识，逐步提高鉴别文物的能力，这是文物征集和保护的人才基础。在日常工作中，文物主管部门和纪念馆领导要高度重视人才培养的重要性，制定切合实际的人才培养计划，创造一切条件予以扶持。

此外，文物征集人才的养成，除了多学习外，经验的积累也是非常重要的。中共代表团梅园新村纪念馆就曾经因为工作人员的细心和努力，成功征集到一件宝贵的革命文物——一张周恩来签名的法币，它被专家鉴定为国家一级文物。

这张法币的持有者在梅园新村纪念馆对外开放后，来到周恩来曾经居住过的梅园新村 30 号庭院，看着这个老房子和院子里的海棠树，沉默良久，眼角似乎有泪光。他的这一不同于普通观众的举止引起了馆内一位有着丰富文物征集经验的工作人员的注意，便上前与这位游客攀谈起来。通过沟通，工作人员了解到这位白发苍苍的老者名叫林雨水，是以前飞虎队的成员，国民党空军飞行员，抗战胜利后，对内战有很重的反抗心理，钦佩共产党和平民主的主张。

1946年国共南京谈判期间，林雨水和战友在一家冷饮店偶遇周恩来和邓颖超，他们都认识并非常敬佩周恩来，自我介绍后，请周恩来为他们签名留念，但是他们身上都没有带笔记本，于是掏出五张崭新的法币，周恩来为他们一一签名。周恩来热忱地对他们说："欢迎你们到解放区去。"第二年，内战爆发后，林雨水他们五人一起脱离空军，过着清贫的生活。1949年，林雨水在参加了香港"两航"起义，驾机来到了北京。在"文革"中他却经历了不公正待遇，生活非常潦倒，但即使再难，也始终没舍得用掉这张珍贵的法币。

梅园新村纪念馆的工作人员被深深地感动了，她积极动员林雨水将他珍藏的法币捐献出来，起初林雨水非常不舍得，该馆的工作人员锲而不舍，追到他上海的家中，使林雨水认识到了革命文物放在纪念馆供更多的观众参观的意义。最终，梅园新村纪念馆将这件珍贵文物征集到了纪念馆。

五、动员全社会力量，多渠道征集文物

革命纪念馆需要不断补充和丰富藏品，这样才能保证业务的开展和提高。因此应从以下渠道开展征集工作：

1. 社会团体或个人捐赠

组织机构、社会团体或个人捐赠是藏品征集的一条重要渠道，也是纪念馆最为实惠的文物来源。纪念馆大多资金有限，捐赠既可以丰富馆藏，又节约了征集资金，可谓两全其美、双赢之举。纪念馆可以根据捐赠者捐献文物的价值给予适当的物质或精神鼓励。

广泛宣传文物征集和保护的意义，动员社会上一切可以动员的力量捐赠或提供文物线索，还可依托名人后代进行人脉式征集，这会大大拓宽革命文物的征集渠道。此外，结交民间收藏者，与他们真诚地沟通，提高他们的文物保护意识，向他们了解一些藏品信息，发动他们积极主动地向纪念馆捐赠文物。

日前，梅园新村纪念馆就通过周恩来生前身边警卫高振普收集到一件珍贵的文物。作为周恩来纪念地之一的梅园新村纪念馆，与周恩来生前身边的工作人员都保持着联系。有一次，梅园新村纪念馆馆长王化许与高振普一同参观展览，发现一张周恩来1958年冒雪视察湖北荆州大堤时的照片，照片中的周恩来戴了一顶普通的毡帽，上面落满了雪，显得特别亲切随和，丝毫没有总理的架子。王馆长指着照片中的帽子对高将军说："周总理戴着这顶帽子显得非常有亲和力，这顶普通的毡帽拉近了总理与群众的距离。"高将军说："这顶帽子现在就珍藏在我的家中。"王馆长一听，非常感兴趣，恳请高将军把这顶帽子惠赠梅园新村纪念馆。高将军略作思考，同意了王馆长的请求。让这顶普通而又不一般的帽子到一线纪念馆展出，为观众更多更好地了解周恩来提供了一个有效渠道。

这顶帽子的征集过程，可以说非常意外，也非常简单，但这背后却是高将军对梅园新村纪念馆多年来工作的了解和肯定。梅园新村纪念馆是周恩来纪念地之一，与高将军的沟通和互动非常多，高将军对我馆的工作非常肯定和支持，他之所以将珍藏多年的周恩来的帽子捐赠出来，就是为了让这顶帽子在纪念馆发挥更大的价值，取得更好的社会效益。这也是文物的最大意义所在。

2. 交换或移交

各纪念馆因为地域、时间等因素，已征集的文物也可以互相支持，互为补充，馆藏的重复文物可以与其他馆交换。馆际间的文物交换体现了纪念馆之间的合作，互通有无。接受移交是征集文物的又一项主要来源。比方说，由于各馆建立的时间不同，年代久的场馆保存的文物丰富，有些还是重复、相似的。这时馆与馆之间可以相互沟通，争取办理相关文物的移交。相关文物管理部门依法查收的文物的移交也是渠道之一。

3. 开展专题征集收购文物工作

充分发挥纪念馆工作人员的主观能动性，主动出击，根据革命纪念馆自身定位和编写详细的文物征集方案，纪念馆可采取文物专题的方式征集收购文物，收集寻找有价值的文物和可行的征集线索。这种专题征集收购活动的针对性强，且形式简便灵活。文物体现了一定的经济价值，易被广大群众了解和接受，纪念馆能集中人力、物力、财力，在相对较短的时间或时期内完成某项专题文物资料的征集收购工作，效率较高，能在较短时间内取得明显成效。如网络媒体、报刊、杂志联合推出的专题征集收购活动，发放征集信、刊登文物征集收购启事等。在这一方面，许多文博场馆都有成功经验，可以借鉴。

综上所述，文物征集和保存工作任重而道远，是事关纪念馆事业可持续性发展的基础性工作。我们要在工作实践中不断研究、总结文物征集和保管工作的经验和方法，不断探索、创新行之有效的途径和措施，不断扩大藏品来源，提高馆藏文物的数量和质量，努力走出一条适应本馆发展的文物保护之路，为纪念馆开展陈列展览、宣传教育提供更多的文物史料，使纪念馆更好地发挥教育作用。

做好文物史料研究工作、丰富藏品内涵的现实意义

中共代表团梅园新村纪念馆　苏洁菁

内容提要

藏品是宝贵的社会财富，也是博物馆产生和发展的物质基础。在博物馆事业快速发展的今天，重申重视藏品的研究及展示其丰富的内涵，将有助于我们保持正确的发展方向。以认真的态度、科学的方法、严谨的工作作风认真做好博物馆最基础的藏品研究工作，是博物馆发展的内在动力，也是博物馆开展其他业务工作的基础。

关 键 词

文物史料研究　藏品内涵　基础工作

21世纪的文化大发展"催生"了一批文化产业，博物馆这一社会公益性文化机构亦是文化大发展中的重要成员，正以惊人的速度发展壮大。在博物馆快速发展的同时，博物馆的定义也被重新审视。国际博协于2001年将其定义为：博物馆是一个为社会及其发展服务的、向公众开放的非营利性常设机构，为研究、教育、欣赏的目的征集、保护、研究、传播并展出人类及人类环境的物证。这一表述把"研究"工作排在博物馆所有工作的第一位。到了2007年8月24日，国际博物馆协会在维也纳召开的全体大会通过了经修改的《国际博物馆协会章程》。章程对博物馆定义进行了修订，修订后的定义改变为：博物馆是一个为社会及其发展服务的、向公众开放的非营利性常设机构，为教育、研究、欣赏的目的征集、保护、研究、传播并展出人类及人类环境的物质及非物质遗产。在这一表述中，国际博协顺应时代的发展，把"教育"排在了第一位。对于博物馆来说，无论是研究工作还是教育工作都是博物馆工作的重中之重。从现实情况来看，博物馆的文物研究工作和社会教育工作是相互影响、相互依存、相互促进的。文物研究工作深入细致地开展会带动其更好地实现社会教育职能，而博物馆社会教育职能的拓展又依赖于研究工作的成果。由此可知，加强文物史料研究、丰富藏品内涵是博物馆最基础的工作，在此基础之上，博物馆才能更好地实现其教育民众、建立良好社会风尚的作用。

2013年6月，国际博物馆协会在其网站公布了2014年国际博物馆日的主题——"博物馆藏品搭建沟通的桥梁"。这一主题号召博物馆致力于创新吸引观众的传统途径，以拉近博物馆与利益相关者的距离。博物馆行业在发展中不断地变化，使得我们必须重新思考其传统使命，找寻新方法，让藏品走近观众。这一主题提醒博物馆人重新深思藏品的存在意义，重申研究藏品的现实意义，也即藏品存在的价值——它能为社会做些什么？怎样去做？

任何一家博物馆都离不开藏品，它是博物馆的灵魂，也是博物馆存在的意义，毋庸置疑每一家博物馆对于藏品的研究都将贯穿于其工作发展的始终。我们无法想象，没有高质量的藏品，博物馆会存续多长时间，这样的博物馆将是一个缺乏活力的建筑物；更无法想象缺乏深刻内涵的藏品，会给博物馆带来怎样的发展，那种空洞的说教会留给观众怎样的印象。所以在当前博物馆建设快速发展时期，要注意做好博物馆最根本的工作，做好文物史料研究丰富藏品内涵的工作，这是博物馆持续发展的内在动力。博物馆应认真研究藏品内在的价值，这里所说的价值并不是指它的市场出售价格，而是其实现社会教育职能的潜在价值。

一、科学的态度、严谨的工作作风是文物研究工作的基本原则

做好文物史料研究工作，一方面要有科学的态度，要认清历史事实和历史进程之间有着深刻的本质联系。研究人员必须对历史规律具有深刻的认识，尊重事物内在发展的规律，坚持以历史发展观来看待历史、分析历史，在科学理论的指导下，运用科学严谨的方法对历史资料进行深入研究；另一个重要的原则就是实事求是，要尊重历史原貌，坚持以科学的态度对待历史事件和历史人物，既不过分渲染也不轻描淡写，既不哗众取宠也不贬低损毁，力求还原历史的本有风貌。从以往的文物史料研究工作经验中我们可以看到，历史总是不断地追寻真理、还原其本来的事实真相，文物史料研究人

员应保持客观的态度，在工作中求真务实、去伪存真、广征博引、悉心考辨，不主观臆断，不妄下结论。结合所掌握的文物历史资料仔细研究反复推敲，还原历史的本来面目。不浮躁、不急功近利，沉下心来多做基础性的研究工作，为后续工作的开展打好基础。

二、文物史料研究工作与藏品相结合是推动博物馆发展的源泉

文物史料研究工作具有系统性、规律性的特征，经过人为的梳理会呈现出条理清楚、脉络相续的特点，而具体到每一件藏品，就需要在文物史料研究的基础上分门别类再做更深入的了解和探究。文物史料研究工作必须与日常具体的工作紧密联系，尤其在分析、鉴定、征集文物时。文物史料研究工作具有推理、推论、考证、实证文物的作用，在实际工作中与藏品的鉴定工作相互补充、互为印证，共同反映了历史的事实，也一起丰富了历史的内涵。做好文物史料研究工作可以有力地促进文物藏品的管理、鉴定、征集。博物馆的工作人员不仅要结合本馆类型和业务特征进行文物征集，更要全面掌握和熟悉本馆已有的文物史料、尚欠缺的藏品以及需要补充的文史档案资料等情况，这样在工作时才能做到有的放矢，少走弯路，为后期的展览展示打下坚实的基础。

南京梅园新村纪念馆的工作人员在文物史料研究过程中了解到在国共和谈期间，周恩来曾赠送给美国大使司徒雷登一只花瓶，多年来与长期生活在美国的傅海澜女士（原司徒雷登秘书傅泾波的女儿）保持联系，从她那里征

集到了这只花瓶。这是一个仿明代成化年间五彩敞口花瓶，上面绘有八仙过海的图案，色彩绚丽，人物形象生动。同时纪念馆还征集到司徒雷登就任驻华大使时各方人士庆祝他七十岁寿辰的签名簿以及中共代表团人员赠送给司徒雷登秘书傅泾波的一块石刻，编研部的人员还积极与中国第二档案馆利用部密切配合，北上燕大，南下杭州，征集到许多有关司徒雷登的珍贵历史图片、文献、档案、文物和影像资料，这些资料在2010年梅园新村纪念馆举办的"司徒雷登与中国"展览中起到了很好的展示效果。

展览以翔实的资料、丰富的藏品真实地还原了一个对中国有着特殊情感的历史传奇人物。大多数人是通过读毛泽东写的"别了司徒雷登"一文认识了这位美国大使。文中批判了以司徒雷登为代表的美国政府，但作为教育家，他却为中国教育事业做出过重要贡献。笔者曾多次与来馆参观的观众交流过这位大使的生平事迹，希望真正能做到以物见史、以史鉴人。

三、充分诠释藏品的内涵是开拓文物史料研究工作的新途径

文物史料研究工作不能闭关自守，要向同行学习以加强馆际间的交流，要向专家请教以了解最新的研究方法，要有能力通过各种现代化讯息查找适合的信息资料。现代社会有着信息丰富、资讯来源多样化的特点，如果还固守于旧的研究方法，将跟不上时代的发展，失去很多发展的机会。博物馆不能只在建馆初期或举办临时陈列时才被动进行突击性的文物征集、鉴定工作，这不符合博物馆的工作发展要求。博物馆应适时关注社会上出现的新理

论、新方法，以一种全新的理念征集新的藏品、诠释已有藏品、丰富藏品内涵，充分推动博物馆的工作发展。例如可以运用互联网的强大功能进行相关资料的搜集整理，也可以通过最新解密的档案验证文物史料研究的真伪，不断丰富原有藏品的内涵价值等等。

在最近几十年里，人们开始意识到口述历史的重要性，一些博物馆开始加强口述历史的记录工作，在一些近现代史博物馆和纪念馆更是如此。口述历史的发展时间不长，有许多理论尚待完善，其准确性和真实性的问题也需研究人员认真辨别。但同时，口述历史有其独特的魅力，它是见证者的亲身经历和所见所闻，这些回忆有着翔实、具体、生动的特点，因此对于史料记载具有很强的补充性。通过口述历史可以填充历史的细节，增加历史的真实性，对文物史料起到补充、深化和印证的作用，在个体生命的讲述中映衬出宏大的历史社会问题。随着时代的发展，老一辈人大多年事已高，历史的记忆将离我们渐行渐远，在这些知情人的有生之年进行抢救性的口述历史记录工作就显得十分必要和异常紧迫。

南京梅园新村纪念馆的工作人员非常重视与那些曾经在梅园新村工作、战斗过的老一辈革命家保持联系，经常走访他们，记录下了许多珍贵的历史资料，丰富了馆内的史料档案，充实了藏品的内涵。我馆收藏的一台收音机就有着颇为有趣的故事。笔者刚到馆里工作时，看到了描述中共代表团的同志与国民党斗智斗勇的故事的资料。当时在梅园新村的四周布满了特务，他们每天都在监视监听代表团成员的谈话和活动。为了扰乱敌人，代表团的工作人员会在接待客人时打开收音机并调大音量，以混淆特务的视听。后来我馆的工作人员通过采访原中共代表团工作人员、中共中央南京局党派组副组长宋黎，了解到更为有趣的一些内容。一次，一个叫黄士跃的人要求拜访周恩来，周恩来请宋黎把他接来，并亲自同他谈话。谈话中，黄士跃发现收音机响着就顺手关掉，代表团工作人员又把它打开，黄不知是什么用意，就又把它关了，工作人员再次打开。这一细节如果添加进原先的文物介绍中就会增强可读性，编成小故事对学生们进行讲解宣传也会更加吸引人。像这种通过对口述历史的整理来丰富史料档案和藏品内涵的例子还有很多。例如在当时政治环境异常恶劣的情况下，代表团的工作人员是如何保存密码发电报给延安的，他们又是如何办报发行刊物的，如何利用一架照相机躲避特务的监视等等。通过重视口述历史、加强与老同志的联系，梅园新村纪念馆大大丰富了原有的史料内容，使一些档案资料更加脉络清晰，对于藏品也有了新的认识，为后续的宣传教育工作打下了基础。

四、实现博物馆的社会教育职能是文物史料研究工作的目的

博物馆以其对藏品的诠释实现社会教育职能是现代社会对博物馆的期待，同时，博物馆也不能局限于展现过去，而应总结历史经验以面向社会，为社会的发展提供正能量。博物馆应紧跟时代脚步，借助藏品所蕴含的丰富内涵，通过各种方式使博物馆服务社会的价值最大化。在多年的研究和征集藏品的基础上，博物馆可以通过陈列改造将最新的研究成果和征集到的文物运用到展览展示中；也可以不定期地分门别类地举行专题展览，把好的展品展示给大众；还可以在互联网上适时发布最新的研究讯息；可以带着藏品或复制品和展板走进社区、乡村、企事业单位、大中院校，进行宣讲。南京梅

园新村纪念馆的工作人员经过多年的摸索，总结出了一套行之有效的工作模式。

1. 在陈列改造上下工夫，充分展示藏品的内涵，加深观众的印象

在博物馆里，史料资料以及文物藏品是展陈展示的主要内容，无论是文物原件还是档案资料，在展示时都会给人以真实深刻的印象，拉近观者与历史的距离。这些资料和文物经过有机组合，使逝去的历史得以展现，使观者了解真实的历史、了解人性、了解社会。在展览展示中利用藏品这一载体表达各种内涵及思想可以加强观众直观的感受，让大众有效分享史料研究的成果。但是，受年代和思想观念的限制，再好的陈列展览经过几年或十几年的考验后，都会或多或少给人以陈旧的感觉，博物馆应适时进行陈列改造，通过局部或是整体更新展览展示的内容，提升展陈质量。

南京梅园新村纪念馆在最近几年结合文物史料研究的成果对陈列展览进行了一些局部改造，展出中配以沙盘、模型、油画等形式，大量采用声、光、电等现代化表现手法，增强艺术感染力。在展厅一楼有梅园新村中共代表团驻地周边环境多媒体演示系统，系统演示了当时中共代表团驻地周围被敌人包围监视的严峻环境；有周恩来过河的绘画场景，场景中周恩来身着短裤正在过河，与一旁坐在轿车里被老乡抬过河或被人背过河的美蒋人员形成了对比；展厅二楼还有多媒体幻影成像《南京和谈》、循环播放的资料短片《梅园故事》以及按真人大小比例仿制的美国大使司徒雷登在接电话的蜡像；此外，展览还展示了大量珍贵的文物藏品，通过各种元素的有机组合达到了很好的展示效果。

2. 在广泛开展文物史料研究的基础上举办临时展览，丰富展示内容

文物史料研究工作积累到一定程度形成研究成果后，就需要根据场馆的

条件把一些好的成果展示给大众。现代社会人们的生活节奏加快了，史料研究成果转化也应以更快、更新的方式传达给大众。梅园新村纪念馆的工作人员善于把握时代精神，精心组织策划系列特色临时展览，每一年都会推出多个临时展览，这些临时展览很多都获得了社会的好评，如 2011 年举办了"追寻伟人足迹——全国周恩来纪念馆巡礼展"和"留学勤工俭学运动与中国共产党创建——纪念中国共产党成立 90 周年史料展"；2012 年举办了"勤廉周恩来"主题展；2013 年举办了"为民、务实、清廉——党风楷模周恩来"展览。这些展览以丰富的内容、详尽的资料，吸引着前来参观的群众。

其中"为民、务实、清廉——党风楷模周恩来"展览从"人民公仆""求真务实""清正廉洁"三个视角，通过百余件历史照片、文献和珍贵资料，配以生动的影像资料，真实展现了伟人周恩来的一生。展览照片资料非常丰富，有周恩来在田间地头、工厂、矿井视察的情景，也有周恩来在公交车、公园和电影院与群众一起畅谈的画面。丰富的照片及档案资料展现了周恩来与人民心连心、甘于奉献的高尚情怀和人格魅力。展览获得社会各界一致好评，成为南京市党员干部开展群众教育路线实践活动学习的重要内容。

3. 在学校开展宣传教育活动，建立长期联系，借助研究成果推进宣传教育的深度和广度

南京梅园新村纪念馆是全国爱国主义教育基地之一，尤其注重对青少年的教育，工作人员经常到大中小学校进行宣传教育，并与各地的学校加强联系创建"周恩来班"，这是纪念馆向外辐射能量的一个独特创举。通过讲述伟人的小故事、解读藏品背后的秘密、传唱红歌等活动，学生们的精神面貌发生了变化，学习积极性提高了，集体荣誉感也增强了。"周恩来班"的创建实现了馆校间的结合，是纪念馆实现其社会教育职能的创新举措，将弘扬周恩来精神与构建社会主义核心价值观相结合，有助于发扬革命传统、弘扬和培育民族精神、促进社会主义精神文明建设，为加强和改善青少年思想道德工作开拓了新的领域，提供了新的经验和有效途径。"周恩来班"诞生后历经30年发展，在全国十几个省市的百余所学校创建了数百个，显现出蓬勃发展的势头。

做好文物史料研究工作、丰富藏品内涵是博物馆永恒的工作，做好这一工作有利于传播先进文化、提高人们的精神素质，为博物馆事业的创新发展提供有效支撑。在当今文化大发展的时代背景下，博物馆在做好基础性研究工作的同时，还应以积极的态度发挥其社会教育职能，起到传播文化精神、净化社会风气、引导社会风尚的作用。这是博物馆存在的现实意义，也是博物馆研究工作的最终目的。博物馆应顺应时代的发展，通过自身的努力真正焕发光彩，发挥其应有的社会教育作用。这不仅是博物馆工作的主题，更是博物馆的社会职责和历史使命。

预防性保护在博物馆文物收藏中的重要作用

南京市博物馆 邱晓勇

内容提要

　　博物馆、纪念馆、考古机构等珍藏的文物是我国众多珍贵文化遗产的重要组成部分。这些珍贵的可移动文物是民族历史的见证，具有极高的历史、科学、文化和艺术价值。然而，根据国家文物局"全国馆藏文物腐蚀损失调查"的结果以及国家科技支撑计划课题"馆藏文物保存环境应用技术研究"对近50家文博单位博物馆环境的检测评估，发现环境影响已经成为当前馆藏文物劣化损害的主要原因之一，环境质量恶化所造成的文物老化、腐蚀状况严重，数量巨大。在博物馆环境保护方面普遍缺乏必要的环境监测、质量评估和有效调控措施。文物预防性保护意识淡薄，对博物馆环境监控工作重视不足，制度化、规范化管理存在疏忽。因此，亟待推广应用成熟的保护理念和技术产品，加强文物预防性保护工作，提升馆藏文物风险预控能力，保护与利用好珍贵馆藏文物资源。

关　键　词

　　预防性保护　环境　洁净稳定　监测

1930 年在意大利罗马召开的关于艺术品保护国际研讨会上，"预防性保护"的概念第一次被提出，指的是对博物馆文物保存环境实现有效的监控。这次会议还肯定了实验室研究对文物研究的意义，在国际范围内达成了文物科学保护的共识。

对馆藏文物保存环境进行有效的监测和控制，抑制各种环境因素对文物的危害作用，努力使文物处于一个稳定、洁净的安全生存环境，尽可能阻止或延缓文物的物理和化学性质改变乃至最终劣化，预防性地从源头上保护珍贵文物，达到长久保护和保存珍贵文物的目的，是当今世界文物保护领域的发展趋势。

在中国，文物预防性保护理念已成为文化遗产保护工作者的共识。就博物馆馆藏文物而言，对博物馆文物保存环境实施有效的监测和控制，提升馆藏珍贵文物的风险预控能力，最大限度地防止或减缓环境因素对文物材料的破坏，是预防性保护珍贵文物的关键。

中小型博物馆文物保护资金匮乏，人才培养不足。以南京市博物馆为例，每年用于库房设备更新与文物保护的经费只有二三十万元，面对十几万件藏品，预防性保护工作的压力很大。南京市博物馆长年肩负着对南京地区古墓葬、古遗址进行抢救性考古发掘的重任，自 1978 年正式建馆以来，随着文物数量的不断增加，馆藏一级、二级文物已达千余件，各种质地脆弱、对环境敏感的珍贵文物也逐年增多，需保护藏品的数量逐年增加，亟须从抢救性保护阶段向预防性保护阶段跨越。南京市博物馆现使用的文物库房是 2000 年建设完成并投入使用的，面积约 3000 平方米，藏品分为 13 大类，分别为考古发掘品、瓷器、陶器、金属器、杂件、书法、绘画、货币、善本书、近代史资料、石刻、雕刻、碑帖，按照质地与类别分八个库房存放。二楼书画库房配备有两台恒温恒湿机，其他地下文物库房内无恒温恒湿的空调设备，基本依靠建筑本身的保温隔热作用维持温湿度的稳定，在夏季湿度较高的情况下则根据需要开启抽湿设备。库房内使用金属文物架和金属储藏柜存放文物，照明为普通日光灯。库房内放置了数显式温湿度仪，用于监测环境温湿度。展厅的环境条件相对于文物库房保存环境更加不利，除极个别展柜安装有恒温恒湿设备，其他文物长期处于一个相对不利的保存环境下进行展览展示，展柜温度基本依靠展厅空调调节，但闭馆以后会关闭空调，在夏季或冬季温湿度都会有剧烈的波动。同时，由于展柜中使用的装潢材料长期释放甲醛等有害物质，对文物也有一定损害。博物馆工作人员可能都遇到过这样的情况，在更换展柜内展品时，刺鼻的气味会扑面而来，在这样的环境中长期展示，不利于藏品的保护。全省各博物馆在文物保护上投入的经费有限，除个别新建或改建的博物馆库房和展厅整体配备有全套恒温恒湿净化过滤系统外，各中小型博物馆的文物保存现状也基本与南京市博物馆相同。

就如何根据博物馆现有条件做好珍贵文物的预防性保护，减缓环境因素的剧烈改变对文物造成的损害，达到长期保存的目的，笔者想谈几点想法。

1. 了解珍贵文物适合的环境因素与保存空间

馆藏文物保存环境，也称为博物馆环境，主要是指与博物馆文物收藏单位的库房、陈列室、储藏柜、展柜等室内环境中文物本身具有直接而密切关系的环境。这些环境因素对文物长久保存有着至关重要的影响。国内外大量研究表明，环境条件是引发博物馆藏品自然损害的主要原因，包括温度、湿度、污染气体、光辐射、虫害和霉菌等环境因素。尤其是环境湿度的波动和各种污染气体的影响，对博物馆珍贵文物的损害作用最为显著。[1]造成文

文物存放环境的基本要求一览表

文物分类	文物种类	温度（℃）	相对湿度（%）	光照度（Lux）	大气环境	生物因素
无机质文物	石质文物陶、瓷器	14～24	40～55	≤300	无酸性气体、防尘	
	青铜器	14～24	30～45	≤150	防尘、无氯、无酸性气体	
	铁质文物	14～24	30～45	≤150	无酸性气体、防尘	
	金银器	14～24	40～55	≤150	防尘、无硫化物、无酸性气体	
有机质文物	纺织品	14～20	50～60	≤50 防紫外线	防尘、空气清洁	防虫防霉
	纸质文物	14～20	50～55	≤50 防紫外线	防尘、空气清洁	防虫防霉
	骨、象牙	14～20	50～55	≤50 防紫外线	防尘、空气清洁	防虫防霉
	木质文物	14～20	50～60	≤50 防紫外线	防尘、空气清洁	防虫防霉
	皮革制品	14～20	50～60	≤50 防紫外线	防尘、空气清洁	防虫防霉

物发生损害的可能是一种因素，也可能是几种因素的共同作用，预防性保护的关键就是提前改变环境因素以避免或减少其对文物的破坏。

从上表可以看出，文物存放环境分两大类，即无机质类文物和有机质类文物。无机质文物的存放环境总体为：温度 14～24℃，相对湿度 30～55%，光照度≤150～300 Lux，大气环境要求清洁，无灰尘、无酸性气体。有机质类文物的存放环境总体为：温度 14～20℃，相对湿度 50～60%，光照度≤50Lux，无紫外线，大气环境要求清洁，无有害性气体，防尘、防虫、防霉。文物保存在舒适的环境中，温湿度日均波动要求小于5%，剧烈的温湿度波动变化对文物有更大损害。

影响博物馆藏品的环境空间，大致可分为微环境（以展柜、储藏柜、包装盒内空间为代表）、小环境（以展厅、库房等室内空间为代表）、大环境（覆盖整个博物馆建筑的空间）、室外环境（博物馆建筑之外的空间），我们要在博物馆由大到小的环境空间中调节与预防影响环境的四大基本因素，使文物在环境合理的条件下长期保存。现阶段博物馆藏品预防性保护切实可行的方法，就是从基础的、与藏品接触最近的空间入手，在以展柜、储藏柜、包装盒内空间为代表的微环境中控制影响环境的四大因素。但是我们希望逐步做到从博物馆室外环境到最后的与文物接触的微环境都能够控制，从而优化与文物本体接触的微环境空间中的温度、湿度、有害气体等环境参数。

藏品库房中的文物与展厅中的展览文物有着不同的保存环境与空间，对两者的预防性保护有着不同的要求和重点。藏品库房一般由专人负责管理，除偶尔的短时间观摩或研究外，藏品大部分时间都是静静地躺在库房存储柜内，基本保存在一个封闭的空间中，光照损害不大，其保护主要以控制温湿度与有害气体为主。展厅中的文物由于需要向观众进行展示，除了控制温湿度对展览文物的影响外，要特别注意长期的灯光照射对文物的损伤，要根据不同种类文物对灯具的光照度进行调控，特别是光敏感性强的纸质或丝绸文物。[2] 展厅、展柜、库房、储藏柜的装饰装修材料是目前文物保存环境的主要污染源，同样需要重点监控。因此，在文物库房装修和展厅改陈前必须严格筛选、控制材料质量，防止库房与展厅使用的材料散发污染，对文物微环境造成破坏影响，从源头上保障文物保存环境的洁净度。[3]

2. 使用各种手段与成熟的保护产品，有效改善珍贵文物保存环境

改革开放以来，我国的馆藏文物保存环境科研工作取得了快速发展，开展了一系列专项研究。特别是 2006 年年底组织开展的国家科技支撑计划课题"馆藏文物保存环境应用技术研究"和"珍贵文物保存环境控制关键技术研究"，主要针对展柜、储藏柜文物保存微环境采样检测和连续监测技术、调控材料和设施、评价技术和规范等方面开展实验研究，获得了一批研究成果。同时还开展了博物馆文物保存环境检测、文物充氮保存、藏展材料筛选评估技术等研究，率先在国内对馆藏文物保存环境检测评价体系、调控功能材料和技术进行了深度研究，并对环境调控系统及其评估体系进行了预研究，为馆藏文物保存环境的进一步研究奠定了坚实的基础。

馆藏文物保存环境连续监测工作是掌握环境质量、了解变化规律、及时采取调控改善措施的必须手段。随着技术的日益进步，各种极限测定方法以及便携式的或在线的监测仪相继问世，为博物馆的环境监测提供了较为完整和先进的技术。如直接检测（现场采样后在实验室利用气相色谱或色谱/质谱连用方法分析）和腐蚀反应物（铜片、银片）构成的环境间接检测法。珍贵文物预防性保护的主要措施是使文物长期处于一个"稳定、洁净"的安全生存环境。因此，应用高效且对文物友好安全的调湿剂、吸附剂等被动调控功能材料或采用有动力的调湿器、净化器等主动调控装置来控制博物馆文物保存微环境，是当前馆藏文物保存"洁净"环境的主流研究方向。文物展柜、储藏柜等博物馆微环境质量是影响馆藏文物能否长久良好保存的最为直接和至关重要的因素，也是预防性保护珍贵文物的关键所在。因此要确立一

种积极的馆藏文物保存环境质量控制理念，实现对博物馆微环境的有效监控与整治，抑制各种环境因素对文物的危害，努力使文物处于一个安全生存环境，尽可能阻止或延缓文物的物理和化学性质改变和最终劣化，以达到预防性长久保存馆藏文物的目的。

现阶段各地博物馆发展不均衡，有的博物馆已经组建了比较完善的文物保存环境监测系统，运用多种调控手段对文物保存微环境实施了有效调控，建立了馆藏文物保护风险预控机制。但大多数中小型博物馆普遍存在以在保存文物的不丢失的前提下适当地修复损毁文物为目的的保存现状。各地博物馆陈列展示和文物库房保存两类功能的环境控制方式具有复杂性，需要结合自身特点综合考虑文物的预防性保护工作。在文物预防性保护方面，各博物馆都具有一定的意识，有专门的业务人员采用温湿度表不定期检查和监测文物保存环境状况，并对展厅及库房进行定期清洁等养护工作。这些工作为进一步的文物预防性保护技术改进奠定了良好的基础，但是这还不能改变日益严峻的藏品腐蚀劣化的现象，预防性保护的工作仍任重道远。

3. 建立博物馆预防性保护监测系统与监查管理制度

大多数博物馆环境监测手段比较简单，仅配备精度不高的温湿度表，无法全面、实时感知馆藏文物保存环境中温度和湿度变化状况，更不能对环境中污染物和光照水平进行科学监测。因此，有必要在博物馆内建立一套文物保存环境监测系统并形成相应管理机制，以实现对重点展厅、重点展柜和文物库房等文物保存环境的温度、湿度、污染物、光照度等因素的及时感知和风险预控。

针对现阶段中小型博物馆藏品文物保存环境的实际情况，预防性保护工作首先应该从环境监测开始，摸清自家博物馆库房与展厅等保存环境的各项数据，才能有针对性地提出优化方案。环境中引发文物损坏的有害因素较多，作用机制十分复杂，对馆藏文物所处环境的温度、湿度、光照度、紫外线强度等环境参数进行长期监测，建立长期的环境参数数据库，研究馆藏文物与环境影响因素之间的关系，创造最佳的馆藏文物保存环境，实现对馆藏文物蜕变损坏的有效监测，是文物保护的一项长期性基础工作。因此，要选择重点监测展柜或储藏柜，搭建比较完备的馆藏文物保存环境监测系统，实现文物保护环境的实时监测，并通过无线通信技术将监测参数传输到馆内监测站，以达到及时预警的目的，全部监测数据也得以保存。[4]

博物馆文物保存环境预防性保护，不仅仅是技术和措施，更是一种管理意识，是一项综合工程，需建立系统的环境监控管理机制。欧美、日本等先进国家的博物馆，普遍将文物保存环境监测和调控作为一种日常管理工作，运用各种监测方法和制度化的调控措施，在已经比较好的博物馆建筑环境控制条件下，进一步对文物微环境进行"稳定、洁净"控制，以期达到更为良好的文物保存环境。

国内能够坚持对环境进行长期、有效、全面监测与制度化调控管理的博物馆很少。各地博物馆基本都制定了一系列文物管理和保护制度，但在环境预防性保护及文物风险预控方面，尚需要结合自身特点，建立一整套文物预防性保护管理机制，制定相应的藏品保护监查管理制度，设立博物馆环境监控岗位职责，形成藏品保护管理、协调、监测、分析、处理、预案等一系列风险预控机制，全面提升文物预防性保护水平。随着国家对博物馆文物保护经费的大量投入，预防性保护的理念也深入人心，可以预见，未来的博物馆文物保护工作必将是以预防性保护为主、抢救性保护为辅的新局面。

参考文献

［1］徐方圆、解玉林、吴来明，《文物保存环境中的温湿度研究》，《文物保护与考古科学》2009 年 12 月增刊。

［2］冯荟、赵丰，《影响丝织品文物展陈的光照分析》，《丝绸》2012年第 6 期 。

［3］吴来明、周浩 、蔡兰坤，《基于"洁净"概念的馆藏文物保存环境研究》，《文物保护与考古科学》2008 年 12 月增刊。

［4］吴来明、徐方圆、黄河，《博物馆环境监控及相关物联网技术应用需求分析》，《文物保护与考古科学》2011 年第 3 期。

新形势下地方博物馆的藏品资源整合与利用

内容提要

目前地方新建博物馆面对的首要突出问题就是藏品资源不足，场馆多藏品少的矛盾越来越严重，如何转变观念，实现地方博物馆藏品资源的整合与利用，加强地方博物馆之间的交流合作，提升社会效率，是目前亟待研究的课题。本文从资源整合、加强合作、深化利用三个方面探讨地方博物馆如何更好地实现社会服务功能，在目前的情况下，可谓机遇与挑战并存，地方博物馆需学习经验、总结教训，努力在新形势下开拓思路，稳步创新，探索出一条适合的新路。

关键词

藏品资源　整合　利用　社会服务

南京市博物馆

徐佩佩

近年来，随着社会经济的发展、考古工作水平的提高和领域的拓展，文物征集手段和条件的改善，地方博物馆与考古机构收藏的文物藏品规模已今非昔比，各地新建的博物馆不断涌现，目前全国有近四千家博物馆，其中仅南京市一地各类博物馆总数就达到数十家。但毋庸讳言，有相当一批博物馆其文物藏品的数量相对其宏伟壮观的建筑而言，显得有些捉襟见肘。很多新建场馆面积动辄数万平方米，而展品却乏善可陈，即使勉强开馆，也多因藏品种类单一、展陈效果差强人意，达不到预期设想，造成社会资源的极大浪费。典型的如南京江宁织造博物馆，早在2003年即确定重建，之后耗资7亿、占地面积1.87万平方米、建筑面积3.56万平方米的精美场馆在南京市中心拔地而起，但由于其民办博物馆的身份，随之而来的却是没有展品的问题，历时数年征集调拨无果。经历了几年的空转期之后，在社会各界的关注下，只能在2012年尴尬地由政府斥巨资收回，并通过公开渠道向海内外征集文物，派出专家远赴日本、韩国等地，征集了一批清代江宁织造府织造的宫廷服饰，这才勉强解决了基本藏品的问题，2013年终于得以开馆。这一地处黄金地段的大馆尚且历经十年波折，很多地县级小馆、民办馆可想而知会更加举步维艰。2011年初，南京市在博物馆处登记的民间博物馆有7家，到了2013年，这一数量减少到了仅5家。这些馆大多生存状况很不好，还有一些没有登记的馆，几乎都难以维持。

即使是一些市级综合历史类大馆，也面临着缺乏藏品来源、藏品增量有限且范围狭窄的困境。这些市级馆大多还依靠传统的调拨、移交、捐赠等手段来丰富馆藏，但在实际工作中却收效甚微，越来越不适应现代博物馆藏品征集工作的需要，可以说几乎已经走进了死胡同。各文物收藏单位出于自身利益考虑，已经很难再进行文物调拨，中央馆调拨地方馆文物尚有可能，地方馆调拨中央馆文物几无可能。一些涉及流散文物的单位也不再愿意将文物低价甚至无偿提供给地方博物馆；传统的考古移交途径，随着各地考古机构的陆续独立，它们大多将发掘文物据为己有，深锁库房，有条件的寻求自建新馆，也不会再向地方馆移交文物；而在考古发掘过程中，地县出于利益考虑也要求文物留在工地，一套文物分藏二馆的情况时有出现。各馆征集经费的缺乏对于购买文物来说是杯水车薪，如南京市博物馆每年征集经费只有 8 万，这在全民收藏热的当下，动辄数百万、数千万的各大拍卖公司拍卖会上，想要获得藏品几乎不可能。而在全民的投资收藏意识下，即使有人愿意捐赠，也大多不是无偿的，地方博物馆资金的缺乏导致在传统渠道下获得的文物数量逐渐萎缩。相对于建国初期大批征集、捐赠频频可见的情况，上世纪末南京市博物馆征集文物已经为数不多，而最近十几年征集的文物更是寥寥无几，近年更是连征集部门都裁撤了。

同时，基于信息时代的到来，各地数字博物馆、信息数据库的建立也如火如荼，对专业人才的需求更加强烈，而各地方博物馆大多行政后勤人员多专业技术人员少的现状，却使得藏品资源的研究和利用更加困难。在这样复杂的新形势下，如何利用有效资源，建设精品馆、优质馆，切实为公众服务，这就对地方博物馆提出了更高的要求，必须在传统的基础上寻求新的出路。

一、整合优质资源，突出各自特色

在藏品来源萎缩、征集经费有限的条件下，可以尝试优先征集急需藏品。比如南京市博物馆由于办明代展览的需要，1999年从山西征集了一批釉陶器，包括俑和家居陈设；作为综合性历史类馆，没有德化窑的瓷器，于是2000年又从福建征集了一批。除此之外，各地方博物馆还可以尝试征集优秀近现代艺术品，将眼光由传统意义上的文物中解放出来。如新建的老城南记忆馆，不仅有秦淮画舫、井水冰西瓜等传统城南记忆表现形式，还可以边喝茶边听南京白局表演，还通过3D的手法使明朝万历年间绘制的《南都繁会图》的场景都活了，再现了明朝南京老城南的繁华，观众仿佛置身其中。

综合历史类博物馆基于自身属性，还是应当以科学的考古发掘文物为主要藏品，这类文物通常具有浓厚的地方与时代气息，其蕴含的丰富历史文化信息是传世文物与征集文物所不具备的。在考古机构陆续独立出地方博物馆的现状下，只能由文物行政主管部门出面，统一筹划，明确考古机构只是职能部门，并不具备长久收藏条件，建立正常的考古文物移交机制，避免出现"新建馆无物可展、考古所堆积如山"的现象。

而各类地方特色博物馆应该避免同质化情况的出现，突出本馆特色。仅南京市一地，在目前民俗博物馆、太平天国历史博物馆、江宁织造博物馆、江宁区博物馆等大大小小数十家特色馆和地县馆的基础上，2014年又将完成六朝博物馆、南京中国科举博物馆、太平天国壁画艺术馆二期、南京直立人化石大遗址博物馆、金陵大报恩寺遗址博物馆、南京青奥博物馆、六合区博物馆这七家博物馆的建设。2015年，完成渡江胜利纪念馆二期、溧水区博物馆建设，启动南京城墙博物馆建设。一个城市如此多数量的博物馆，如果仅仅依靠传统意义上的"各自为战"，藏品数量上的"贫富差距"，必将导致有些场馆藏品丰富，一些藏品数量较少的场馆则陈列内容常年不换或者乏善可陈的现象。这样的情况下，整合资源，突出各馆特色就显得尤为重要。

　　馆际交换在一定程度上是优化藏品资源的很好手段，既能解决长期闲置的藏品，又能通过交换突出特色，加强优势藏品，补充藏品不足。但经常由于对藏品价值的估计双方难以达成共识，阻碍了进展。如果能够通过行政手段调控，有效地缓解这一矛盾，实现资源的优化配置。南京市 2014 年初在整合全市文博资源上迈出了重要的一步，组建成立了"博物馆总馆"，将整合全市文博单位的藏品和展厅资源，实现资源共享。博物馆总馆还将建立类似"藏品配发中心"的展览库，统一管理调配市属文博场馆的馆藏文物资源，并向社会公开展览资源信息。今后，各大文博场馆的"镇馆之宝"将会告别"宅居生活"，在全市范围内实现交流互展。作为馆藏资源最丰富的市属博物馆，南京市博物馆的 10 万余件文物藏品也将定期轮换展出，让观众每次参观都有新收获、新发现。

　　但值得注意的是，由于现行体制的原因，除文物部门主管的博物馆外，还有很多中小型博物馆分属不同的主管部门，如各大高校博物馆属教育部门主管，明孝陵博物馆属旅游部门主管，地质博物馆属国土资源部主管等，更有大量的民办博物馆在一定意义上还是"无主可寻"。如何克服行政体制障碍，实现全行业范围的资源整合与利用，是一个更大的难题。

二、转变传统观念，加强交流合作

　　行业资源整合固然是优化博物馆藏品结构的有效手段，但博物馆藏品来源匮乏始终是一个问题。如何在新形势下开拓来源，整合社会藏品资源是一个长期的任务。在征集经费有限、出土来源受阻的情况下，地方博物馆必须转变观念，探索新途径。随着人民生活水平的提高，近年来民间收藏热愈演愈烈，加强与丰富的民间藏品资源的合作，将会对地方博物馆的藏品形成有益的补充。除合作举办展览这类传统途径外，新模式的探索如文物托管模式，也越来越被地方博物馆所重视。欧美国家博物馆藏品中，民间捐赠所占的比例很高，一方面是由于欧美地区捐赠意识强，另一方面也是舆论宣传与政策保证，使得捐赠者在一定意义上能够名利双收。我国民间收藏家藏品丰富，出于文物安全和自身收藏条件的限制，他们在一定程度上希望能与地方博物馆合作保存文物，但是种种原因又使得他们有所顾忌。如果在承认收藏者文物所有权的基础上，能将这部分藏品纳入地方博物馆，在所有者的后人无意收藏的情况下，将有可能形成"托管—登记—捐赠"的良性循环模式。南京市博物馆最近托管了一批康宁先生代管的文物，即采用了这样一种托管的形式，也算是一种新的探索。首先与所有者初步接触，了解到这批文物原来的主人由于各种原因已不可寻，而历史遗留原因使得康先生保存了这批文物很多年，但随着年事已高，加上条件限制，希望能由南京市博物馆代为保管这批文物。在参观了南京市博物馆文物库房及了解管理情况之后，康先生表示满意，双方确定进行文物托管。随即签订托管协议并进行公证，明确文物安全责任，在明确所有者的所有权的基础上，博物馆拥有文物的使用权。

同时，新建的中小博物馆由于藏品、人员的缺乏，也可以将管理权交给相关的有能力并且能承担风险的博物馆来管理，从而实现博物馆的托管模式，即博物馆的所有权和管理权分开。早在 2004 年，南京税务博物馆建成后，由于缺乏专业人员，而所有者税务局认为引进相关人员经营管理成本较高，于是通过招标，税务博物馆与梅园新村纪念馆达成托管协议，由梅园新村纪念馆对税务博物馆进行管理。税务博物馆有自己的场馆与藏品，仅仅只是委托进行管理，而新建成在今年即将开放的六朝博物馆，则可能是另一种分馆模式的尝试。六朝博物馆作为南京市博物馆的分馆，不仅场馆建设由南京市博物馆负责，所有展览策划、展品提供均由南京市博物馆承担，可能在开放后的日常经营管理也都由南京市博物馆派员进行。这种博物馆分馆制、集团化模式的运营，在某种程度是一种新的尝试，有利于集中优势资源，帮助地方馆之间更好的交流合作。

长期以来，南京市各地方博物馆的馆藏文物大多只在自己的馆内展出，很少实现全市范围内的交流共享。近年来外出展览虽有所增多，但也有很大局限性，如何在更大范围内实现藏品交流合作是一个很大难题。如书画藏品，其收藏的地域性很强，各地方博物馆的特色藏品大多以本地或周边画派著名画家的作品为多，吴门画派、松江画派、京江画派、武林画派、金陵八家、扬州八怪等作品分藏江苏各地市博物馆中，如果从时代、画风等大局着眼，结合各馆特色藏品举办更高层次的展览，一定程度上也有利于提升地方博物馆的知名度，强强结合更能提高整体实力。但是这需要跨地区的深入合作，涉及的情况更加复杂，更需要全省政府部门、文物部门的通力合作，可谓任重而道远，目前缺乏的是一个组织者的角色。而在博物馆相对比较发达的欧美国家，有很多独立于博物馆之外的类似于第三方组织，如美国艺术联盟等，他们扮演的就是一个组织者的角色，物色各地博物馆和收藏机构合适的展品，联系展览相关事宜，承办跨国家、跨洲际的高水平展览。我们也可以借鉴这种模式。当然，如何建立行业规范、保证文物安全、提高展览质量等细节，还需要更进一步的思考。

除藏品交流外，跨地市的人员交流也必不可少，各地方博物馆从业人员以行政管理人员为主，人员专业结构单一，缺乏高素质复合型专业人才。同时各地方馆人员能接触的藏品范围狭窄、种类单一。全省范围乃至全国范围的藏品学习、学术交流能帮助博物馆从业人员提高职业技能，加强专业知识。跨专业、跨学科的培训必不可少，建立在高素质、专业复合型人才基础上的博物馆更有生命力，更有利于地方博物馆软实力的提升与长久发展。

三、加强社会服务，深化藏品利用

相比较其他城市，南京有着悠久的历史文化，各类博物馆数量名列前茅。但一些冷门博物馆由于专业、偏远等原因，大多不为公众所知，藏品利用效率不高，除展览外利用途径十分有限，浪费了大量社会资源。这就要求地方博物馆进行新的经营模式的探索，开放程度需要提高，除数字博物馆、数据库建设外，由重展示向重宣教的转变十分必要。根据国际上博物馆先进的经营理念，博物馆的主要使命是"知识传播"，将藏品有效转化为社会资源，改变社会大众对博物馆的认知，使藏品不仅仅局限于展览，更能走进社会大众的生活。

国外博物馆大多采取基金会管理模式，由社会各界精英人士组成董事会，成为最高权力机构来决定博物馆的各项政策与发展方向。推行会员制是国际博物馆的通行做法，各个博物馆通过会员制整合多层次的社会资源，以资金、物资、科技和文化服务等形式为博物馆的持续发展添加推动力，而会员在为博物馆提供资金支持的同时，也享受到博物馆在物质上和精神上给予的特殊回馈。在大英博物馆，不少会员都认为博物馆的藏品就是属于自己的，他们可以像使用自己家里的图书、自己的物品一样去使用这些藏品。

学习国外优秀经验，推进会员制博物馆，苏州博物馆在这方面的尝试走在前列。苏州博物馆在 2009 年正式推行会员制。初步分为普通会员和贵宾会员两类，市民只要缴纳一定的会费，便可以成为博物馆的会员并享受到博物馆提供给会员的高端文化服务。普通会员享受优先参观特展、参加博物馆举办的文博论坛与文化考察活动、在馆内消费项目优惠、获得馆友通讯、获赠博物馆出版物等项权利；贵宾会员不但享受普通会员的全部权利，还享有会员专属聚会、参与博物馆内部组织的馆长论坛、专题业务培训、馆藏文物观摩、指定场所租用等 12 项高端文化服务。推行首年即迎来 32 名会员和 2 名贵宾会员，这些会员身份各异，有公务员，有退休职工，也有科研人员；不仅有来自苏州本地的会员，还吸引了无锡等周边城市的博物馆爱好者，"博物馆会员制"这一新事物走进了公众的视野，让人们对博物馆又有了新的期待。

地方博物馆应该加强社会服务功能，优先考虑公众爱好和需求，充分发挥知识传播的作用。新技术的进步使藏品开发利用进入了新的阶段，提供藏品信息的检索服务和建设数字化博物馆是藏品利用的新形式，对于涉及博物馆知识产权的藏品信息部分，可以在博物馆会员制下采用收取报酬的方式来解决，这样既能扩大藏品利用范围，又能保证知识产权的市场收益，有利于形成良性循环。但这些对于大部分博物馆而言还只停留在理念阶段，还有很长的路要走。同时在传统基础上还需要探寻新的展陈方式，藏品知识传播的"寓教于乐"还做得不够，对公众来说过于刻板，难以接近。调查表明，观众 90% 来博物馆是为了满足休闲需要。如何在知识教育背景下，使观众在休闲中获得娱乐，是博物馆各项工作的出发点。

在博物馆藏品资源整合与利用过程中，很多方面不是独立的，而是相辅相成、环环相扣的。比如深化藏品利用，首先必须要求对博物馆管理和馆内藏品有深入的了解，这就要求有相当专业的博物馆从业人员。会员制博物馆的推广、文物库房的有条件开放有利于提升博物馆知名度，改变大众认知，继而推动文物托管和捐赠的顺利进行。而随着藏品利用的深化，藏品保护与修复问题也需要加强投入，保证藏品安全，降低藏品开发利用过程中的物理损耗，也是需要注意的问题。在现有的财政收支两条线管理模式下，即使实际经营收益十分充足，想要使用却有诸多限制，用作征集或社会服务十分不易，因此博物馆在产业化经营中积极性不高。机遇与挑战并存，地方博物馆只能学习经验、总结教训，努力在新形势下开拓思路，稳步创新，探索出一条适合的新路。

参考文献

[1] 高功，《博物馆乱象丛生谁之过》，《收藏界》2013年第9期。

[2] 林翘，《地方博物馆藏品收藏的困境及出路》，《博物馆研究》2014年第1期。

[3] 齐磊，《对当前博物馆藏品来源困境的思考》，《中国文物报》2013年5月31日。

[4] 陈国民，《谈文物托管、博物馆托管的作用和意义》，《博物馆研究》2013年第1期。

[5] 焦天龙，《博物馆教育模式的探索》，《文化力量与博物馆的挑战》，

上海：上海古籍出版社，2013 年。

　　［6］李浩，《信息时代背景下博物馆的挑战与机遇》，《文化力量与博物馆的挑战》，上海：上海古籍出版社，2013 年。

　　［7］陆建松，《论新时期博物馆专业人才培养及其学科建设》，《东南文化》2013 年第 5 期。

　　［8］丁蓉，《城市博物馆经济发展研究》，《现代经济信息》2013 年第 1 期。

　　［9］张毅，《博物馆商品开发中的品牌塑造》，《中国商贸》2013 年第 10 期。

　　［10］马爱民，《我国国有博物馆产业化经营模式的思考》，《中国市场》2011 年第 13 期。

　　［11］许俊平，《博物馆藏品利用存在的问题及对策》，《中原文物》2001 年第 3 期。

南京工业遗存见证城市发展变迁

明孝陵博物馆 向阳鸣

内容提要

"南京工业遗存展"依托二维空间实物再现南京工业的历史和文化，是运用"博物馆藏品搭建沟通的桥梁"的成功之举。其展出的南京近现代史中的大量工业遗存照片，所负载的自然物质信息、功能信息、与其他事物相关信息、记录性信息等皆历历在目，行之有效地搭建起沟通展览与观众、彼时空与此时空、物与人、旧物与新物以及先人与后人之间的桥梁作用。

关键词

工业遗存 图片见证 变迁发展

2013 年初，明孝陵博物馆举办了反映南京地方工业发展历程的专题展览"金陵遗珠——南京工业遗存展"。该展由南京市委宣传部、市档案局设计制作，分"遗存篇"和"发展篇"两部分，共展出几十个类别的工业遗存，200 余幅珍贵的历史照片，从二维空间的角度再现了南京 150 年近现代工业发展史。

南京是一座风韵弥醇、博大精深的历史文化名城。在中国历史上，南京数次成为都城，人文荟萃，几度兴衰。南京又处于南北交界地带，其独特的地理位置和历史都城的政治地位，使得南京经历了多种文化的洗礼，容纳过五方八域的风土人情。南京文化对各种文化秉持着兼容并蓄的态度，保持着开放性和亲和力，向来从善如流。

在中国工业化现代化进程中，南京留下了许多非常珍贵的工业遗产。这些工业遗产完整地记录了整个城市的发展轨迹，留存着古老城市变迁的历史文化记忆，是南京文化中一个重要的组成部分。很多工业遗产都属于我国最早、最大、最著名者，有的还是仅有的工业遗产，或官办或民营，如李鸿章主持的金陵机器制造局，建于清光绪三十四年（1908 年）的浦镇机厂，范旭东创建的号称"远东第一大厂"的永利铔厂，侯德榜参与主持的制碱厂、氮肥厂等等。

随着南京城市建设的进一步发展，根据城市规划，众多记录了南京工业发展历史的企业已经搬迁出城区，原厂房、老码头、旧仓库等工业建筑被闲置下来，成为南京城的"灰色斑块"。这些废弃建筑是当时建筑技艺的集中体现，拥有独特的文化价值和历史意义，它们当中有些曾孕育过蝙蝠、熊猫、跃进等南京人有着深厚感情的品牌，见证了几代人艰苦创业的历程，被南京人视为"工业遗产"。屹立近百年的民国建筑在今天承载着南京厚重的历史，曾经辉煌的"工业遗产"也蕴含着南京城真实而弥足珍贵的城市记忆。于是，闲置的仓库成了艺术中心，旧厂房建成文化园区，老火车站改成铁道博物馆……

中国现代历史学家钱穆在《国史大纲》前言中表示，应该对"已往历史有一种温情与敬意"的态度，更应该具有一种"感恩"的情愫。"金陵遗珠——南京工业遗存展"就蕴藉着对历史的温情与敬意，也孕育着后人对前人所馈"金陵遗珠"的感恩。作为博物馆人，我们在温情、敬意和感恩之余，还感受到这些"金陵遗珠"所构架起的沟通过往的桥梁效应。

"遗存篇"是展览的重点部分，内容占整个展览的四分之三强，重在说史。人类社会发展进程中所经历的每一阶段，都会成为历史。正如原始社会和农业文明时代留给我们许多古迹遗产一样，在18世纪以来的工业化进程中，人类创造了丰富的工业文化。19世纪中叶以后，中国近代工业开始起步，其中以清政府洋务派兴办的近代工业企业规模最大，技术水平最高。民国以后，官僚买办和民族资本家逐渐成为近代工业发展的主要推动者，南京作为中国最早的商埠城市之一，在中国近代社会经济的剧烈变动中，兴办了近代军事工业和民用工业。这些承载着工业文明的工业遗存，正随着时间的推移积淀成为具有特定价值的工业遗产。工业遗产是人类社会发展到一定阶段的见证，对我们准确地认识南京的历史和南京的文化都有所帮助。

"遗存篇"的开篇遗珠是南京近代工业的鼻祖——金陵机器制造局（今南京晨光机器制造厂）。它创建于1865年，是晚清洋务运动中开办较早、规模较大的工厂，被誉为"中国民族军事工业的摇篮"。1865年5月，两江总督李鸿章在南京聚宝门（今中华门）外西天寺的废墟上兴建金陵机器制造局，设机器厂、翻砂厂、熟铁厂和木作厂，制造开花炮弹、抬枪和铜帽等产品。1866 年更名为金陵制造局，与江南制造局、天津机器局、福州船政局并称为中国四大军工企业，其生产的新式枪炮在产量和质量方面均居全国首位，从而结束了清军使用冷兵器的落后局面，进入了热兵器时代，更创造了诸多中国第一。

南京的近代工业是以军事工业为开端的，而随之兴起的电力、建材、化工、纺织、电器、交通等民用工业，对南京城市的发展建设更具影响力。

1919 年建立的下关发电厂，前身是南京电灯厂设在下关江边的分厂，1920 年 10 月发电，定名为江苏省立南京电灯厂下关发电所。1928 年 4 月，下关发电所收归国民政府建设委员会，更名为首都电厂下关发电所。1945 年抗战胜利后改称下关发电厂。1949 年 4 月 23 日，下关发电厂的"京电"号小火轮成为接送解放军渡江第一船。1957 年，下关发电厂进行扩建，到1961 年全部竣工投产，总装机容量达到 11.5 万千瓦，承担了江苏省三分之一的发电任务。改革开放以来，下关发电厂在技术革新方面迅速发展，研制成功许多新型的电网设备和光纤数据传输系统，为南京的滨江建设和电力工业的发展做出了重大贡献。

中国水泥厂创建于 1921 年 9 月，由上海实业家姚锡舟等人筹集白银 50万两在南京龙潭镇兴建而成。1923 年 4 月 16 日正式投产。至 1936 年中国水泥厂已拥有 4 套旋窑，年产水泥 14 万吨左右，成为仅次于唐山启新洋灰公司的中国第二大水泥企业。南京中山陵建造工程所用水泥多来自于该厂。如今该厂生产的"五羊牌"波特兰水泥荣获国家金质奖，525 矿渣硅酸盐水泥和"石城牌"系列水泥分获部优、省优，产品远销国外数十个国家和地区。

在南京江北六合卸甲甸，从 1934 年建设第一座硫酸铔厂起，至今已形成绵延数十里的化学工业城。这里就是被誉为"中国化学工业的摇篮"和"远东第一大厂"永利铔厂所在地。永利化学工业公司铔厂由近代著名爱国实业家范旭东先生创办，设计规模为日产合成氨30吨、硫酸120吨、硫铵150吨、硝酸10吨，是中国第一座化学肥料厂。1937年1月26日，永利铔厂生产出了第一批磷酸；1月31日，铔厂又生产出纯度高达99.9%的氮；2月5日，中国人自己制造的第一袋肥田粉（硫酸铵）诞生。

中兴源丝织厂是南京历史上最悠久的工厂之一，也是我国丝绸工业中有相当影响的工厂，至今已有120多年的历史。在南京云锦发展史上具有承上启下的重要地位，它承接南京云锦的辉煌，又在南京云锦濒临灭绝的时候，保留了云锦的"艺脉"，是民族工业的代表企业。

南京无线电厂创建于1936年，前身是国民政府资源委员会中央无线电器材厂，是我国最早的无线电工厂之一。1956年，南京无线电厂的"熊猫牌"注册商标成为我国电子产品在国际上的第一个注册商标。改革开放后，南京无线电厂改为熊猫电子集团有限公司，强大的技术优势和显著的品牌效应，构建起大规模集团化生产体系，真正发挥了"电子工业的摇篮"作用，带动了我市大批中小企业的发展。该厂生产的"熊猫牌"14寸全频道黑白电视机，1984年荣获全国第四届电视机质量评比一等奖。1996年，熊猫电子集团有限公司成功上市。

南京最早的火车站是位于下关龙江路的沪宁铁路南京车站。1908年该站开始办理运营，1912年火车站迎来了民国临时大总统孙中山先生赴南京就任的专列。1930年重建后国民政府命名为"下关火车站"。1947年扩建，由著名建筑设计师杨廷宝设计成U字形大楼，全部建筑为钢筋混凝土结构，高达15米的拱形候车大厅，可容纳4000旅客。大楼的南北两翼为二楼，从票房、行李间、盥洗室，到嘉宾室、餐厅、银行、邮局、旅行社等，应有尽有。当时下关火车站无论是从规模还是设施上都冠绝全国。

浦镇机厂于 1908 年建成投产，当时占地面积 25 万平方米，厂房两栋共 5318 平方米，42 匹马力蒸汽机一部，金属切削机床 20 台。浦镇机厂虽属清政府官营企业，但经营权、管理权却操纵在英国人手里，从厂长到总监工都由英国人担任。1949 年后，国家对浦镇机厂举行了多次技术改造。多年来工厂实施科技创新战略，先后承担了 6 项国家级重大科研攻关项目，成功研制了 25.5 米双层空调客车等 170 个新品种。

南京汽车制造厂前身是建于 1947 年的解放军三野特种纵队枪炮修理厂，1949 年随军渡江南下后，落户南京中央门，更名"中国人民解放军第三汽车修配厂"，归属第一机械工业部。1958 年 3 月成功制造出我国第一辆轻型载货汽车，被一机部定名为跃进牌 NJ130 型汽车。同年 3 月国家批准成立南京汽车制造厂，成为继长春一汽、二汽之后我国第三大汽车工业集团。1979 年南京汽车工业公司成立，1982 年南汽改制成为南京汽车工业联营公司。经过数十年的发展，目前南京汽车制造厂是我国轻型汽车的主要生产基地。

在"遗存篇"里，还聚集了南京长江大桥、中山码头、南京大校场机场、江南汽车公司、和记洋行、卫岗牛奶厂、有恒面粉厂、糖果冷食厂、冠生园食品厂、白敬宇眼药厂、南京同仁堂制药厂、自来水厂、南京造币厂、南京金线金箔总厂、宝庆银楼、南京手表厂等工业遗存的照片，它们是南京城市建设进程中遗留的璀璨明珠，也是南京工业起兴、变迁和发展的历史见证。

"发展篇"是展览的高潮部分，大幅彩色照片的展示与"遗存篇"多为黑白历史照片形成对比，意在耀今。但耀今的展示并没有停留在旧貌换新颜上，而是落在了对工业遗产的保护和利用上。

工业遗产属于文化遗产范畴，是物化了的人类工业文化。工业遗产价值的核心在于它所承载的技术价值。近代工业的遗迹由于没有被广泛重视，正在大规模的现代化建设中逐渐消失。近年来，南京市在奔向富裕的进程中，重视多样化遗产地的保护和更新，注重功能保护与形态保护，将工业遗产保护与城市发展战略相结合，城市化进程具有典型的"中国特色"。南京市通过界定工业遗产的内涵，明确工业遗产的价值，对工业遗产实施了重点保护和重新利用。

与"遗存篇"从"1865"创业开篇相对应，"发展篇"也从"1865"再铸辉煌。运用展品在彼时的"1865"与此时的"1865"之间构架起一道沟通不同时空的桥梁。

位于城南的南京晨光机器厂前身是1865年李鸿章创办的金陵机器制造局，这里汇集着清朝、民国、建国后不同年代各具特色的各类建筑40余幢。2007年5月，秦淮区政府与企业合作，将"工业遗存"和"科技文化创意"相结合，对这片华东地区保护最完善、规模最大的近现代工业建筑群进行整修，建成占地21万平方米、总投资达5亿元的晨光1865科技创意产业园。作为国内首个工业文化主题创意园，围绕从冷兵器到航天科技，从手工业到机器制造业，从科技到时尚这三条轴线，将园区打造成四个工业文化主题广场，人们将从这里探寻"晨光1865"的昨天、今天和明天。

南京西站（下关火车站）的变迁，同样昭示这座百年老站为地方的经济建设、社会的繁荣发展做出了重要贡献，见证了中国铁路发展壮大的历史进程，折射了南京古城的沧桑变迁。随着铁路事业的改革发展，百年老站退而不休，它将化作一个历史符号，以博物馆的形式向世人展示南京铁路创业史。南京西站将保留站房、站厅等民国建筑和部分铁轨，陈列一些具有时代特征的火车头、铁轨以及有关铁路发展史的文献资料。

浦镇机厂如今已发展成为南车南京浦镇车辆有限公司，是中国南车集团下属的全资一级子公司，国内铁路四大客车生产企业之一，为铁路客车制造、城市轨道交通车辆研发、铁路轴承和配件生产的国家大型企业，也是中国双层空调旅客列车的研制基地，国家城市轨道交通车辆生产定点企业之一。该厂生产的25.5米双层空调客车获国家、铁道部科技进步一等奖，中长途双层客车获国家级新产品证书，准高速双层客车获国家、铁道部科技进步一等奖，并获国家"八五"科技攻关重大成果奖。工厂被列为全国百强交通运输设备制造企业。目前厂区内留有数十栋保存完好、内部空间宽敞的老厂房，有的历史建筑已被列为省级文物保护单位。

中国石化集团南京化学工业有限公司是我国重要的化学工业基地之一，前身为永利铔厂。现已成为生产经营化肥、无机化工原料、有机化工原料、催化剂、化工机械、化学纤维等六大类200多个品种，并从事化工工程的科研、设计、制造、施工、安装的特大型化工企业。公司先后获得全国先进企业、全国"五一"劳动奖、全国企业管理优秀奖（金马奖）。获国家级重大科研成果60项，获部、省级科学进步奖162项，国家授权专利85项。

南京汽车集团有限公司是国内汽车工业的骨干生产企业，国家520家重点企业之一。2003年8月，由跃进汽车集团公司、中国信达资产管理公司、江苏省国信资产管理集团有限公司、江苏交通产业集团有限公司等5家公司共同出资重组后更为现名。拥有26家子公司、6家参股公司、400余家关联企业。多年发展已形成4个整车生产车间，生产南汽跃进、南京依维柯、南京菲亚特、南汽新雅途四大品牌系列400多个品种，年综合生产能力20万辆。2006年该公司从英国引进著名汽车品牌"名爵"的全套生产线，使该公司生产名牌汽车的能力又上了一个新台阶。

熊猫电子集团有限公司是投资主体多元化的综合大型现代化电子信息企业集团，国家520家重点企业之一，中国电子工业的摇篮。熊猫集团公司下属有移动通信产业集团、军用通信产业集团、家用电器产业集团、机电仪产业集团、信息产业集团、电子制造产业集团和新产业集团。拥有5个国家级工程研究中心：视像音响数字化产品工程研究中心、国家级熊猫技术开发中心、大生产技术研究中心、微电子技术设计中心和移动卫星通信技术工程研究中心。设有博士后科研工作站，各类专业技术人员占企业职工总数三分之一。承担着多项国防重点工程任务。熊猫主要产品的技术水平接近或达到当代国际同类产品水平。军用短波通信、卫星通信产品技术水平一直在国内保持领先地位。

"发展篇"里还列有宝船厂遗址、金城集团有限公司、明孝陵博物馆（南京手表厂遗址）、创意中央科技文化园等工业版图。整个展览共展出200余幅珍贵的历史照片，从1865年的金陵机器制造局到2010年的创意中央科技文化园，构成了基本完整的图片体系，是一批极具地域特色及遗产价值的历史文物，图片中很多工业遗产是影响南京乃至中国工业发展历史、推进文明进程的宝贵财富。

"金陵遗珠——南京工业遗存展"依托于二维空间实物，将陈列内容以图文形式展现出来，从"遗存篇"至"发展篇"，由此及彼地引导观众全面了解南京的工业历史和文化，是运用"博物馆藏品搭建沟通的桥梁"的成功之举。

在传统观念中，博物馆的"物"局限在三维空间实物上。随着博物馆事业的不断发展，这一观念已被突破，二维空间实物、无形实物都已被看作博物馆的物而入藏。这次展出的南京近现代史中大量的工业遗存照片，虽然只占有二维空间，但所负载的自然物质信息、功能信息、与其他事物相联信息、记录性信息等皆历历在目，已成为重要文物被珍视收藏。

藏品是博物馆业务活动的物质基础，所有社会教育和服务，陈列、研究，编辑出版物等等都离不开藏品。从这个意义上讲，藏品具备搭建沟通展览与观众、彼时空与此时空、物与人、旧物与新物以及先人与后人之间的桥梁作用。再从这个意义上讲，如何促使藏品内涵价值的长久保存和不断转化为社会价值是博物馆界应当努力的方向。

谈现代博物馆文化服务中『数字资源』应用体系的建立

南京博物院　巢臻

内容提要

随着社会的进步和经济的发展，现代博物馆更加注重自身的社会影响力，面向的公众的"教育""服务"职能被提升至与"收藏""研究"同等重要的地位。博物馆发展正经历着由以"藏品"为本到以"公众"为本的理念转变。理念的转型对作为手段的数字技术应用提出了新的要求，而数字技术应用也凭借其自身优势，反过来影响着博物馆业务的发展方向。博物馆"数字资源"作为继"藏品资源"后又一重要资源，在其中扮演着极其重要的角色。本文试由博物馆文化服务中的数字资源应用作为切入点，追溯数字资源在博物馆整体业务体系中的应用脉络，进而厘清"藏品资源"与"数字资源"之间的关系，并对现代博物馆"数字资源"应用体系的建立提出一些基于实践层面的建议。

关　键　词

藏品资源　数字媒体　数字博物馆

一、现代博物馆的数字技术应用趋势

经过十余年的发展，数字化工作方式由于其在实用效率、应用范围上的诸多优势，逐渐为博物馆从业人员所接受。数字技术不再是独立封装的成型产品，而是成为融入各类业务的实际工作并与之共同成长的应用手段。在现代博物馆的数字技术应用中，随着各类文博专业人员的介入，跨专业的合作模式成为常态，进而使得数字技术应用呈现出多种形态。"信息实体虚拟化、信息资源数字化、信息传递网络化、信息利用共享化、信息提供智能化、信息展示多样化"是目前博物馆界数字技术应用的主要特征。

2007 年 8 月维也纳大会修订的《国际博物馆协会章程》给出的博物馆定义为"博物馆是一个为社会及其发展服务的，向公众开放的非盈利性常设机构，为教育、研究、欣赏的目的征集、保证、研究、传播并展示人类及人类环境的物质及非物质遗产"，可以看出，以"公众"为本的"教育""服务"职能在现代博物馆发展理念中得到了前所未有的重视。由此，也为数字技术在博物馆行业的应用提供了新的思路。根据近年来各家博物馆在公益服务、文化传播领域的数字技术应用情况可总结出一些趋势。

1. 传输方式上，由传统媒介向数字媒介发展

随着互联网技术和移动终端技术的发展，智能手机、笔记本、平板电脑等移动终端的应用日益普及，人们接受信息的方式与习惯也较之从

前发生了巨大的改变。作为以"公众"为主体的博物馆服务也借鉴了新媒体的诸多技术手段，使得服务形态更加多元。网站平台、微博平台、微信平台、APP平台在各大博物馆中应用普遍，从而使博物馆"新媒体"的概念火热升温。而引发这一潮流的根本原因并不仅仅是数字技术的发展，更多的是技术发展所带来的用户需求的改变以及满足需求的行为的改变。

新媒体是以数字技术为核心的新兴信息媒介，其概念是相对于报刊、户外、广播、电视四大传统媒体而言的，其形态包括数字杂志、手机短信、移动电视、互联网络、数字电视、数字电影、触摸媒体、手机网络等。它之所以能异军突起并大有赶超传统媒体之势，主要是由于其自身特点充分迎合了当代社会公众需求：碎片式的信息传输方式迎合了快节奏生活下人们的信息感知节奏；移动终端技术的完善，使人们能够随时随地享受信息服务；可定制的信息组织特点，促进并满足了网络时代人们对于个性的感知和追求；交互性的使用模式，使得人们在信息选择上具有更强的主动性；数字存储与网络覆盖，使信息服务的深度与广度极大扩展；虚拟化、社群化的发展趋势，更符合当代网民的沟通行为模式。

可见在未来的发展中，以数字技术为核心、以数字媒介为传播手段的服务方式将在文化信息服务体系中占有越来越重要的比例。

2. 内容定位上，由"藏品本身"向"物证信息"转变

随着博物馆"服务"与"教育"职能的地位提高，如何为公众提供更优质的文化服务，以满足公众的精神文化需求，成为了目前博物馆最为重视的问题。在现代博物馆提供的文化服务中，服务中心正逐渐由文物藏品本身转移到文物所负载着的文化思想、民族精神和文明记忆上，即文物藏品作为

历史发展中"物证"的作用正逐步加强。

而这种表述方法的转变，使得数字技术得到了更广的用武之地。在以"藏品"本身的文化服务理念中，数字技术常常是被作为表现手段和制作工具使用。而在以"文化"本身为重心的文化服务理念中，数字技术则可以作为一种设计、应用思路而存在。以多媒体技术、数据库技术和网络技术为主核的数字手段可以使得文化服务的内容与范围更加丰富：

可拓展文化服务的外延——数字技术可以使得文化领域中的抽象信息变得更有利于感知，从而使得文化服务的外延无限贴近于文化本身。

可拓展服务对象的范围——在数字技术的帮助下，将"藏品"视为物证的文化服务，其主题选择更为宽泛，可以为不同受众群体提供不同表现方式的服务。

可拓展"物证"的使用范围——数字技术可根据服务主题为公众提供、穷举所有与服务主题相关联的"物证"信息，甚至可打破博物馆馆际的界限，实现资源共享。

可建立文物与文物之间的关联——客观事实中文物与文物间关联往往是隐藏于人们的视线之外的。通过数字技术可将文物信息中的关联点重新呈现在人们的视野之内，从而达到资源的有效利用和广泛共享。

3. 传播策略上，由"知识传输"向"知识引导"发展

博物馆服务的本质可看作面向公众的信息传达。纵观信息发展史，从口耳相传到纸笔记录，从纸本印刷到电话电视，信息在传递过程中总是会经过某种知识体系框架的规范、加工。即便到了计算机网络时代，博物馆所提供的包括展览在内的信息服务都是通过专业研究人员根据理性的认知和经验进行整合、加工而成的。现有的服务模式是，专业人员

对公众进行初步定位和划分，再将博物馆的文化信息根据不同受众特点转化为有利于他们接受的知识，以此达成对公众文化需求的"全方位"服务。然而，在这种单向传输的服务模式下，公众始终是处于弱势的接收端。

另外，面对同样的知识传递，不同的受众在其原有的认知经验影响下，会产生不同的解读。譬如，面对同一件文物展品，历史学者会注重其历史背景，收藏家会更注重其器形、色泽；艺术家会更在意其线条、纹饰；而普通民众则可能更关心其经济价值等。因此，无论专业人员对受众预估得如何全面，都会在一定程度上出现信息传递的偏差与遗漏。

因此，通过引导的方式使公众按照个人的需求建构知识成为了当代博物馆信息服务的一种趋势。在数字技术的辅助下，博物馆可以将具象、抽象的文化信息以接近原貌的形态传输给公众，再通过专业人员把加工信息的专业法则和学习建议教给公众，使其可以掌握搜集、辨识、比较、选择、整理、分析、归纳信息的方法，根据自我需求完成知识的构建并形成其自己的文化智慧。从而实现通过服务提升公众文化素养、促进社会发展的目的。

总结上述三大趋势，不难发现数字技术在其中的推动作用。然而，对于博物馆服务来说，所有技术与形式只是手段，为社会及其发展服务才是根本目的。因此，能否长期形成有益于社会发展的效应，才是衡量博物馆服务质量的标准。单纯借助新技术与新形式，固然可以在短期内吸引到一定的目光，但是一旦技术更新、光环消散，固有的技术架构与服务形式很容易流于平庸。只有确保服务内容的价值才能保证整体服务的价值。所以，根据数字信息的传播特点，提供可持续的数字内容服务是博物馆数字服务工作最需关注的问题，而博物馆"数字资源"则是其中的关键。

二、数字资源在博物馆公益服务体系中的地位

1. 博物馆"藏品资源"与"数字资源"的关系

"藏品资源"是博物馆的根本，博物馆所有业务工作均是围绕藏品进行的，所以博物馆"藏品资源"也是"数字资源"的基础。博物馆"数字资源"是指博物馆利用各种数字采集设备所采集的以馆藏文物为主体的数字媒体文件的总称。所谓数字媒体，是基于计算机技术、网络信息技术、图形图像技术的信息载体。计算机学科对于数字媒体的定义是："以二进制数的形式记录、处理、传播、获取过程的信息载体，这些载体的类型包括数字化的文字、图形、图像、音频、动画等感觉媒体。"这种信息载体不仅在表述范围上覆盖了人类的各个感官层面，还可以反映、记录下人类的思维脉络，进而对抽象信息具有极强的描述能力。对于博物馆文化服务来说，这种具有高传输、强表达、可管理、可交互的载体形式不仅可为公众提供基层的文化资源服务，还可为其提供更高层的文化产品服务。

随着数字化工作方式的普及，博物馆的各类业务工作过程中所产生的过程信息通常都是以数字媒体文件的形式进行保存的。目前，馆藏"数字资源"的主要内容包括：与藏品本身相关的影像及相关背景信息的原始数字资源；以藏品原始数字资源为素材，对其进行再加工而生成的数字产品资源；

博物馆各类业务（陈列、考古、文保等）日常工作中所产生的文化信息类资源。

可见，"数字资源"的外延几乎囊括了以"藏品"为中心的所有可被描述的文化信息。因此，在博物馆"服务"与"教育"领域，"数字资源"在一定程度上可替代"藏品资源"完成信息服务的任务。

当然，不管数字媒体技术的表述能力如何强大，"数字资源"所包含的现有信息均是源自文物藏品，并且只是对文物藏品在某一时间、空间节点上已被获知状态的截取。在信息含量上，永远无法像文物藏品一样在时空维度上拥有无限细节。因此，"藏品资源"具有不可动摇核心地位。而充分发挥"藏品资源"与"数字资源"各自的优势，则可以使得博物馆文化服务更为完整。

2. 博物馆"数字资源"的利用意义

犹如数字技术之于博物馆业务形态的影响，"数字资源"的存在对于博物馆的文化服务和业务发展具有重要的实用意义。

首先，作为人类历史文化遗存的文物藏品，其独有的价值具有唯一性和不可还原性。然而馆藏文物的物理生命是有限的，任何自然和人为的因素都会影响其"寿命"。"数字资源"的核心存在意义即是对馆藏文物进行保护，并使其信息价值得以永久传承。

其次，因为"数字资源"的数字形态和虚拟特性，基于网络空间而存在的数字展示，将不会受到时限、场地的影响。进而可使文化服务的丰富性和实效性得到了极大的扩展。

第三，由于数字媒体技术对于具象、抽象事物的强大表述能力，"数字资源"具备为公众带来深层次的文化服务的能力。同时，博物馆"数字资源"素材的积累将会使得文化服务的取材更为广泛。从而使得数字文化服务产品的质量得以加强。

第四，碎片式的"数字资源"将为公众的知识构建过程提供源源不绝的信息支持。真实、完整、有效的文化元数据犹如一颗颗珍珠，可随时根据公众的个性建构，为其串联出属于公众自己的璀璨。

所以在数字时代，博物馆文化服务的提升必须依赖可靠而持续的"数字资源"建设。

三、新形势下数字资源的利用策略

1. 博物馆"数字资源"的有效积累

"数字资源"是由多个、多种"数据媒体"元文件积累而成。其类型包括文本数据、影像数据、音频数据、三维数据、软件成品数据等。随着博物馆数字化程度的加深，各类业务工作中产生了海量的数字业务数据。在物理上，许多博物馆都已具备了构建"大数据"的基础。然而，博物馆的建设经费及资源配给，始终无法与以营利为目的的商业机构相比较。并非所有博物馆都具有构建"大数据"和云计算智能化应用的能力。所以，"数字资源"的有效积累必须有所规划。

策略一：在博物馆文化信息产出集中的业务部门建立长期、稳定的数字资源"采集、管理、利用"流程。注重日常积累，确保数字资源的真实性、完整性。

策略二：需要博物馆专业研究人员介入数字资源的采集、管理，以确保博物馆数字资源的权威性、有效性。利用"提高质量、降低数量"的方法降低数字媒体的管理、保存成本。

策略三：对已有馆藏数字资源进行标准化整合，使之更为有序。事实上，许多年来博物馆已为数字资源的产出投入了大量的人力成本、设备成本、存储成本。但是由于对已有资源的底层组织形式缺乏统一规范，使得资源共享程度和再利用率偏低。

策略四：注重对公众文化资源的吸纳。在公众之中不乏具有优质文化资源产出潜力的人士。博物馆可通过为公众提供必要的数字工具协助其完成符合要求的数字媒体成品，一来可调动公众参与热情，指引其完成知识构建；二来可了解公众真实需求，为文化服务定位；三来可充实资源积累，加强文化服务的筹码。

2. 基于数字文化服务的机制与团队的建立

新的文化服务理念需要有新的运行机制。对于博物馆行业来说，数字技术应用还是较新的事物。然而随着其技术手段和工作方式的日益纯熟，数字技术已由一种单纯的辅助工具成长为一种新的思维方式，传统的机制架构和思维模式必将做出一定改变以适应这种新型工作模式。因此，根据数字技术发展的特点与规律，对已有制度层面、管理层面的某些既有机制作出调整是不可避免的。诸如，多学科在数字应用领域中的合作机制、数字文化服务的规模化发展机制、虚拟环境下博物馆服务的运维模式等新兴课题正等待着被研究、制订。同时，所有目标的实现必须要由人来推动，所以建立具有复合型人才配备的固定工作班底，沉下心来，扎扎实实做好关于馆藏数字媒体的基础工作是非常重要的。

四、结语

除了博物馆"教育""服务"领域之外,"数字资源"的利用还体现在博物馆"收藏""研究"等多个领域。基于文化服务层面的应用仅是整个博物馆"数字资源"应用体系中较具代表性的一面。建立一个横贯博物馆各业务体系的"数字资源"应用体系是一个庞大、极具潜力的系统工程,任重道远。但随着不断实践,这一体系终将完善。笔者相信,完善后的博物馆"数字资源"应用体系必将为博物馆事业的发展提供强大的推力。

参考文献

[1] 冯甲策,《国家博物馆元数据规范建设与应用》,《博物馆研究》2013 年第 3 期。

[2] 宋向光,《缪斯的献祭:知识,抑或信息》,《中国博物馆》2008 年第 3 期。

[3] 田园,《博物馆数字资源长期保存之策略》,《数字博物馆发展新趋势》,北京:中国传媒大学出版社,2014 年 。

[4] 肖永亮,《美国的数字媒体学科发展》,《计算机教育》2006 年第 5 期。

[5] 马进宝,《数字媒体技术及其相关应用探讨》,《海峡科学》2010 年

第 2 期。

[6] 盛鑫,《浅议我国数字博物馆的资源建设》,《科技广场》2011 年第 6 期。

[7] 陈刚,《博物馆数字展示基本特征分析》,《东南文化》2009 年第 3 期。

内容提要

　　博物馆是保存人类文化遗产的圣地，由于其藏品的唯一性和不可复制性，在陈列和保存方面也自然需要提出比一般建筑更高、更有针对性的防火设计。装潢材料上就应预先采用大部分阻燃隔燃塑材，另外灭火设施上除设有普通的消火栓系统和自动喷水灭火系统外，还应设有细水雾灭火系统、智能消防水炮系统、气体灭火系统等特殊的消防措施。

关 键 词

　　陈列　保存　防火材料　细水雾　水炮　气体灭火

博物馆藏品陈列及保存防火研究

南京博物院　张华

143

一、博物馆消防定位

博物馆是特殊单位，其所针对的对象涉及一个国家的历史、军事、政治、文化、艺术等各个方面的文物，是千百年的积累，是一个国家、一个民族的文化传承。其重要性不言而喻，相对地，在防火方面也有其自身的要求和特殊性。

1. 陈列展厅和库房

由于博物馆自身就是用于陈列和保管文物的单位，这些文物由于其不可复制性，文化价值和经济价值巨大。一旦发生火灾所造成的损失也是无法估量的。这其中如丝、麻、棉、毛纤维织品，古旧书籍、文献资料、书画、手稿以及竹、木、牙雕、漆艺等均为高可燃物。金属、玉器、瓷器、陶艺等，虽属不燃或难燃材料，但是其珍藏与陈列时所使用的箱、柜、框、架、盒等以及作为包装衬垫材料的木屑、纸条、棉花等同样是可燃物。因而无论是陈列展示抑或是保管收藏都具有不可忽略的火灾危险性。

2. 着火源

博物馆是公众场馆，人流量较大，加上其行业特殊性，对防火防盗的要求级别也较高，所铺设的各种线缆设备很多，再加上照明、办公、音响等，大量的用电设备在使用与维修中发生故障造成火灾的可能性也较大。另外，在施工、文物保护维修的工作中，电焊、明火、各种用电加热设备以及各类化学易燃品的使用，都可能会引发火灾。

二、博物馆的防火布局

博物馆建筑群按使用方式不同主要分为陈列区和库存区，对防火等级、防火布局、设备使用等方面也有着各不相同的定位。当前公共场馆设施多采用智能一体化消防系统来解决防火方面的问题，如何合理地运用消防设施就成为了一个新的课题。

1. 博物馆的消防组织建设

火灾发生的三个阶段分为初始阶段、充分燃烧阶段、衰弱阶段。其中初始阶段是最关键的一个阶段，因为在此阶段时火灾刚刚发生，是扑灭火灾的最佳时机，所以针对这一阶段展开防火灭火工作也就成为了一个重点。在消防组织上，博物馆应该以馆长为第一消防责任人，下属各部门各设立一个安全消防员进行日常的巡视隐患和本部门消防安全指导。作为消防安全重点负责部门的保卫部更是应该设立日常巡查人员，分别在各消防重点区域、人流密集区域进行检查并予以记录。定期安排全馆工作人员进行消防演练，学会使用身边的消防器材，面对火灾的发生能够冷静处理，提高自防、自救能力。

2. 陈列展区的防火布局

（1）陈列展区的耐火等级不应低于二级，陈列区的防火分区面积不得大于 2500 平方米，同一防火分区内的隔间面积不得大于 1000 平方米，并采用耐火极限不小于 3 小时的隔墙和乙级防火门分隔。电梯等封闭竖井的围护结构应用非燃烧材料及丙级防火门。

（2）展区陈列所用的台、柜、箱和墙架等应采用非燃烧体制作。其中必须使用可燃材料的情况时，必须做好阻燃处理。忌水物品应放置在防水的展示柜中，并使用非液态灭火设备进行铺设，如气体、无氧等。

（3）总体装修上应尽量采用不燃或难燃材料，铺设线路时以暗线为主，包裹绝缘防火层。喷淋、烟感、温感应设置合理，定期检测更换。消火栓、报警按钮安放明显，馆内工作人员熟悉其位置并能够正确操作。

（4）消防水泵房应每日检查、记录，定期做放水测试，消防蓄水池与民用水分开处理，定期清理，泵房设置联动开关与消防主机连接，设置自动手动两用功能。关键时刻保证有水可用。

（5）限制游客人数，馆内禁烟禁火，准备数套灭火应急疏散预案，设立疏散通道，平时严加演练，公示上墙。发生火灾时所有工作人员务必做到安全有序地疏散游客，防止踩踏事件的发生。

3. 文物保管部库房的防火布局

文物库房中存在藏品大量集中、环境封闭不易施救的特点，一旦发生火灾所造成的后果将是灾难性的，所造成的损失将是无法估量的。因此在其防火布局上应满足以下几点：

（1）文物库房应尽量避免设置在老旧古建筑中，同时装修时所使用的建材均应是不燃或难燃材料。

（2）库房中各藏品室间应进行防火分隔，用以防止火灾蔓延扩大。

（3）库房中灭火设备应根据各藏品室中所保存文物的材质进行划分，例如在存放纸质或布质的藏品室中应设置卤代烷、二氧化碳等气体灭火设备。

（4）库房中由于人员相对较少，一旦引发火灾未必能够通过人力启动报警设备进行施救，所以应主要设置敏感型自动灭火系统作为其主系统，辅以人工操作。这样才能保证在火灾发生的第一时间对其进行有效扑救。

（5）照明线路方面应采用铜芯线，穿金属管保护，接线盒、过线盒要封闭严密，有防火隔热措施。同时各照明灯线要分段分路控制，每段线路的用电总功率不得超过额定值，以防超负荷过热引起火灾；严禁使用临时线路。在灯具选才上应使用低温照明灯，禁止使用碘钨灯和 60 瓦以上的白炽灯等高温灯具，同时灯具周围不得堆放可燃材料，要有防火隔热处理。灯尾线要套高温材料的套管进行保护。库房内电源控制开关做到随走随关，以减少不必要的火灾隐患。

（6）库房进出人员应予以登记，严禁闲杂人等进入。库房门窗保持严密，框架使用非燃材料制作，定期检查，消除火灾隐患。库房应设置专用疏散楼梯通道，位置应明显，易于疏散人员，疏散楼梯宜采用封闭楼梯间。

三、特殊类灭火设施的运用

文物存放根据种类的不同，对温度、湿度、光线、氧气等方面都有不同的标准。同时在灭火过程中为了防止二次伤害，也应配备相应的灭火设施。

1. 气体灭火系统

国外工业发达国家应用气体灭火系统的历史较早。美国 1929 年颁布了世界上第一个二氧化碳灭火系统标准，日本 1933 年研制开发出第一套二氧化碳灭火系统，美国 1968 年制定了卤代烷灭火系统的应用技术标准。

我国早期的气体灭火系统使用的灭火剂主要是卤代烷104（四氯化碳）和二氧化碳。自1964年起，我国先后研制成功了两种高效低毒的卤代烷1301（三氟一溴甲烷）和1211（二氟一氯一溴甲烷）气体灭火剂。由于这两种灭火剂不导电、挥发快、灭火后无残留、安全洁净，从20世纪70年代开始到80年代末，卤代烷1211、1301灭火系统在航空业和工业与民用建筑等场合得到比较广泛的应用。中国卤代烷灭火系统的使用较日本、美国等滞后约10～20年，用量也少得多。

出于保护臭氧层的考虑，卤代烷灭火系统逐步被淘汰，目前我国使用的气体灭火系统主要有二氧化碳、三氟甲烷、七氟丙烷及惰性气体几大类。其中二氧化碳对人体有毒，要求30S的喷射延迟，只适用于无人员滞留的文物库房区域；惰性气体灭火浓度高，喷射时间长，不适合快速扑灭火灾以减少损失；三氟甲烷、七氟丙烷等洁净气体灭火系统低毒、灭火浓度高、液态存放气态释放、使用温度范围广、不含固体粉尘油渍和腐蚀性胶状物，灭火后现场没有残留物，不会造成物品的污染和腐蚀，广泛应用于博物馆库房及陈列展馆中。

2. 水炮灭火系统

消防水炮灭火系统作为一种通用性很强的消防系统，越来越多地运用于重点文物、古建筑等各种室内外火灾重点保护场所。消防水炮灭火系统有以下几个特点：

（1）大流量。公安部上海消防研究所研发的15000L/min的消防炮系统已经投入批量生产应用。德国ALBACH公司制造的MS379型消防水炮，流量达到了60000L/min，其生产的HY390型和GL390型消防水炮的流量更是达到80000L/min，现已在英国北海油田钻井平台实际应用。

（2）远射程。现在火灾大多具有燃烧快、火势猛、火场环境温度高、消防人员不易接近等特点。远距离地向火场喷射灭火剂，不仅是快速灭火所必需的，而且对消防人员人身安全保护也是大为有益的。目前，我国消防炮的射程已可达到 120～130m，这对于群体性建筑具有较好的实效。

（3）高射程。近年来，博物馆展馆新建和改造逐渐增多，这些展馆的层高也逐渐增加，此外，展馆大厅等处楼层间距加大，普通灭火设施难以扑灭顶部的火情，这时就需要应用到高射程的消防水炮系统才能进行有效扑救。目前，国内消防水炮最大射程可达 90～100m，国外有的达到了 150m 以上。

（4）远控化。火灾发生后，一旦火势发展迅速、波及面增大，人员将难以靠近，若在这些场所配备手动设备，则难以扑救。因此，这类情况就需要用到远距离控制操作的消防水炮灭火系统，从而及时有效地扑灭火灾。

（5）智能化。为了减少火灾损失，高大空间早期的火灾探测及灭火尤为重要。这需要消防水炮灭火系统能够与火灾自动报警系统联动，并且具有自动定位瞄准功能，这类消防炮系统称为智能消防炮系统。

3. 细水雾灭火系统

由于博物馆建筑防火保护的特殊性，固定消火栓包括消防队员使用的消火栓及水喷淋灭火系统等水系统消防设备实际存在许多不足和隐患，例如会产生大量水渍，对文物造成二次水伤害等。这时就需要运用到细水雾灭火系统这个补充设备，细水雾系统是利用水雾喷头在一定水压下将水流分解成细小雾滴进行灭火或防护冷却的灭火系统，它是在自动喷水灭火系统的基础上发展起来的。其特点如下：

（1）灭火效能高，反应速度快。该系统冷却性好，抑制性强。细水雾还具有一定的穿透性，可以解决全淹没和遮挡的问题，还可以防止火灾的复燃。

（2）使用安全，应用范围广。其不会对环境及保护对象造成伤害，避免了气体灭火系统中灭火剂与燃烧物发生链式反应而产生对人体有害的气体。它可局部应用，独立地保护建筑中某一部分，又可作为全淹没系统保护整个空间。再加上其给水量小（仅需喷淋系统的10％或更少的水），所以可广泛应用于水源匮乏的地区及部分禁止用水的场所。

（3）管道管径较小，节省管材，工程造价低，安装维护简便，安装时隐蔽性较强，能很好地维护建筑的整体景观，符合公众场馆的要求。

（4）耗水量低，细水雾系统比传统水喷淋系统用水量小得多，这一点也潜在地降低了水灭火带来的破坏性。

细水雾灭火系统保护方式十分灵活，可以类似气体一样作全淹没保护，也可以作局部保护和分区保护，其简单的管网设计，也可以有效地减少对建筑整体风貌的破坏。但是从缺点上讲，该系统虽然很大程度上减轻了水渍的危害，但不代表没有，同时通风条件对其灭火性能的影响较大。

以上几种消防灭火系统从功能到使用来讲，各有各的优点，各有各的不足。必须将其结合运用，才能为博物馆建筑文物等提供更有效的保护。

随着社会的进步，人们对文化的需求也在逐渐提升。凡事应需求而生，作为历史文化宣传之地、古老文明传承教育之处，博物馆的格局也在逐渐提高，同时，越来越多的新型场馆加入了博物馆的事业队伍之中。这些场馆在提供精神食粮的同时，也出现了更多需要面对的问题，防火就是重中之重的一件。如何学习更多的新型消防知识，并将之运用到实际工作中，成为了一个必不可少的新课题。这条道路和人们对历史文明的探索一样，深刻、必须、永无止境，博物馆消防事业任重而道远。

参考文献

［1］吴启鸿、肖学锋，《论发展我国以性能为基础的建筑防火设计技术法规体系》，《消防科学与技术》1999 年第 4 期。

［2］范强强，《消防便览》，北京：中共中央党校出版社，2006 年，第409 ~ 412 页。

［3］梁延东，《建筑消防系统》，北京：中国建筑工业出版社，1997 年，第 125 ~ 127 页。

［4］中华人民共和国公安部主编，《气体灭火系统设计规范》，北京：中国计划出版社，2006 年，第 15 ~ 22 页。

［5］张学魁、张烨，《建筑气体灭火系统——实用消防安全丛书》，北京：化学工业出版社，2006 年，第 83 ~ 95 页。

［6］龚延风、张九根、孙文全，《建筑消防技术》，北京：科学出版社，2009 年，第 277 ~ 283 页。

［7］张速治，《消防器材与装备》，北京：中国石化出版社，2010 年，第 72 ~ 75 页。

［8］张译江、梅秀娟，《古建筑消防》，北京：化学工业出版社，2010年，第 205 ~ 217 页。

关于新媒体时代博物馆移动终端数字应用发展的思考

南京博物院 邢远

内容提要

博物馆的发展历程，是博物馆在发挥其社会职能时根据社会环境不断调整自身的过程。随着数字时代的到来，技术革新为人们的行为、思维模式带来了新的改变。新媒体技术的成熟使得博物馆业务应用在时间维度、空间维度上都得到了极大的扩展。基于移动终端的数字应用是当今博物馆数字化发展的趋势之一，其未来的发展也存在着一定的规律。在此，作者希望通过对博物馆行业内的相关技术发展过程进行简单梳理，总结出相应的规律与脉络，并就未来博物馆移动终端的数字应用发展的应对策略提出一些建议，供博物馆数字工作者作为参考。

关 键 词

新媒体 移动终端 数字博物馆

一、博物馆数字应用向移动终端方向发展的必然性

1. 新媒体时代下的移动终端数字应用的发展

从 20 世纪 70 年代电子计算机逐渐普及开始，通观整个数字技术的发展脉络，每一次的技术变革都会对人们的生活和行为习惯带来革命性的变化。21 世纪初互联网普及，脱离了"技术"的概念，转化成为今日人类社会生活形态的一部分。而随着计算机网络、服务器、存储技术的飞速发展，其技术参数多年来呈几何级数递进。在软硬件技术成熟的基础上，"大数据""物联网""新媒体"等新兴概念应运而生。其中在"新媒体"概念引导下的一系列技术实施与人类生活的关系尤为密切。新媒体是相对于传统媒体而言的，是报刊、广播、电视等传统媒体以后发展起来的新的媒体形态，是利用数字技术、网络技术、移动技术，通过互联网、无线通信网、卫星等渠道以及电脑、手机、数字电视机等终端，向用户提供信息和娱乐服务的传播形态和媒体形态。而就普及程度与发展态势而言，基于各种可移动使用的电脑设备——移动终端平台上的数字应用发展速度最为迅猛。

根据 2014 年 1 月 16 日中国互联网络信息中心（CNNIC）在北京发布第 33 次《中国互联网络发展状况统计报告》显示，截至 2013 年 12 月，中国手机网民规模达 5 亿，手机网民规模的持续增长促进了手机端各类应用的发展。市场研究机构 BI Intelligence 在最近的一份《2014 年互联网产业发展趋势投资前景报告》中分析，物联网、智能汽车、可穿戴设备等将很快应用到

各行各业中。

这种态势同时也吸引了博物馆人的目光。在国家文物博物馆事业发展"十二五"规划中，着重提到了"加强现代信息技术在文物保护、利用、管理、传播和传承中的应用，加强文物信息的社会化服务和传播普及工作"的要求。关于移动终端数字应用的研究与建设也开始在博物馆界迅速成长。

2. 博物馆数字应用向移动终端方向发展的必然

移动终端数字应用在博物馆界飞速发展并非偶然。它既不是实践与环境偶然碰撞结果，也并非完全取决于人为的倡导，而是一种顺应了科学技术发展客观规律的结果，是一种必然结果。

近十年来，数字技术对于人们的改变不仅体现在行为模式层面，同时也更深刻地影响到了人们的思维层面。如果把互联网普及、计算机软硬件体系的性能发展称之为"前信息发展时代"的话，那么在"社交网络""微博""微信"等技术应用集中爆发出现之后的发展，可被称之为"后信息发展时代"。"后信息发展时代"所有技术产物的诞生皆是基于"前信息发展时代"发展所积累的技术支撑。而两个时代的不同之处在于，"后信息发展时代"的技术侧重点更加倾向于对人类思维、行为的关怀。特别是新媒体时代的诸多产品，其开发原则皆是以符合人性特点与行动习惯为目标的。而博物馆各项职能的发挥均是围绕在如何处理博物馆"人"与"物"的关系上。因此，作为博物馆利用者范围内的公众的思维、行为习惯必然要成为影响博物馆理念发展的重要因素。由近年来国际博物馆协会对于博物馆定义的变更来看，对于"公众"的关注及对于"服务""教育"职能的重视正逐渐成为现代博物馆理念发展的方向。所以，作为影响公众生活最为深刻的移动终端数字应用与新时期博物馆事业发展理念的融合，具有不可转移的必然性。

二、博物馆移动终端数字应用技术的优势分析

在现代博物馆的发展理念中，博物馆事业发展的关键是如何处理"人"与"物"的关系。现代博物馆不再是简单的藏品标本的收藏、展示、研究机构，而需要成为面向社会、服务于公众的文化教育机构和信息资料咨询机构。从信息学的角度理解，博物馆的物是信息的载体，而博物馆"服务""教育"职能的发挥即是在处理向公众传递高质量信息的问题。

在贴合"人"的习惯和需求方面，移动终端数字应用技术具有先天的优势。移动设备的移动性和便携性所带来的应用广度不仅体现在公众普及程度上，也体现在其影响面上。手机、iPad 等电子设备的应用已渗透至人们衣、食、住、行、娱乐、教育等各个方面。而简洁明快的界面与简单易行的操作，使得使用者获得信息的方法更为便捷。

从博物馆"物"的信息传递角度来看，基于通信、存储、数据库等数字技术的支撑，其信息传递的广度和深度远远超过其他媒介，无限延伸。首先，在时间维度，移动终端数字应用延续了互联网虚拟服务的优点，打破了传统博物馆对于服务时间的限制；第二，在空间维度，移动、便携性特征使得信息服务覆盖了人类行、动、坐、卧的所有空间；第三，数字存储方式大大提升了信息的容量，不必局限于幅面、数量的限制；第四，多种媒体的表达方式可给予信息更多解读角度；第五，强大的交互性易于提升人们的趣味

性与体验感。

而在博物馆"服务""教育"职能发挥的实用层面，移动终端的应用可以为观众提供终端定位、在线资讯、电子阅览等服务，拉近了"物"与以观众为主体的"人"之间的距离。作为新媒体的载体，移动终端在博物馆中的应用，创新了博物馆公共文化服务方式，拓展了公共文化服务领域，丰富了公共文化产品和服务种类，增强了公共文化产品和服务供给，提升了公共文化服务质量，有助于形成导向正确、配合有力、形式多样、内容丰富的博物馆宣传机制，并帮助营造良好的文物保护和利用氛围。

三、博物馆移动终端的数字应用现状

随着新媒体时代的到来，博物馆人开始日益注重利用数字化工作为传统博物馆收藏、展示、研究以及公众服务与教育等各个领域注入了新的血液。由此，全国各家博物馆都基于自身的理解推出了多种移动终端数字文化产品，其应用大体可归纳为浏览型和服务型两方面。

1. 浏览型应用

人们通过移动网络或者无线 Wi-Fi 利用浏览器可以很方便地上到各大新闻网站、BBS、视频、社交网站，也可以通过搜索引擎查找相关资讯、检索信息。目前，许多博物馆都在展厅及公共空间开放了无线 Wi-Fi。南京博物院自去年新馆落成开放以来就在各层展厅、公共空间布设了无线网络，提供观众免费上网服务。网络发展至今，全国上千家的博物馆都拥有了自己的网站，随着时代的发展，很多网站从最先的信息发布、文物介绍、留言板发展到如今可以随时在社交媒体分享网页，提供互动。但是由于移动终端自身的限制，有一些在个人电脑上可以正常浏览的网页应用在移动终端上运行存在排版混乱、无法打开等问题，虽然很多大型的网站针对移动用户都开发有特殊的界面保证网页浏览的顺畅与美观，但依旧有许多应用单通过网页功能实现起来略显单薄。

2. 服务型应用

随着智能手机和平板电脑等移动智能终端的普及，与之相配套的各类APP终端应用软件如雨后春笋般在移动网络平台上发布。APP模式作为移动互联网主要产品模式有它独有的特点：一是产品独立、专业，产品多为满足人们的具体需求而设计，针对性强；二是相比浏览器页面模式功能承载能力更强。目前，国内已有一些博物馆开发推出了相关应用软件，例如故宫博物院的《清代新疆文物珍藏展》，上海博物馆的《竹镂文心》，湖南省博物馆的《白石墨韵》《国博藏品》《苏州博物馆》《中山舰博物馆手机导览》，台北故宫博物院的《故宫魅力游》，Touch China 开发的《国博展讯》《故宫》等。这些应用以两种类型为主。一是综合类。通常这类应用多为官方出品，用于发布资讯、介绍文物、位置导览等，其特点是以服务类资讯为主，注重对观众参观的辅助作用，例如《苏州博物馆》。二是专题类。此类应用主要针对某些专题、特展或是大型文化活动而设计，其特点是主题明确、设计精美，具有一定的互动性，例如故宫博物院《胤禛美人图》。

这些移动终端数字应用文化产品的出现，使得博物馆的"服务""宣传""教育"体系更加完整，同时也拉近了博物馆与公众的距离。但由于其技术自身特性与博物馆业务发展这两方面因素的影响，仍有许多移动终端数字应用发展尚有可继续进步的空间。譬如现有应用具有一定的模式化倾向，尽管采用新技术的外衣，却仍沿袭传统业务的思维，尚未完全开发出移动终端的媒介潜能；现有应用大多独立，不具有可持续性与延展性，无法维持长期的服务效果，造成持久的服务影响；片段式的信息接收方式，使得信息获取过于容易，进而使得公众缺乏思考的空间。

而造成以上现象，既有技术层面的原因，也有业务层面的原因。归根结底，是已有技术基础与人类思维模式间、已有应用模式与博物馆业务模式间尚有许多问题需要磨合。

四、未来博物馆移动终端的数字应用发展的应对策略

1. 结构化、体系化的数字资源积累

在博物馆数字应用体系中，移动化是外在表征，网络化是实施基础，而数字化是应用前提。公众对于博物馆服务的需求根本，是获取博物馆各类载体所蕴含的文化信息。这一需求并不会因为技术手段的不同而发生变化。所以，丰厚的数字资源积累以及针对资源的结构化梳理是建设优秀数字应用的前提。包含"藏品"信息、科研成果信息等在内的博物馆"物"的信息只有被数字化载体所负载，才可以在数字应用中发挥作用。只有针对这些信息进行结构化、体系化的细致整理，才能使这些信息得以有序、有效地利用。而这两点都需要博物馆数字工作者付出长期的努力。

2. 选择合适的技术手段

任何一项信息服务产品的设计，都需要对人做研究，其中包括对受众行

为习惯上的贴合和对受众思维特性的把握。因此博物馆在开展移动终端数字应用建设工作时，必须同时具有业务思维和技术思维两种思维方式。每项数字技术都有自身的特性，如果仍遵循传统业务思维进行设计，势必会造成技术基础与应用模式间的矛盾，极易造成技术资源的浪费和模式的僵化。而单纯追逐新技术的脚步，而忽视了博物馆业务的出发点，则会本末倒置，产生应用脱离实际的状况。因此，只有在两种思维的同时作用下，对工作中现有问题进行思考，才能找到最佳的技术设计方案。

3. 可持续发展的模式研究

博物馆的各项主要职能，"收藏""研究""教育"在整个信息传递的大体系下是相互融合、贯通的。所以，未来移动终端的数字应用也应是可融合可发展的。从实际效用来说，只有具有可持续发展的数字应用，才能真正达成对观众体验的长期影响。由此每项数字应用在设计之初都需要具有对可持续化发展的考量，在完成当前需求的同时，考虑到由点带面的未来发展。同时还需要一系列标准制定和模式研究作为支撑，其中涵盖流程管理、人员管理、资源管理等多个方面。这是一个需要在实践中长期磨合的进程，但只有这样，才能真正达到经验与资源的有效积累。

五、结语

科学技术日新月异，随着数字技术的飞速发展，移动终端已经拥有了强大的处理能力，今天的移动终端不仅可以打电话、拍照片、听音乐、玩游戏，还可以实现定位服务、信息处理、身份验证、条码扫描等丰富的功能，移动终端正在从简单的通话工具变为一个综合信息处理平台，成为我们生活密不可分的好助手。技术不停的更迭会带来思维的不断变化，进而会不断有新问题出现。而博物馆移动终端的数字应用建设就是在协调、平衡各种变化因素的情况下，动态地向未来发展的。只有实践是唯一不变的捷径。作者相信随着经验的积累，博物馆的移动终端数字应用体系将会更加完善。

参考文献

［1］张小朋，《博物馆资源与网络平台的整合》，《东南文化》2008年第9期。

［2］《博物馆开发移动智能终端软件趋势浅析》，《中国文物报》2012年8月28日。

［3］师丹青，《手机的新应用——基于移动终端的博物馆数字化升级》，《装饰》2013年第1期。

内容提要

　　无锡市博物馆成立初期，曾受邀成功举办过一次"宋元明清绘画巡回展览"。此次联展的成功，为无锡博物馆的成熟发展提供了许多宝贵的经验。展览采取馆际合作办展的形式，很大程度上推进了此次展览的成功。本文试结合此次展览的情况，分析馆际合作办展对博物馆在藏品资源整合、藏品研究以及推进文化宣传教育作用中起到的重要作用和意义。

关　键　词

　　馆际合作办展　藏品利用　藏品捐赠　交流研究

无锡博物院　徐驰

1980年上半年，无锡市博物馆受到四个兄弟馆和常熟县文管会的联合邀请，合作举办"宋元明清绘画巡回展览"，这与我馆原拟于10月推出"明清书画展览"的计划不谋而合。无锡博物馆的相关同志力求抓住此次机会，促进我市亟待起步的文博事业更上一个台阶。在共同努力下，我馆与其他四市博物馆合力为市民呈现了一场内容丰富、形式生动的绘画展览。五市博物馆人员成立专门的策展小组，根据各市博物馆自身的藏品特点，甄选古代名人绘画共同参展。1980年10月，展览正式在无锡市博物馆开幕，展期一直延续到次年1月。联展不仅取得了良好的展览效果，也为当时成立之初的无锡博物馆在藏品管理利用和展览策划方面提供了很好的借鉴和经验。本文试以本次展览为契机，探讨馆际合作办展对博物馆在藏品资源整合、藏品研究以及推进文化宣传教育作用中起到的重要作用和意义。

一、对藏品资源的重新整合及利用

1. 各博物馆同主题展品取长补短、整合利用

博物馆受到自身性质的限制，藏品数量及内容是有限的。根据相关法律规定，博物馆的藏品主要是通过考古发掘、社会征集、收购和接受捐赠等形式获得的，这使得博物馆各自的藏品既具有针对性又具有局限性。馆际合作办展则起到了"取长补短、资源共享"的良好的协调作用，同时又能营造出"视野宽、内容全、且具有权威性"的展览氛围。明、清两朝时间跨度达数百年之久，其间书画名家才人辈出，不同时期

不同地域风格各异，画派林立却又相互联系。苏、锡、常、镇、扬五市博物馆各自收藏有这一时期不同风格不同流派的名家代表作品，但在数量和质量方面各有长短。单独筹办这一主题的展览需耗费大量的人力物力，故展前由各博物馆委派专人组成展览筹备小组，根据汇总的各馆馆藏的二百余幅作品统一策展，按地方流派分专题陈列，共同策划了第一期松江画派、浙江画派、娄东画派、虞山画派，第二期吴门画派，第三期扬州画派，第四期镇江画派、明遗画派，第五期常州画派、上海画派，在五市间轮流展出。这样既打破了各馆单独布展展品内容、展览主题形式有限的尴尬局面，又很好地整合了藏品资源，充分利用了各馆的精品展品，使观众对于明清书画有了更深刻全面而又直观的理解。

2. 征集补充，丰富藏品

藏品捐赠是博物馆丰富藏品数量和质量的一种重要的途径，博物馆经常能收到热心观众的意见，甚至能够有幸受到相关藏家的捐赠支持。1981年初，在"明清绘画联展"落幕不久，无锡市博物馆便收到了民间藏家陶心华先生收藏的53幅名人书画，其中不乏难得的艺术精品。捐赠的作品包括文徵明《焦石鸣琴图》和八大山人《疏柯坡石图》《平远山水图》等等，这些作品也成为无锡博物馆书画藏品中重要的组成部分，一直被保存至今。此次藏品捐赠大大提升了无锡博物馆的藏画水平。虽然展览只能为藏品征集提供一个宣传的契机，然而正是这样的主题性的集合展示，既体现了藏画的水平，又显现了局限不足，才有机会进行交流补充。

二、扩大知名度和公众影响力

博物馆作为服务社会的文化教育机构，其展览定位的受益范围多局限于本市或少量游客，故地市级博物馆的知名度和公众影响力是比较局限的，这一局限的根源在于藏品的数量和展览规模的限制。通过馆际合作办展的形式，打破了藏品限制，也扩大了藏品和收藏单位知名度。

1. 提升藏品的知名度

由于保管条件的要求和展览条件的限制等，许多藏品不能长期展览而只能保存在库房中，鲜有现世的机会。这些作品往往具有重要的历史、艺术价值，是难得一见的珍品。1980 年的展览中就有许多这样的作品。如在此次展览中初次和观众见面的苏州博物馆藏的唐寅《观杏图》及无锡博物馆藏的杨文璁《仿倪云林山水卷》、马元驭《设色花卉册页》，都是各馆藏书画作品中的精品。展览自筹办始便受到社会各界关注，各地媒体如无锡市《无锡报》《广播电视报》和苏州市《苏州报》等争相报道展览的最新资讯。除预告展览的基本资讯外，还对其中重要的展品和画派画家做了详尽介绍。《无锡报》利用艺术作品欣赏专栏刊登了《唐伯虎和他的〈观杏图〉》《扬州画派的艺术特色》《八大山人和他的画》等等作品；广播电台还利用电台节目向听众介绍相关展讯和知识。通过各方媒体，不同形式的报道拉近名画佳作、书画名家与大众的距离，使大众对其有了更深层的认知。

2. 扩大博物馆的影响力

馆际合作办展，是一次展示博物馆的藏品收藏水平、保管水平和承展能力的良好机会。此次展览在五市展出受到观众广泛好评的同时，也收到了来自南京市博物馆、中国美术协会与广东省博物馆的邀请，希望联展能在适当的时候赴当地进行展出，足见此次联展不仅在省内取得了轰动的效果，影响范围也扩大到了周边乃至全国不小的范围，提升了各参展博物馆的影响力及各馆书画藏品的业界知名度。

三、促进展品的深入交流研究，营造开放的博物馆

1. 促进展览前期筹划阶段专业人员交流

馆际合作办展是馆际交流的一种普遍的形式，不同于馆际借展只需进行藏品之间的交接工作，合作办展需要合作方通过对主题的协商探讨对所有藏品进行甄选、陈列设计以及交接保管。馆际合作办展之前通常首先需要向上级主管部门提出申请报告，出具详细的联展计划后才确定展览方案。五市联展期间，我市顾文璧、张士英两文专家参与并负责了此次联展的讨论筹划工作，先后撰写了《关于我省地方六馆今秋联合举办"宋元明清绘画巡回展览"的报告》《无锡清代近代画家作品展览前言》《明清绘画联展展出说明》等文章，与苏州、扬州等地市博物馆的书信研讨往来颇丰。就展览前言、展览环境条件，展品保存条件等各方面问题做出了细致的说明与探讨，保证了展览的顺利进行。

2. 促进观众学者的互动研究探讨

展览的主体是观众，而不同观众的观展需求层次是多方面的，通过展览能充分发挥各馆藏文物的积极作用，提供艺术工作者和爱好者学习、研究的资料，丰富当地人民群众的文化生活。馆际合作办展则能集中地展示同一主

题的藏品，在最基本的陈列展示基础上，更进一步地提供给观众一个深度、全面、近距离接触文物藏品的机会，由此激发学者、研究人员对于某一件作品或者作者甚至时代背景的深入探究。成功举办明清书画联展后，我市博物馆收到许多观众学者的来信，撰文表达对所展作品的感想，对于相关内容进行深入研究和探讨。论文、书信包括著名古书画鉴定家尹光华先生的《高其佩和他的指画》《明代大画家文徵明》，无锡轻工业学院的刘观庆的《仇英及其混金扇面画》，顾风的《明沈颢〈虞山即景〉的欣赏》等。观点鲜明，概括精炼，为研究此类书画作品提供了不少独到的意见。

四、受到诸多因素牵制，无法长期组织展览

1. 办展耗费的大量人力物力

我国博物馆的陈列展览形式主要有长期稳定的陈列和短期经常更换的临展两种，而博物馆之间联合举办展览则属于后者。馆际联合办展从接洽交流、展品交接到最后合作办展，陈列设计、安保配备等需要馆内各个部门的协作，往往耗费大量的人力物力。

2. 展馆间的设备

另外，各地市博物馆硬件水平并不均衡，展览的效果也不尽如人意。例如展览展厅的布局装饰，陈列柜的配备标准和应对环境的温湿度标准调节范围，临时存放展品的仓库设施条件等，这些因素不仅影响到展览的效果，对藏品保护而言也是不确定因素，这是举办馆际合作展览之前需要大量考察安排的工作。

因此这一展览形式只能通过对举办过的临时展览、馆际合作展览的经验总结，不断推进此类展览的办展效率，提高展览的质量，形成馆际合作办展模式化的机制。

五、总结

经常举办临时展览特别是诸如馆际合作办展的综合性展览，是活跃博物馆工作的一种有效方法，是充分利用馆藏藏品的有效手段，是扩大博物馆知名度的有利途径，也是促进兄弟馆之间互助合作和交流经验的良好契机。各博物馆可以发挥自身优势，结合自己的特点，在联展的大背景下取长补短，吸收社会力量，逐步积累文物资料和展览经验，有计划地充实和提高自身的藏品保管利用水平和展览组织策划水平。无锡博物馆从建馆之初发展至今，经过几代文博工作者辛勤劳动，现已成为拥有馆藏文物三万余件，尤以明清书画和地方历史文物最富特色的地方性综合馆。这样的成绩得益于多年来积极组织参与各类展览、总结积累历次展览的经验，是长久以来吸取和学习他馆所长，不断丰富本馆藏品和提升专业水平的成果。

浅谈复（仿）制品在博物馆事业发展中的作用

无锡阖闾城遗址博物馆 丁兰兰

内容提要

博物馆藏品是国家宝贵的文化财产和博物馆一切业务活动的基础，而做好馆藏文物的保护则是博物馆工作基础的基础。广大文物保护工作者一直在寻求各种方法以延长文物的寿命，并扩大其影响力，其中复（仿）制品的替代功能在很大程度上解决了这一难题。

关 键 词

文物保护 复（仿）制品

文物是指具有历史、科学、艺术价值，反映人类历史上各个时期的社会制度、社会生产、社会生活的物质文化遗存。郑振铎先生早在1946年就深刻指出："文物一被毁失，便如人死不可复生一样，永远的不会再有原物出现，它们的失去，绝对不能以金钱来估值，也绝对不能以金钱来赔偿。"所以出土文物的保护就成为广大文物工作者的中心工作。《文物保护法》规定了文物工作"保护为主，抢救第一，合理利用，加强管理"的十六字方针，把保护工作放在了主要位置，明确指出了文物保护的重要性。

目前博物馆馆藏文物所面临的最大问题就是如何尽可能地保持文物出土时的原状，而不至于受到进一步的损伤。文物一旦离开其原始的埋藏环境，它原本已处于平衡状态的各项机理就会因为要适应新的环境而发生改变，从表面上来看也就是文物的外在表现发生变化。这些改变有可能使研究者无法准确地判断它当时的性能、用途等，无法得出客观的结论。另外，因无法更进一步地接近其历史原貌，所以无法向广大观众清晰地展示和传播文物的原始信息。

一、馆藏文物面临的威胁

馆藏文物面临的威胁主要来自光、湿度、空气。光会损害文物的色泽，同时也会改变物质的强度，尤其是有机质物所面临的光的威胁更大，它会使纸张、纺织品、皮革制品等变脆，容易折损。而光中所含有的可见辐射与紫外辐射对展品的损害更是显而易见的。所有的光都会有加热作用，热能积聚到一定程度就会改变文物的性状。不同的湿度对不同文物的损害也不同，过于干燥容易使一些文物开裂或变形，过于潮湿则易于霉菌的生长。而空气中含有的大量污染源，其有害物质对文物造成的损害更是不可估量。

所以，博物馆的一项重要任务就是不断优化博物馆环境以保护文物免受上述威胁。当然，随着保护意识的增强及科学技术的进步，科学的理念和先进的仪器正逐渐引进博物馆，比如低温陈列柜、恒温恒湿器、冷光灯、喷淋器等，这些设备的运用在文物保护中起到了十分积极的作用。

但是由于资金、专业技术人员、展陈方式的局限，对于一些中小博物馆来说，大面积全方位地使用这些昂贵的先进仪器还只是一个梦想，即便有也总是首选对库房内的珍贵文物的保护，而展出的文物就很难享受到这些待遇了。博物馆藏品主要分布在两个领域，一是库房，一是展厅。库房建筑位置较为固定，一般都是封闭式，单个房间的空间较小，所以整体环境易于控制；而展出文物因为环境的频繁改变，加之展览场所往往空间较大，展览方式多样，其所遭遇的各种威胁就更大一些。如果是外出展览，文物所要面临的不安全因素就更多。鉴于此类情形，从很早开始，各个博物馆就开始为珍贵文物准备替身，文物复（仿）制品的重要性也便日益体现出来。

二、复（仿）制品的作用

复制品是指依照文物的体量、形制、纹饰、文字、图案等历史信息，基本采用原技艺方法和工作流程，制作与原文物相同制品的活动。仿制品的要求略低于复制品。由于大多数人对文物的欣赏都是停留在文物的表象，所以复（仿）制品在某种程度上可以充当文物的替身，经常可以行使文物本身的许多职能，是文物的延伸，并能有效地扩大文物的作用和影响。

1. 减少文物遭受的威胁，有效保障文物安全

首先，使用复（仿）制品可以使原文物免于频繁地提取、扰动，使得它在稳定适宜的环境中能长期保持原状，因而得到有效的保护。一般是在对文物本体作微观研究或为了满足团体或个人的特殊需要才必须使用原物，但这种情况发生得较少，而且一般无需离开原收藏环境太远。而对于展出文物，复（仿）制品的作用就更为明显。尽管博物馆工作者的文物保护意识和专业知识已经得到了很大提高，但是，目前博物馆环境尤其是展厅环境中对文物影响最大、最普遍的光照问题并没有得到有效地解决，敏感性材质的文物长时间暴露在展厅的各种光线中，受损伤是显而易见的。而库房环境的稳定性以及对文物保护的专业性则要强一些，较之展厅文物，保护相对容易。所以，极其珍贵或脆弱的文物，若以复（仿）制品代替展出，则能极大地降低文物本体面临的物理、化学等方面的损伤。

其次，复（仿）制品作为文物的替身，还可以使文物免受被盗的威胁。尽管我们在博物馆的安全保卫方面做了大量的工作，但是不幸事件总是难以完全避免。近年来，博物馆失窃案件屡有发生。2002 年新疆某博物馆被盗，8 件文物丢失。庆幸的是，这 8 件文物中，有 3 件为复（仿）制品。这 3 件复（仿）制品的替展不仅保护了真品，避免了更大

的损失，且由于其销赃时受阻，窃贼一无所获，再一次铤而走险，终至落入法网。

文物库房因为位置隐秘、安防等级较高，外人往往很难进入，若有失窃一般也是内部所为。相对而言，展厅文物所承担的风险就要更大一些。而被窃贼盯上的物品无疑都是精品。由于人员配备不足、配套设施落后、保护经费难以落实等问题，博物馆失窃往往集中在地县级的中小博物馆，而相对于高昂的安防设施经费，文物复（仿）制品的费用要相对低廉很多，所以，从文物安全的角度来看，为珍贵文物准备复（仿）制品的意义极其重大。

2. 对学术研究和社会生活复原的意义更为深远

文物是先祖们给我们留下的宝贵财富，人们之所以会对这些过去的东西流连忘返，其中一个很重要的原因就是对古人生活的好奇，总想透过文物来研究和复原古人的社会、经济、文化生活。这种方式也是我们了解自己的过去、增强民族自豪感和民族自尊心的最好途径。

而复（仿）制品的制作过程，是一个由表及里的过程，也是探索复原古代工艺的过程，复制者必须从宏观到微观对文物进行全面了解，才能着手还原制作，以期达到逼真效果。古代的许多工艺在历史长河中渐渐消失了，重新探索这些逝去的技术是需要花费一番心血的，所以现在复（仿）制一件文物经常就可以成为一个课题，有的要经过长年累月的研究、实验，才能得到些许成果。

笔者曾经在新疆工作多年，参与过毛织品的复（仿）制工作。要还原3000年前的毛织品制作过程，专家们必须找到当时的人对羊毛进行挑选、脱脂、清洗、松毛、捻线、染色的方法，同时通过仔细观察、分析文物本体，对其组织结构进行解剖、研究，从而制作出合适的纺织平台，这样才能进行一件纺织品的复（仿）制工作。这其中的每一项技术的破解都不是一件容易的事，毕竟远古时期离我们太远，社会的快速发展使我们丢失了太多的古代社会信息，因而实验的过程是充满艰辛的。当然，实验中，每一点滴的进步都能带给大家极大的惊喜和成就感。

苏州的金海鸥先生对春秋吴国兵器有着极为浓厚的兴趣，立志于还原古法，重新铸造当年的宝剑，他也是通过查阅各种文献资料并实地踏查，经过不断的尝试和失败，最终铸造出了惊艳于世的吴王夫差剑（仿制）、干将莫邪剑（创造）。当地电视台跟踪拍摄了他铸剑的全过程。这些实物和影像资料非常有助于人们了解春秋时期的青铜冶炼、兵器铸造、生产技术等，较之单纯地观赏文物显然效果要好得多。

文物的复（仿）制过程就是再现文物原生产、制造技艺的过程。所以，通过对文物的复（仿）制可以逐渐还原给我们一个较为真实的古代社会生活，这比在博物馆单纯看一看古人留下的遗物，体会得要更深切，认识得要更全面。文物保护的终极目的也就在于此。

3. 为广大人民群众提供更为丰盛的文化大餐

博物馆是宣传教育机构，是一个地方的文化、教育、科普活动中心，担负着传播科学文化知识，提高人们精神素质的重要作用。尤其是博物馆免费开放后，越来越多的人有机会走进博物馆、认识博物馆，所以，如何向观众全方位、多角度地展示我们的古代文明，成为博物馆工作的重要任务。

我们知道，文物的唯一性使得珍贵文物不可能在两处地点同时展出，而博物馆工作者为了使更多人有机会欣赏到古代珍品，总是不断地通过巡回展览、借展等方式来满足大家的精神需求。但是这种方式毕竟只能是部分人的一时享受，始终不能如常规展那样惠及更多民众。

这个时候复（仿）制品的作用就显而易见了，复（仿）制品就如孙悟空的毫毛，能变出无数个孙行者来，这使得不同地方的人能同时欣赏到浩瀚历史长河的遗珍，能更加全面地了解灿烂的古代文化。

另外，由于地区发展的差异或历史遗留问题，许多博物馆的展示内容与其享有的声誉极不相符，也就是说它灿烂的历史文化没有在本地博物馆得到展出，这不是因为没有遗留下来，而是由于种种原因，这些文物都离开了本地，并且不可能再回来。

以西北地区为例，由于地域、文化的特殊性，西北地区在 20 世纪前后经历了一场众所周知的文物浩劫，许多文物精品都散落在世界各国，有些甚至不知踪迹。就国内而言，建国后，由于整体考古发掘及文物保护力量的薄弱，地方上根本没有能力自己进行相关工作，所以，大部分文物都被保管或展示在省一级或国家的博物馆中，导致现在中小博物馆的文物精品少之又少。本地文化的展示与其辉煌灿烂的历史不相符合，甚至在某种程度上出现缺失，这对本地历史研究及本地民众享有知识的权利是一种伤害。

当然，让本地出土文物回到本地基本上已经不太可能，所以这个时候，复（仿）制品就责无旁贷地承担起了完善本地博物馆的通史展览、充实本地文化遗存的重任。

4. 有助于增加博物馆经济收入

我国的国有博物馆主要依靠政府财政拨款。但是诸多博物馆都面临这样的窘境：国家拨发的经费少，财政支持力度不大，拨发的钱只是杯水车薪，连工资都不够发。所以博物馆中大量编外人员的福利待遇往往很难提高，文物保护工作举步维艰。

随着市场经济的发展，博物馆也难以避免地融入到市场这个大潮中，博物馆自营创收的呼声也是一浪高过一浪。博物馆创收渠道可以多种多样，比如建立配套服务设施、藏品的开发利用、承接展览设计等等，而销售藏品的复（仿）制品无疑是增加收入的一项重要举措。

博物馆是一座城市历史发展的缩影，人们在参观完博物馆或离开这个城市时，出于留恋或为了证明自己的经历，总是想带走一些带有这个城市记忆的东西，精美而易携带的、以文物为原型的工艺品一定会是大家的热门选择。

当然，部分藏品的复（仿）制品不允许销售，但是通过在国内外的借展、出展、巡展等方式，同样也可增加博物馆的收入。

三、结语

复（仿）制品的制作、使用和销售首先必须遵循国家的相关规定，如2011 年国家文物局颁布的《文物复拓印管理办法》，同时文物复（仿）制的过程也应该被完全记录下来，作为文物研究的一部分。

当然，出于保护珍贵文物的需要，制作的文物复（仿）制品，在形状、大小上完全相同，所用材料和色调、纹饰也基本相同，技艺精湛，甚至在视觉上能以假乱真，但也只能是复（仿）制品，只能反映制作复（仿）制品的时代或年代的社会条件、技术水平及工艺。因此，展览中使用复（仿）制品时，出于诚信和对观众的尊重，应清晰标明。复（仿）制品毕竟不是文物，研究、还原过程也不是真正的文物制作过程，对古代技艺的了解只不过是凤毛麟角，所以复（仿）制品只能是文物的替身，而不能完全代表文物。

用历史叙事的方式解读藏品
——兼论『新型』保管员的优势与价值

内容提要

对博物馆核心价值的全新理解，让我们体会到需要转变长久以来形成的思维定势，重视"新型"保管员的引进与塑造，能够让博物馆工作有更多可能性。加强对藏品的深层次研究不仅有利于提高博物馆的科研水平，也有助于更完美的挖掘藏品背后的故事，给展陈策划提供新的视角。

关 键 词

藏品　保管员　历史叙事　解读

无锡市东林书院管理中心

荣骏炎　徐榴

　　故宫博物院院长单霁翔在《从"馆舍天地"走向"大千世界"——关于广义博物馆的思考》一书中说，"今天博物馆的核心价值，是从保护文物藏品到保护文化遗产，再到服务社会，进而向参与推动社会变革的神圣责任回归，这是……对博物馆具有永久意义的真理原则与价值原则的科学诠释"。在这句对博物馆核心价值的阐述中，我们也能深深体会到博物馆发展理念面临的转变，要把博物馆从以前文物的保管场所、学者的研究场所逐渐转换成大众文化的休闲场所，以促进社会人文发展为最终目的的文化机构的观念上的转变，这给我们今天博物馆工作的思路与要求提出了前瞻性的方向和挑战。搭建好藏品资源这座博物馆与观众、社会相联系的桥梁就显得尤为重要，藏品是整个博物馆产生社会意义的物质基础，是为博物馆创造社会价值的资源，这种资源不仅具有"物质实体"的价值，更因其所具有的丰富"信息载体"的价值而存在，通过对这种"信息载体"的有效发掘与利用，能使博物馆藏品最终实现对社会能动地反作用。如何利用好藏品的桥梁作用，让观众理解并乐于接受你想传递的信息？笔者认为可以从三个方面来做些尝试和努力。

一、重视发挥保管员的优势与价值

　　博物馆藏品保管部是藏品的直接管理部门，一直承担着最基础的藏品保护和管理的职责。在《博物馆藏品保管工作手册》中对保管部的工作职能是这样定义的："保管部是博物馆主要业务部门之一，在博物馆整体工作中担任着重要任务。主要工作包括对藏品的保护管理、提供利用和科学研究方面。"由于当前博物馆机构设置越来越趋专业化和细致化，各机构各司其职，保管部只将较多的精力用于保护和管理方面，其他两个方面的职能却很少涉及，长此以往，不仅不利用保管部、保管员自身的发展，也不利用整个博物馆对馆藏藏品的充分挖掘和利用。

谁也无法比库房保管员和藏品的互动更亲密与频繁，什么藏品适合展览，什么藏品现状不适合展览，哪些藏品已被提用不在库房，或者关于某一主题有哪些相关藏品……这些问题保管员比任何人都清楚，加之关于藏品本身保管员手中又拥有相对一手的信息资料，对于藏品的提取利用方面保管员很有发言权。但由于现在博物馆机构设置上的一些偏好，使得挑选文物策划展览的人并不一定是真正了解藏品本身的人，保护管理与陈列展览相分离的现象较为普遍。机构分离固然能让专业性更为突出，但这样清晰的职能划分，或多或少会让藏品保管员对参与策划展览工作缺乏应有的热情与积极性，平时的日常工作中自然也不会留意和思考策展方面的问题，不能充分发挥保管员的优势与价值，这些都加大了挖掘藏品和藏品背后故事的难度与深度。因此，如果要求保管员一起参与展览的策划与陈列，甚至担任主要角色，将大大提高保管员的积极性，增加藏品陈列的多种可能性，更好地发挥藏品在陈列展览中的作用。

二、重视藏品学术研究，挖掘藏品信息的深度

关于陈列展览，策划往往十分关键。陈列人员的历史认知水平决定着藏品的去留，其对重构历史的解释能力又决定着展览的成功与否。但是陈列设计者并不可能对每件藏品都如数家珍，很多时候他们都需要借助查看藏品信

息的记录来挑选藏品，这些记录就是与每件藏品相对应的藏品卡片或藏品档案，用来记录关于此件藏品包括来源、质地、尺寸、年代、作者等的相关基本信息，但这些信息所包含的信息量相对有限，光凭这些不足以对一件藏品有一个相对全面的了解，因此还需要对藏品进行大量的学术研究。

对藏品进行描述、研究，充分挖掘其本身所蕴涵的信息，是博物馆最基本的学术研究工作。对藏品进行研究，不单单指对藏品外观特征、制作材料、工艺大致流程等方面的研究，更是指关于藏品制作的历史背景、民俗风情及其自身的政治、历史和文化内涵和在当时社会生活中所处的地位、与其相关的重大历史事件、重要历史人物等方面进行的"深层次"的探寻。只有通过这种研究，才能使博物馆的藏品为自己、为观众所深刻认知，才能使某些藏品终结"不见天日"的命运，向大众展现其所蕴含的历史文化价值与教育意义。

作为藏品的保管员也有责任和义务将卡片或档案信息进行相应的调整、补充和修改，以求尽可能多地反映出藏品的真实信息，为利用者提供便利。但所有上述工作的前提必须是保管员对藏品有更进一步的科学认识与研究，这就要求库房保管员要做好很多方面的工作。保管员有着对藏品直接的感受与认知，又有以前留下来的关于藏品的一手资料，另外还要做诸如对藏品相关研究资料的收集、整理、汇总、填写、修改等等方面的工作。相对而言，保管员对藏品进行学术研究比别人更有优势。

三、用历史叙事的方式解读藏品

博物馆是宣传教育的阵地，陈列设计者通过藏品陈列展览的手段，让观众对藏品有所认知，在头脑中形成对藏品直观、具体的印象，进而了解藏品所蕴含的文化历史内涵，达到宣传教育的效果。

虽然"让文物说话"的陈列设计理念依然在博物馆的实践中居于主导地位，但现实让我们无法忽视在这种理念倡导下的展览所遇到的窘境——曲高和寡，索然无味。笔者认为最重要的原因就是大多数观众难以看懂这种"不愿意放下身段"的精英文化，如果在展览的同时没有陈列设计人员对藏品进行引导和解读，是很难使观众产生共鸣的。对于绝大多数观众而言，他们没有专业的历史知识背景，对文物的鉴赏能力也相对缺乏，他们参观博物馆只是为了拓宽眼界，增长见识，顺便获取一些基本史实和历史知识，不可能也没有必要花费大量的时间和精力去考证历史或解读藏品，所以他们更希望展览能体现出明确的欣赏视角。以瓷器为例，如果在陈列中能够将其所处的历史时代、纹饰、工艺、用途等相关信息用一种让大家觉得好理解、亲切又贴近生活实际的语气加以解释说明，那么将会大大增加观众欣赏的兴趣，并拉近藏品与观众的距离。

保管员在对藏品进行科学研究或资料搜集整理以后，对藏品本身及其所承载的历史文化知识就能有一定程度的了解和把握，在这种情况下，为某一主题展览在库房挑选有故事、有看点、有关联的藏品对保管员来说就不算难事，这也能大大减轻陈列设计者的工作量。陈列设计者可集中大部分的精力在整体历史框架和设计下，把那些承载着片段历史和文化信息的藏品进行正确解读和定位，以更加真实和生动的描述对历史事件进行重构，能够引起观众对基本完整的历史事件的理解、回顾甚至达成一定程度的共鸣和互动。国家博物馆"复兴之路"陈列就是最典型的一个实例。展览回顾了1840年鸦片战争以来陷入半殖民地半封建社会深渊的中国各阶层人民在屈辱苦难中奋起抗争，为实现民族复兴进行的种种探索。虽然展览中只是展出了整个历史事件的一种构成要素，但仅仅是这种绘画和雕塑作品就收到了历史事件解读和艺术美感表达相得益彰的功效，让观众深深地融入这段历史。

藏品保管、学术研究、陈列展览三者相辅相成，不可割裂，长久以来的保管员只需保管好藏品的观念也需推陈出新。越来越多专业人才的引进让博物馆事业有了更多可能性和可塑性，具有较高业务素质和学术造诣的"新型"保管员有着别人无法比拟的优势与价值，让他们参与甚至主持策展工作，是一种全新的尝试与挑战。如果博物馆能对藏品做足功课，积极发挥优势和特长，充分挖掘藏品的深层意义，以历史叙事的方式解读藏品，建立起藏品与观众互动、交流的桥梁，笔者认为博物馆定能越来越满足观众精神层面的追求，成为向大众开放的、以促进社会发展为目的的文化机构。

口述资料·口述史·博物馆

内容提要

口述史研究已在多种学科中广泛运用，在博物馆的研究工作中如何认识口述资料与口述史，如何把口述史正确运用到博物馆的工作中，将对规范地使用口述史具有积极的现实意义。

关 键 词

博物馆 口述资料 口述史

淮海战役纪念馆
桑世波

口述史缘起于 20 世纪 40 年代的美国，20 世纪 80 年代逐渐被学界关注，现在作为一种治学、研究历史的方法，已经为多学科接受并应用。博物馆是神圣的文化殿堂，遵从严谨、科学的态度，对人类生存的物证进行征集、收藏、研究、展示，还原历史真相。研究是博物馆的主要功能之一，研究也是博物馆进行陈展、开展对外教育的基础，加强对口述史的征集自然也成为博物馆历史研究，增强陈列展览效果的方法之一。那么，何为口述史，如何征集、合理地使用口述史，应是当下博物馆需要认真对待的问题。

一、口述史与口述资料

也许有人认为，对于口述史的征集与运用博物馆并不陌生，在一些博物馆的展陈中早有应用，比如在展厅内播放事件亲历者的采访录音、录像等。然而，值得说明的是，多数博物馆对于这种口述音像资料的运用并不等同于学界所指的口述史，它仅是对口述资料的引用。口述资料与口述史是两个不同的概念，二者有区别也有联系。

对于口述史的界定，学界曾各执一词，有人认为凡是采用一问一答式征集的资料都可以称为口述史，如访谈录、回忆录、亲历记、人物传记等。也有人认为口述史是在录音、录像等设备的辅助下，通过一问一答的形式对某一事件进行访谈，继而对访谈资料进行整理、研究，再与文献资料进行勘校后最终形成的史实记录。目前，随着学界对于口述史研究的深入与应用的规范化，第二种观点得到认同，在史料研究工作中提到的"口述史"就是指对访谈研究后的史实记录，又称口述历史、口述史料。

口述资料是就某个问题对当事人、亲历者所进行的采访、访谈。此过程是事件亲历者就某一问题进行的语言表达，是被采访者在他的认知世界范围内对所知晓的事件做的陈述。这种口述所得的材料只能被称为口述资料，而不能被称为口述史。因为在这一过程中的口述内容只是被采访者的主观陈述，陈述过程不排除会受到个人情绪、偏见、对事件认识高度等因素的干扰。在实际工作中，为了厘清一件事情，说明一个问题，在做口述资料征集时往往需要采取多人次、多角度、多层次地进行，然后再把每一次采访所征集到的若干"口述资料"进行印证、分析、归纳，最后才能得出真实的历史——口述史。应该说单一人次的口述资料仅是历史研究的一种参考，未必是历史记录、历史真相。口述资料仅是"口述史"的一个部分，口述资料是原汁原味个人观点呈现，而口述史则是经由对多个口述资料或口述资料与文献资料之间相互印证后的结果。口述资料是口述史的初级形态，口述史是口述资料的高级状态，口述史是文献资料的一种补充与勘校，口述史必须站在口述资料的肩膀上，才能发出耀眼光芒。对于博物馆而言，我们在征集过程中是对口述资料的征集，在陈列时必须是对口述资料的研究成果——口述历史的使用。如果将一家之言采取拿来主义当成史实记录贸然使用，那是不严谨不科学的。

二、口述资料的特点

口述资料可以对现有文献资料进行补充、丰富与勘校。口述资料的收集不外乎这样几个目的：第一为了弥补、丰富原有文献资料，第二为了更加有力地证明原有文献资料的史实性，第三为了驳斥原有文献的谬误。口述资料通过采访不同的当事人，进行不同角度的印证，可以得出较为真实的史实。

口述资料的征集具有一定的时效性。口述资料的征集是事件亲历者、当事人口头叙述的事件记录，被采访者一定是一个活生生的人。就目前我国博物馆的分类来看，只有反映近现代史的博物馆较为适宜做口述资料的征集。而随着时间的推移，近现代史的亲身经历者大多年事很高，因此博物馆对于口述资料的征集应该与时间赛跑，尽快确定采访对象，制定采访方案加以实施。

口述资料具有个人情感色彩。在本文的第一部分已经谈到，征集到的口述资料不免会夹杂些个人情感、判断在其中，在实际工作中也会出现对于同一事件或者人物，被采访者们会有正、反两方面的态度、评价，因此对征集后的口述资料，一定要从被采访者与事件间的关系、所处的立场、所处的环境客观地对待每一次口述资料的内容。

口述资料较文献资料在表现历史的细节上更加细致，所涉及的人物层面更加广泛。为了更加立体、客观地反映一个问题，对口述资料征集时，不仅仅关注上层精英人物，也要关注基层人们的声音，这样所得出的口述史才能更加准确、全面、接地气。同时，通过口述资料还能够得到比文献资料更加生活化、人性化的历史细节。在反映人物时，可以体味到人的真性情、伟人的平民化、平民的非凡处；在反映事件时，口述史传递的信息还会有种"细节决定成败"的意味，也许只是一个关键的细节被口述者所例举，却恰是一个极为重要的点睛之笔，瞬间就可以使事件、人物变得生动而有生命力。

三、博物馆征集口述资料的主要内容

1. 加强对博物馆事业发展中的重要人物、事件亲历者进行口述资料的征集

我国第一座具有现代意义的博物馆是 1905 年建起的南通博物苑，至今日我国博物馆事业经过百余年发展，筚路蓝缕、历经曲折，但是博物馆"为社会及其发展服务"的功能却一直如使命般附着在博物馆灵魂里，这也直接表现为每一次大的社会变革、动荡都会在博物馆里发生重要反应，也牵连着博物馆从业人员的观念、认知、情感等方方面面的反应。博物馆是舶来品，我国对于博物馆为社会服务的功能认识，经历了一个从文化认识到文化自觉的过程。起初由于人们对于博物馆为社会服务的功能认识不足，20 世纪 50 年代之前建设的博物馆并没有得到社会重视，社会对博物馆利用的意识并不强，以至于在文献资料中对其记述的文字较少，也直接导致我国在博物馆学研究工作上的某些欠缺。即便能查到一些文字，也多为大事记式的条款记录，其人文气息、所处的社会环境、人在博物馆中的作用、建设动机、陈列方式、社会教育情况等根本无法触摸到，一个原本似乎是生机勃勃、蒸蒸日上的大好发展态势，仅用一两句话便简洁地进行了表达。如 1936 年，全国博物馆统计是 77 家，这一数据曾被多种书籍参考引用，但是 77 家博物馆的名录、类型、组织机构，有哪些建树与业绩，它们为我国博物馆事业的发展起到了哪些作用等等，这些内容均不能在 "77" 这个数字中得到诠释。当然，这里并不是对数据引用者们进行批评，而是要怀着崇敬的心情感谢他们把这个数字以史料的形式进行公布，如若没有这寥寥文字，博物馆事业早期发展的研究工作会更显苍白。显然造成这种用数字对我国早期博物馆事业发展进行描述的局面，还是因为在博物馆事业发展早期，业务主管部门、事件的亲历者们所留下的可供查阅的文献资料太少。那么，用什么方法对其进行充实、补救？显然，口述史应是一种十分符合实际并具有操作空间的方法之一。我国博物馆事业起步于近现代，而党领导下的博物馆事业则发端于20世纪二三十年代，如果仔细梳理，制定出可行的征集计划，应该可以找到部分口述资料的征集对象，将博物馆事业发展过程中关键节点上的重要事件、闪光之处，如著名博物馆建筑设计者、建设者，里程碑式事件的相关人物，扭转乾坤式的决策过程，以及普通的基层工作者、见证者进行抢救性的口述资料的征集，这种行为不仅可以完善我国博物馆事业发展中文献资料的不足，也在一定程度上促使着我国博物馆学的研究工作更具波澜，更加绚烂，更有人文情怀与传统文化精神。

2. 重视对馆志、馆史口述资料的征集

对于博物馆而言，特别是 20 世纪 80 年代之前建设起来的博物馆，口述资料的征集对于馆史、馆志的撰写有着更深层的意义。一部博物馆的馆史、馆志就是一个博物馆的发展史，透过馆史资料可以看到博物馆建设的动机、意义、选址、领导班子、设计工作者、建设者、发展经历等重要且有价值的信息。馆史还对考量当地社会的发展、人们精神文明素质的发展状况等工作具有一定的作用。但在实际工作中，有太多博物馆并没有属于自己的馆史，并没有保存良好的博物馆发展的原始资料，或者没有完善的原始资料的积累。对于 20 世纪 80 年代之前建设的博物馆，大都有个共同经历的特殊发展时期——"文化大革命"。对于这一时期的文献资料，多数博物馆普遍存在这样两个问题：第一，对此时期博物馆的发展情况没有详细记载，即便有些文字资料也多半是政策性的语言描述、官式的表达，缺少生动鲜活的人的呼吸之声、呐喊之声。第二，在这一特殊时期，馆内原有的完善文献资料在各种"运动"的折腾下遭到严重破坏或者遗失。以笔者工作的淮海战役纪念馆为例，1959 年奠基，1960 年动工，1965 年建成开放。在开放初期关于馆的建设与发展情况的确留存有较完整的文字资料，但是由于经历了"文化大革命"的洗礼，不仅馆的部分设施遭到破坏，还使一些珍贵资料丢失。如今纪念馆里的从业人员对过去的事情均不熟悉，编写馆史时对这一时期的情况记述就变得十分被动。此时，自然会想到通过打电话、写信等方式向老一辈工作者进行咨询、了解情况，同时也关注那一时期亲历者的回忆录、口述资料等，以期通过这些方法弄清纪念馆早期发展的情况。近期笔者征集到了由原淮海战役纪念馆建设委员会办公室副主任、徐州市市长，现已 90 高龄的何赋硕先生的口述资料——《我在徐州 50 年》（资深记者胡存英、王人斌执笔），在这份口述资料中就有他亲身经历的关于淮海战役纪念馆建设情况的详细记述，字里行间所表现出的不仅有智者之间的精彩辩论，还有一些鲜为人知、充满情趣的生活小插曲。面对这份白纸黑字，笔者当然不能冲动地将其视如史料直接搬进馆史，但至少有另外一种冲动——要与何老面对面地进行访谈，进行口述资料的征集，然后，在此基础上再对其他亲历者进行口述资料的征集，最后将资料汇总形成口述史，保存在馆史中。笔者认为这一行动必将对博物馆事业，以及淮海战役纪念馆的发展大有裨益。

而在我国 3800 余座博物馆的建设过程中，相信与淮海战役纪念馆命运、遭遇相似的馆还有很多，口述史的出现，以及主动地将口述史运用到博物馆事业的发展、研究工作中，应是当今博物馆工作者需要掌握的技能之一。

3. 加强对博物馆展陈史及研究工作的口述资料的征集

博物馆的主要功能之一是对公众进行宣传教育，而宣传教育的前提是要有准确的展陈史，以及馆藏文物的研究成果。应该说科学研究是博物馆开展业务的重要基础性工作，口述史作为一种历史研究方法也极其适宜在博物馆陈展史、文物研究工作中运用，特别对于一些以陈展近现代史为主要内容的博物馆，口述资料的征集就更显迫切与可行，因为与陈展历史相关的人或事件的亲历者有些尚健在，思维尚清晰，通过访谈，完全可以征集到有价值的口述资料。

4. 对民俗、民间文学等非物质文化遗产项目进行相关口述资料的征集

我国汉代的大文学家、史学家司马迁在其所著《史记》中就曾大量使用了口述史料，司马迁为了完成这部巨著，费时二十余年，多次到全国各地考察古迹民俗，倾尽毕生心血。司马迁的这种采用"实录"方法对民俗、民间文学进行整理编写，固然与今天我们所讲的"口述史"有一定的区别，但是这种方法以及由此而取得的巨大成就，对于当下在非物质文化遗产整理及展馆的建设工作中口述史的使用仍然具有十分重要的借鉴与参考意义。

四、口述史对博物馆陈展工作的重要意义

口述史可以使博物馆陈展更加立体、真实。口述史属于一种新型的文献资料，区别于传统文献资料。口述史对于历史的陈述具有真实、生动、鲜活、立体的特点。博物馆与其他教育场所、途径的重要区别在于，可以重构历史并有强烈的历史现场感。在博物馆的陈展中运用亲历者口述资料营造出的历史氛围，正与博物馆需要给观众营造历史的现场感有异曲同工之处，因

此，在博物馆的陈展工作中适时加入口述史，将进一步加大博物馆的宣传力度，增强博物馆的教育效果。

口述史运用到陈展中可以实现让文物"说话"。博物馆是对人类生存物证进行展览的重要场所，在陈展中除了物证外，再加上口述史——人证的出现，可以更加细致地挖掘历史事件中"人"的真性情，揭示"物"所蕴含的深刻内容，真正达到让文物"说话"的展示效果，达到使陈列语言变得更加丰富、生动，展览变得更加有感染力的目的。

口述史可以使博物馆的讲解工作更加鲜活、有说服力。博物馆讲解工作的主要目的是让文物中所包含的或曲折感人或意义重大的人、事加以释放，让观众更加了解文物、明确展览主题，以实现良好宣传教育效果。在淮海战役纪念馆内陈展着一个降落伞，文物说明牌上表明：国民党军空投下来的降落伞。但是关于降落伞的一些战地小故事，说明牌却无法进行详细表述。2007年2月2日，笔者采访原淮海战役参战部队之一的中原野战军第四纵队十三旅陈康旅长的夫人郭青女士，她就十分生动地向笔者讲述了一个关于降落伞的故事。郭青女士时任某部机要员，也在淮海前线。在淮海战役第三阶段国民党军队被人民解放军围困后，国民党军主要通过空投食品、美钞来鼓舞士气。由于当时的包围圈小，包围圈外面约五六十米处就是共产党的部队，因此国民党军空投下的许多食品都飘落在了包围圈外面，在战火纷飞、天寒地冻的生存环境里，空投的食品必定会引起国、共双方人员的争抢。一次郭青女士抢到了一个降落伞，由于太重拉不动，便喊来战友帮忙，可就在他们奋力拉伞的途中忽然听到伞里发出了"噜噜""哼哼"的声响，起初他们认为伞里裹了个人，待小心翼翼地把伞摊开后，才发现躺在伞里的原来是一头没有来得及杀的活猪，还有许多食品。如此不可思议的事情居然发生在

191

了淮海战场上。后来这个降落伞被郭青拖回了家，并从中间裁开再缝上，在艰难岁月里当被铺，生活条件好些后，又用来做盖布……难以想象，一个降落伞居然会有这么一个令人啼笑皆非的故事，竟然包含着如此多的生活气息！如果在讲解时能够把这些口述资料加入其中，讲解怎么会不吸引人、不感染人呢？

除此之外，口述史还可以使展览更加贴近人们的生活。口述者讲述时往往会伴随着内心强烈的情感，其喜、怒、哀、乐种种情绪会在表情、声音中有所呈现，这些都是展览中版图文字所不能给予观众的满足，这种伴有丰富情感的展览方式更容易拉近与观众的距离，进入观众心里，与观众产生共鸣。

总之，口述史是博物馆征集工作的一个发展方向，也是活跃博物馆陈展的一种方法，只是在征集与利用口述史时，一定要遵从它的特点、规律，理性、谨慎地对待。

关于革命纪念馆烈士文物的保护工作

内容提要

革命烈士文物是先烈们英雄事迹、革命精神的具体体现，是新时期学习、研究中国共产党党史和革命史的珍贵史料，是对人民群众进行革命传统教育和爱国主义教育、对党员干部进行党的群众路线教育的生动教材。本文从革命纪念馆实际工作出发，浅谈革命纪念馆烈士文物保护工作中出现的问题以及解决方法，希望烈士文物保护工作能够得到社会各界重视，不断创新工作方法，充分发挥烈士文物在新时期的教育作用。

关 键 词

烈士文物　革命纪念馆　保护

淮海战役纪念馆

王瑶

193

在我国近现代革命史中，涌现出了许多为新中国的解放事业抛头颅、洒热血的革命烈士，他们一往无前、无所畏惧的英雄气概，顽强拼杀、宁死不屈的大无畏精神，勇于牺牲、舍己为人的高尚品质，义无反顾、无私奉献的崇高境界激烈了一代又一代中华儿女。烈士留下的遗物是他们革命精神真实、具体的历史写照，是进行爱国主义教育和人生观价值观教育的重要内容。用实物"讲述"英烈故事，能够拉近观众与历史的距离，在宣传和弘扬烈士精神、启发和引导青少年全面认识和深刻理解党的历史和光荣传统方面发挥了重要的作用。2013年7月，中共中央办公厅、国务院办公厅、中央军委办公厅印发了《关于进一步加强烈士纪念工作的意见》，指出要大力弘扬烈士精神、广泛开展纪念烈士活动、坚持用烈士英雄事迹教育青少年、加强烈士纪念设施保护管理等七条意见。革命纪念馆作为人们学习历史、缅怀革命先辈、振奋民族精神、进行爱国主义教育和党的群众路线教育的重要场所，有责任、有义务对革命烈士文物进行重点保护。

一、革命烈士文物的特殊性

革命文物是中国共产党领导中国人民取得胜利的历史见证，其中革命烈士文物大多为动荡年代伴随烈士工作、生活的日常用品，以及烈士最后殉国现场留下的物证。一面奖旗、一个马褡子、一件棉袄、一把铁锹、一本日记本……每一件物品本身并无实际价值，品相也无法与博物馆珍藏的文物相比，且多数已经完整不齐，有的甚至失去了全貌。但，就是这样简陋却不"简单"的物品真实记录了烈士生前的英雄事迹，反映了烈士的思想动态，投射出了烈士的生活环境和革命活动过程。每一件革命烈士文物背后都有一段令人尊敬的故事，昭示着烈士的崇高理想、革命道德以及价值追求，诠释着如何做人、如何做事的基本道理。

淮海战役纪念馆缅怀先烈厅里陈列着世界上再普通不过的两样文物——一块石头和一堆泥土，而它们却见证了一个生命的伟大壮举。在一场国共两军激烈战斗中，国民党军地堡射出道道火舌，解放军战士们不断倒在血泊中。华野6纵某部爆破组长张树才挺身而出，抱着20多斤重的炸药包向国民党地堡冲去，对方几个士兵向张树才扑来。紧急关头，张树才毅然拉响了导火线，抱着冒烟的炸药包冲向地堡，用自己的血肉为部队铺平了前进的道路。烈士生前没有留下任何遗物，这是当地群众为纪念张树才，自发搜集的地堡的石头和染上烈士鲜血的泥土，作为对烈士永远的留念。看着这样两件普通的文物，张树才烈士奋不顾身炸地堡的形象油然而生，仿佛故事就发生在眼前，讲述着人民解放军在硝烟弥漫战场上的英雄本色。直观的说服力和感染力，赋予了革命烈士文物更深远的历史价值。

二、革命烈士文物保护工作存在的问题

《文物保护法》中规定的文物工作方针是"保护为主、抢救第一、合理利用、加强管理"。2003年的《关于印发〈近现代文物征集参考范围〉和〈近现代一级文物藏品标准（试行）〉的通知》指出："自1840～1949年间，新中国成立以来的许多颇具收藏意义的其他文物史料尚未得到系统征集，抢救保护工作日趋紧迫，刻不容缓。"由此可见，抢救、征集近现代的各种文

物资料已经迫在眉睫。革命纪念馆应加强对革命文物，尤其是烈士文物的征集工作，以使烈士文物得到及时保护和充分利用，使烈士精神永垂史册，鼓舞后人。但革命纪念馆在实际工作中也面临一些问题。

1. 革命烈士文物征集有困难

革命烈士文物的征集是保护工作的前提。烈士已去，留给家人和战友的是伤痛，留下的遗物寄托着烈士家人、战友对故人的思念。当他们看着烈士的遗物，会触物生情，仿佛看到亲人奋不顾身赴战场、杀敌寇的悲壮场面，思念亲人之心愈加强烈，对烈士遗物就会更加珍惜，视为珍宝。而作为爱国主义教育的生动教材，革命纪念馆工作人员希望能够征集到这些革命烈士遗物，保管、陈展，让更多的后人瞻仰、缅怀、学习，使烈士精神永保鲜活。这一矛盾体的存在有时会导致革命烈士文物征集工作十分困难。2004年，淮海战役纪念馆工作人员赴昆明征集革命文物，一位80多岁的老太太捐出一件丈夫（革命烈士）生前使用过的毛毯，讲述了这件毛毯伴随丈夫南征北战的经历。但第二天老人女儿就埋怨母亲，希望自己收藏。为了不引起家庭纠纷，工作人员原物奉还。老太太一再表示以后做好女儿的思想工作再捐赠。因此，文物征集人员在征集过程中应重视烈士家属的思想工作。

革命烈士文物之所以具有直观的说服力和感染力，在于它背后的历史意义，尤其是烈士在革命过程中的故事。而随着时间的推移，那个年代的亲历者、烈士的战友都已渐渐老去或步入耄耋之年，工作人员能够得到的革命故事已经太少。当烈士遗物与烈士事迹脱节，其作为革命文物的价值将大打折扣，教育、激励后人的作用也难以达到。因此，时间是征集工作的最大敌人。

2. 革命烈士文物保管不科学

革命烈士文物的保管是保护工作的关键。革命烈士在革命年代随军远征，不定住所，艰苦的岁月注定烈士文物的残缺与破旧，同时质地也具有多样性。纸质文献、功劳证、证明书等都会变黄变脆，极易消失；棉织品类会因潮湿发霉发臭；铁铜器械类也会因长时间暴露氧化腐蚀。对于征集而来的革命烈士文物，革命纪念馆需要特别呵护，严格按照《博物馆藏品保管工作手册》上的要求，给烈士文物创造恒温恒湿、防毒、防虫、防酸环境，按质地分类收藏与保护，减缓文物的自然老化。陈展中的烈士文物，对灯光、展柜也有很具体的要求。这一系列的要求都需要大量资金和人力的投入，除大型纪念馆、博物馆能够达到这一水平外，许多中小型革命纪念馆、烈士纪念馆、烈士纪念地等不具备此种实力。管理条件差、设备落后是革命烈士文物的保护工作面临的现实问题。

3. 革命烈士文物利用不合理

革命烈士文物的利用是保护工作的最终目的。目前，革命纪念馆对于革命烈士文物的利用出现了几种普遍现象。第一，就保护而保护，认为保护好文物就是文物工作的唯一任务，这样就失去了革命烈士文物教育后人的内在价值，满足不了人们的精神需求，也不利于文物保护，同时也给捐赠人和纪念馆之间产生了不必要的矛盾。第二，就展览而展览，很多纪念馆在展览过程中不注重灯光、展柜以及周围环境对展品的破坏，尤其是很多纪念馆展厅仍然沿用日光灯进行照射，导致大批纸质文物上的文字图案产生脱色，逐渐消失，令人惋惜。第三，就研究而研究，纪念馆为了加强学术研究，经常反复性地提用文物，每一次拍照、翻阅，都是对文物的一次破坏。另外，基于缅怀先烈的严肃性，有些纪念馆陈列形式、色彩、内容常年不变，且设计单一雷同、形式老套陈旧、内容简单粗糙，不能给观众以心灵震撼与感动，教育意义得不到完美体现。

三、新时期革命烈士文物保护工作的对策

1. 多方位、多渠道，筹集保护经费

2008 年以来，全国各大博物馆、纪念馆相继免费开放，观众的剧增使得革命纪念馆在文物保护上亟须资金。国家民政部、文化部等多部门应积极协调，统筹规划，严格按照当前《关于进一步加强烈士纪念工作的意见》的要求，改革现有财政保障体制，争取中央财政和地方财政的支持，将革命烈士文物的征集、管理、保护、利用的经费列入各级财政预算。特别是加大对贫困山区革命纪念馆、纪念地的扶持力度，提升文物库房条件、陈展水平。革命纪念馆也应充分发挥其主观能动性，自筹资金，做一些公益募捐项目，宣传保护革命烈士文物的重要性、紧迫性和历史意义，吸引民间投资和老百姓的关注。

2. 多沟通、多宣传，做好征集工作

首先，由于革命烈士文物与烈士家属之间的特殊感情和联系，在征集过程中，纪念馆工作人员特别要做好人的工作。始终保持爱心、细心、耐心的工作态度，与烈士家属做好思想和感情交流，明确纪念馆是保存革命烈士文物的最佳场所，把亲人的遗物捐赠给国家会比自己保管更加安全可靠，其对社会的宣传教育作用可以得到充分的发挥。但对于暂时不愿捐赠的烈士遗物，一定要尊重其持有者的意见，绝不可强行征集。若情况允

许，可征得本人同意后，采取借展或复制后将其原件退回等灵活方式进行征集。其次，在征集烈士文物的同时要加强烈士事迹的收集，多与烈士家属、战友、同乡以及当地民政部门联络沟通，尽可能还原和丰富烈士的革命事迹。同时，纪念馆除出具捐赠证明并颁发证书外，对于一些烈士家属或单位有补偿要求且物品具有极高价值的，也可视其珍贵程度，发给捐赠者一定的补偿金。

3. 多形式、多举措，实现教育价值

革命烈士文物的陈列在安全第一、环境合理的原则下需要定期更新陈列内容，可以运用声、光、电高科技还原烈士生前环境，增强文物的故事性，摆脱枯燥乏味形式，使观众能产生身临其境的感觉，体会革命人的艰辛；要充分利用网络资源，采取网上革命文物展的形式，将珍贵的革命烈士文物配以图片和文字说明，讲述烈士事迹，让观众不出家门就可以缅怀先烈；要结合时代的要求，举行革命烈士文物临时展览或专题展览，深入学校、部队、社区，让烈士精神走入平常老百姓心灵；要配合党史、军史的编纂，与新闻出版、广播电视等部门联合出版、创作革命烈士文学、影视作品，在全社会营造弘扬革命烈士精神的氛围；要扎实做好目前正在进行的全国第一次可移动文物普查工作，把烈士文物在内的革命文物信息进行整合，建立文物档案信息管理平台，实现烈士文物的动态管理，为进一步实现其教育价值做好基础工作。

4. 多学习、多锻炼，加强队伍建设

在革命纪念馆日常工作中要注重对管理人员整体素质、技能的双培养。组织工作人员自身对烈士事迹和职业道德的学习，树立神圣感，提高责任意识和奉献意识；经常派遣工作人员参加各种文物保护培训班，夯实业务能

力，增强工作的主动性和创造性；引进文博专业或有文物修复资质的专家人才，使队伍专业化、高水平；经常"走出去、请进来"，加强与兄弟单位学习交流，引进先进管理理念，探索革命烈士文物保护工作的新思路。

参考文献

[1] 马建华，《革命烈士纪念设施的文物保护、宣传工作辨析》，《烈士与纪念馆研究》2012年第13辑，第86～104页。

革命纪念馆史料研究工作思考

内容提要

革命纪念馆史料包括文字史料、图像史料、报刊史料以及为纪念馆珍藏的能作为历史研究素材的所有资料。史料研究是纪念馆各项工作的基础，开展史料研究工作必须有相应的组织保障，建立行之有效的激励机制，创造团队合作的工作方式。同时，史料研究工作必须遵循正确的指导思想、掌握科学的研究方法，以马克思主义为指导思想，坚持历史唯物史观，牢牢树立史料观念，采取文物和文献研究有效结合、实物和理论研究相结合的方法。

关键词

研究　基础　组织保障　指导思想　科学方法

淮海战役纪念馆

贾萍

每个革命纪念馆都是通过一定数量、独具特色的藏品来展示革命史上的重大历史事件或杰出历史人物的。这里所说的藏品和历史学中的史料大致相同。包括文字史料、图像史料、报刊史料以及为纪念馆珍藏的能作为历史研究素材的所有资料。史料研究是纪念馆各项工作的基础。本文将从史料研究的重要性、研究主体的确立以及研究史料应遵循的指导思想和应掌握的方法三个方面阐述对纪念馆史料研究工作的思考。

一、史料研究是纪念馆各项工作的基础

早在1956年，全国博物馆工作会议就明确了博物馆的性质和任务：博物馆是科学研究机关、文化教育机关、物质文化与精神文化遗存或自然标本的主要收藏所。革命纪念馆是博物馆的一个分类，其研究功能也由此被确定下来。革命纪念馆的研究工作主要包括：对革命遗址、纪念建筑、馆藏文物资料及其保护技术和管理、陈列结构和表现手法、讲解艺术和心理效果等问题的研究；对于有关具体人物、事件、地方革命史的研究，以及纪念馆管理工作的研究。简单地说就是两大类：一类是纪念馆研究，研究对象是纪念馆的各项工作以及纪念馆和社会的关系，通过研究，总结出带有规律性的理论，为纪念馆的实践提供科学依据，其重要性主要体现在提高组织水平和增强适应能力。另一类是对馆藏文物资料的研究，也就是藏品研究或史料研究。藏品是人类认识自然和历史的重要资料，每个纪念馆都必须对自己收藏的物品进行研究，从中探索人类社会发展的规律。纪念馆正是通过藏品研究，使自己融入了人类探索自然与社会的科学活动中，得以跻身科学研究机

构的行列。如果说第一类研究成果由纪念馆自行消费，那么第二类研究成果则由整个社会共享。所以，藏品研究是真正体现纪念馆独特价值和科研性质的学术活动。近些年，纪念馆研究取得了丰硕成果，藏品研究工作相对薄弱。

当然，纪念馆并非只是为了证明自己是科研机构或者为了保住科研机构的头衔而开展史料研究工作，史料研究的重要性更直观地表现在它是陈列和教育等纪念馆其他工作的基础。埋墙基为基，立柱墩为础，基础是事物发展的根本或起点。史料研究工作就是纪念馆各项工作的根本和起点。陈列是把史料研究成果视觉化，社教是对史料研究成果的生动表达和广泛传播，二者都在史料研究的基础上开展工作。陈列的第一个步骤是对藏品进行全面、系统的研究，再结合相关文献材料，提炼出陈列主题；主题确定后，再对藏品进行有机的、符合教育学原则的组合。这里必须经过从史料中来再到史料中去的过程，有时这个过程还会反复。缺乏这个过程，就会出现主题先行或主题不准确的错误倾向，主题的提炼和藏品内涵的统一无从实现，也就不可能有高质量的陈列，通过陈列为观众提供真正具有水准的认识客体也就无从谈起。

在全国上下红红火火建设纪念馆的热潮中，强调史料研究的重要性无疑具有现实意义。应当说，没有史料研究的基础，或这一基础没有打牢，再华丽的纪念馆建筑和陈列也只能是墙上芦苇，昙花一现。近年来，革命纪念馆因具有唯一性和政治性，时常成为地标工程、政绩工程而受到各级政府的青睐，加上红色旅游和免费开放政策的推动，大批革命纪念馆纷纷加入新建或改扩建的行列。大多数纪念馆把场馆面积小、服务设施不完善、陈展手段落后以及对地区经济和旅游的带动等作为新建和改扩建的理由，当然这无可厚非，但深入思考会发现，拥有相当数量的藏品并且对藏品的研究有了相当的积累，才是建设一个新馆的先决条件，推动纪念馆大刀阔斧改陈的内在动力，是藏品征集和研究达到了新的高度，理论体系发生变化，基本陈列不能反映更先进的认识水平。缺乏这一基础性工作，只能导致"场馆盖起来，出门找文物"，或是"轰轰烈烈开馆，冷冷清清经营"，纪念馆的科学可持续发展也无从谈起。

二、开展史料研究工作的组织保障

当然，纪念馆从未否定过史料研究的重要性，很多国内外大馆因注重研究获得长足发展。日本国立民族博物馆早在20年前研究部人员就占到总人数的一半，研究项目多达百余个。侵华日军南京大屠杀遇难同胞纪念馆的成功改陈也是多年广泛搜集、潜心研究史料的结果。但更多的革命纪念馆史料研究工作呈现出先天不足、后天无力的状态。先天不足是指纪念馆组织体制存在先天缺陷，后天不足更多地表现在纪念馆人在浮躁功利的大环境下缺乏对事业的坚持。

20世纪50年代，中国博物馆事业开始起步。国家级大馆如中国历史博物馆、中国革命博物馆、中国人民革命军事博物馆相继建成。中国革命博物馆筹备时下设保管、陈列和群工三大部。三部制成为博物馆的组织雏形。各地在建设博物馆时，纷纷以三大馆为样板，工作组织也基本采取相同体制。尽管1956年全国博物馆工作会议明确了社会主义博物馆的性质和任务，即博物馆是科学研究机关、文化教育机关、物质文化与精神文化遗存或自然标本的主要收藏所。但是因缺乏相应的研究人才，许多馆在设立研究部之后又不得不撤销。1979 年，国家文物局制定下发的《省市自治区博物馆工作条例》规定，博物馆的业务机构应根据精简原则和本馆实际需要确定，一般可设立陈列、保管和群工等部门。三部制的地位在实际工作和现行法规中都被确立起来。这一组织体制存在两个问题。第一，未设专门的研究部门，史料研究没有组织保障。在三部制条件下，研究职能被划分在保管部。保管部的主要职责是藏品的保护管理、利用和研究。从名称来看，保管部的工作即侧重文物征集、鉴选、入藏、保管、编目等；从实际工作来看，保管部疲于藏品搬运、库房整理、建账编目，很难保证对藏品的研究；从考核机制来看，实行文物安全一票否决制，文物安全是悬在保管部头上的达摩克利斯剑，这让保管部如履薄冰。同时，保护、管理和研究属于三种不同的工作范畴，可以说是三门学问，各有其工作方法和理论架构，尽管有联系，却很难在一个部门统一起来，要想同时开展三项工作绝非易事。第二，三部制分工细化，工作单调，一些专业人员被固定在本部门范围规定的工作上，很难跨越部门开展研究活动。理论上科研工作和研究者身份没有必然联系，不在研究部门的人员也可以进行研究。但实际上三部制导致三个部门三足鼎立，割裂了纪念馆业务工作的系统性，出现搞保管的不管布展、搞宣教的不做展览、搞陈列的两头不管的现象，甚至使各项工作对立起来，文物的保和用、史料的垄断和反垄断等问题应运而生，要想跨越部门搞研究困难重重。即使个人开展了研究工作，但这种出于个人爱好或为职称评定而开展的研究，带有明显的局限性，很难达到对史料进行系统、全面的研究。因此，在三部制的组织框架下，无论职责所在还是兴趣使然，对于史料研究，似乎每个人都心存感叹：想说爱你不容易。

随着博物馆事业发展的外部环境不断变化，许多专家学者对三部制的优劣进行了深入探讨，但三部制体现出的对中国博物馆事业管理体制的适应性，特别是对现行政治制度和人事管理制度的适应性，表明这一管理体制仍将长期存在。要打破部门局限，开展研究工作，需要得到领导的高度重视，建立行之有效的激励机制，创造团队合作的工作方式，这些都需要做深入细致的工作，这将是一个长期和艰巨的工作。

三、史料研究必须遵循正确的指导思想、掌握科学的方法

首先，必须以马克思主义为指导思想，坚持马克思主义的历史唯物史观。马克思主义是迄今最科学、最完整、最深刻的历史哲学体系。在杰出历史人物和重大历史事件的研究中，必须坚持马克思主义的历史唯物史观，有了这个正确的指导思想，才能从纷繁复杂的现象中探索事物的本质，找到解决问题的最好途径，推动研究工作的开展。以马克思主义的历史唯物史观为指导，就应当确立社会的存在和发展是由历史发展而来、社会存在和发展离不开历史、社会和历史存在着必然的继承和发展关系的观点，就应当确立人民群众是真正的英雄的观点，实事求是地、辩证地对其历史背景、历史进程和杰出人物的历史活动作出具体分析，使研究工作朝着正确的方向发展。

此外，要搞好纪念馆史料研究必须牢牢树立史料观念。纪念馆馆藏观念根深蒂固，所谓馆藏暗含两层意思，一是为我馆独有，二是真实原始。很大程度上，纪念馆的研究是针对馆藏文物而言的。当然，实物性是纪念馆的特

征，拥有一定数量的文物是纪念馆的立身之本，注重文物研究无可厚非，但这一理念和以此为基础设定的文物管理体制都给史料研究工作带来诸多不便。在很多纪念馆里，史料被分成三部分：文物、参考资料和图书资料。文物是原始物品，参考资料大多是复制件、复印件、报刊资料以及回忆文章，图书资料以出版物为主。这是一种身份管理体制，各种身份各成一体，进行个体、孤立的个案研究可以勉强应付，但要想进行系统、深入的研究，有时需要研究人员从头做起，耗费大量的精力。实际上，无论文物、参考资料还是图书资料，只要是可以据以为研究或讨论历史的，都是我们研究的素材。史料管理只有实现从身份管理到信息管理的跨越，才能从理念和操作上，为开展这一工作点亮绿灯。

要搞好史料研究还应做到两个结合，即文物和文献研究有效结合、实物和理论研究的结合。只有这样，才能实现真正意义上的史料研究。文物史料和文献史料在历史研究特别是革命史研究中同等重要。没有相应的文献资料，缺乏对背景的了解，要充分研究文物非常困难，同样，文献资料具有的推论性质由于文物的发现和研究而赋予了实证的色彩。所以二者相互补充，相互印证，共同丰富和深入着历史的研究。同时，任何理论问题的完善都要依赖大量的、经过审查过的、被充分地掌握了的历史资料。而任何史料研究都是在理论指导下开始的，研究的结果可能使理论得到印证，也有可能推翻或修正了研究开始时的理论或观点，这就是史料研究工作的程序。

除了两个结合以外，纪念馆的史料研究还应注重整合馆内外的研究成果和研究力量。要把全面搜集社会上关于纪念馆史料的研究成果、邀请馆外专家学者合作研究作为日常工作来抓。科学地制订和选择研究课题，定人、定时作出专题报告，及时将研究成果汇编出版，反映到各项业务活动中去，并努力促成研究成果的产业化。

综上所述，搞好革命纪念馆史料研究工作必须强化认识、提高素质、改革机制，说来容易，做起来或许要经历漫长的过程。也许，当纪念馆建馆可研报告、经费申请报告中更多地出现史料研究的字样并因此被有关部门批准，当全国博物馆、纪念馆研讨会更多地以史料研究为主题，我们才能真正迎来纪念馆史料研究工作的春天。

浅谈藏品向展品的转化

内容提要

2013 年岁末，苏州博物馆以"文徵明特展"为契机，邀请了数十位媒体人和博物馆微博粉丝，以"博物馆社会化参与"为题召开了一期小型的艺术沙龙。会上，大家围绕展览畅所欲言，对"文徵明特展"的选题设定、组织策划、配套活动等开展了充分讨论。会后，《东方早报》进行了专版报道。这正是今年"5·18"国际博物馆日主题"博物馆藏品架起沟通的桥梁"的一个鲜活案例。"博物馆社会化参与"除了博物馆积极地构建与社区、与民众的对话之外，以藏品为基础的公众参与也是不可或缺的内容。"当藏品变为展品"，可以看到博物馆、志愿者、观众、媒体等众多个人和机构都热情地参与其中，这对于以某个主题或某类信息组合藏品的展览策划大有裨益。

关 键 词

藏品　展品　社会化参与　文徵明特展

苏州博物馆

谢晓婷

2008年，中国的博物馆开始步入免费开放时代。大批人潮的涌入不但促进了博物馆不断提高对外开放服务的质量，也推动了博物馆开始深层次的改革。展览，这个既直面观众，又体现博物馆研究水平和馆藏实力的"文化产品"，也慢慢开始了它的变革。

苏州博物馆于2012年正式启动"明四家"系列学术展览，首展"石田大穰——吴门画派之沈周特展"取得了一定的社会效应。据展览观众抽样问卷统计，96.39%的观众对展览表示了认同；观众流量管理系统统计，参观人数比同期增长了约20%。"衡山仰止——吴门画派之文徵明特展"作为"明四家"学术展览的第二期，更是在展品数量、展示空间、展览时间等方面有所提高。对于非旺季的苏州博物馆而言，3个月的展期迎来了30余万的观众量和100余万的文化产品销售额，这不得不说是一个令人兴奋的成绩。

"衡山仰止——吴门画派之文徵明特展"汇集了海内外22家文博机构的74件藏品。展品选择了文徵明早、中、晚期的代表作，全面反映了文徵明书画风格的变化历程。但是，出现在本次展览中的苏州博物馆藏品仅有4件，如果从这一角度来归纳展览成功的原因，以藏品为基础的博物馆的社会化参与对于展览策划的重要性不言而喻。

"博物馆的社会化参与"其实可以分为两个层次来考量：一是博物馆积极地构建与社区、与民众的对话。2013年国际博物馆日的主题是"博物馆（记忆＋创造力）＝社会变革"，其实就是在强调博物馆这一层面的职能。公众是记忆的主体，博物馆创造了记忆的环境，让观众产生印象，并通过脑力活动转化成记忆。作为博物馆，应该要不断地思考如何将记忆和创造力结合起来，而这两者的结合是为了社会的变革，让社会和人都有积极的变化；二是公众积极地参与博物馆的各项业务工作，与博物馆形成互动。这种社会化参与可以是多角度、全方位的，包括很多方面，比如智力的支持、舆论的支持、资金的支持等。但是这种参与需要一个联系纽带，这个纽带其实就是博物馆的各项业务工作，可以是展览，可以是教育，也可以是出版物或者文化产品，但是究其根本，则是博物馆藏品。

由于篇幅所限，本文仅结合 2013 年苏州博物馆举办的"衡山仰止——吴门画派之文徵明特展"，对博物馆社会化参与的第二个层面进行简单的剖析。

一、基于藏品共享的馆际合作

2012 年，中国博物馆协会博物馆学专业委员会以"原创性展览"为题举办了一次研讨会。笔者在同期举办的学术研讨会上也撰文认为，原创性展览的关键不在于藏品的归属，而在于组织展览的过程。在展览过程中，展览主题的提出、展览内容和形式设计的确定、辅助展品的制作等是否由本馆工作人员独立完成，展览是否具有学术性、思想性、艺术性等因素，是认定一个展览是否具有原创性的关键。

在"明四家"学术展览之前，苏州博物馆已经开始了自己的探索。"择厥吉金　自作御器——吴国王室青铜器特展"作为 2010 年中国文化遗产日主场城市活动，整合了上海博物馆、南京博物院、湖北省博物馆、安徽省博物馆、盱眙市博物馆等多家博物馆馆藏资源。2011 年，"此君集此　高呼与可——历代文人画竹珍品特展"以征集的"过云楼"旧藏赵天裕、柯九思、赵原、顾安、张绅、吴镇六家墨竹卷《七君子图》和王翚《水竹幽居图卷》

为话题，引发"历代文人画竹"专题研讨会，同时综合馆藏写竹题材，并力邀上海博物馆、辽宁省博物馆、南京博物院、天津博物馆等四家庋藏珍品书画裹与其中。

相对于器物展而言，画展，尤其是古代绘画展，其实非常难办。简单的方法，可以把画一挂，随便观众是否接受，也可以称之为一个展览，不用大费周折。但是，作为一个公共文化机构，博物馆具有"提高民众艺术素养"的社会使命，因此，博物馆举办的画展就不应该是一个简单的挂画行为。展览必须要有自己的主题，内容必须围绕主题，设计必须迎合主题，而更多展览外的服务和活动必须契合主题，并且更好地阐释主题，真正能让观众看懂主题。

为此，展览的主创人员对于文徵明进行了长期而深入的研究，包括他的绘画风格、师承渊源、个人经历以及性格特点。在不断学习的过程中，主创人员将展览的主题定位为"呈现文徵明书画风格的变化历程，反映苏州文人文化和城市生活"。为此，在展品的选择上侧重于挑选文徵明早、中、晚期的代表作，侧重于挑选文徵明各种风格的作品。不同书体的作品，而在这些作品的基础上，侧重于挑选能反映文徵明诗文造诣，能反映明代文人生活和城市生活的作品。因此，诸如既能反映文徵明青绿特色又能反映明代苏州城市面貌的《浒溪草堂图》卷、既能反映文徵明文学造诣又能代表他行书特色的《行书自书诗》卷等一系列重要作品就映入了主创团队的眼帘。但是，回到主题，苏州博物馆仅有4件文徵明作品。馆际合作在此时此刻就显得尤为重要。

当今，衡量一家博物馆的实力，藏品的拥有量固然是一个方面，对于藏品的利用率也是重要的考核指标。当然，博物馆人可以通过各种方式来提高藏品的利用率。比如，定期更新基本陈列、组织临时展览、开展巡回展览、将藏品信息数字化、策划丰富多样的教育活动等等，这些都是对于本馆而言。对于馆际之间，借展和换展也是提高藏品利用率的一个很好的方式。

"衡山仰止——吴门画派之文徵明特展"汇集了包括苏州博物馆在内的22家文博机构的74件藏品。其中，包含美国檀香山艺术馆、美国耶鲁大学文物馆、香港中文大学文物馆藏4件境外展品，能让如此多的文徵明作品回归到他的出生地苏州展出，这本身就是一件非常不容易的事情。因此，可以说，当博物馆的藏品变成了某家博物馆的展品之后，博物馆与博物馆之间就产生了密不可分的联系。如果说，2012年部分博物馆人还在为原创性展览中的展品究竟应不应该是自己的馆藏而纠结时，现今，通过构建展览主题，将契合展览内容的藏品组织起来，策划一个主题鲜明的展览，已是大势所趋。

当然，这样的展览，得益于客观条件的先期具备。原来，博物馆的藏品相对独立，除了博物馆简介的寥寥数语，几乎没有渠道得知博物馆的馆藏。现今，随着博物馆研究水平的不断提高，博物馆的出版物也日益增多，加之新媒体的发展，各馆藏品数据库的不断开发和完善以及博物馆人心态上的转变，博物馆的馆藏信息越来越多地向公众开放。这样，通过不断深入挖掘藏品信息，通过藏品的组合来构建展览的模式也越来越被诸多博物馆所接受。让观众能够在一次展览的参观过程中看到不同博物馆的藏品，这对于博物馆藏品利用率的提升而言，无疑具有十分重要的意义。

不仅如此，基于藏品共享的馆际合作已经突破了展览交流的层面。在同期举办的国际学术研讨会上，香港中文大学文物馆和美国耶鲁大学文物馆的两位研究员分别以各自馆藏为题发表了主旨演讲，一些新史料的发现和利用，使文徵明的形象变得越来越丰富，为学界重新认识文徵明及其作品提供了重要的依据。

二、以观众体验为指向的展品阐释

在 2012 年举办沈周特展时，为了更好地了解观众的观展感受，便于展览组织策划的进一步提升，主创团队在展览期间开展了为期两个月的观众问卷调查。通过人工发放和回收问卷的方式，调查人员在馆内随机抽取了部分观众作为调查对象，共回收有效问卷 279 份，通过对有效问卷的数据统计，形成了内容详尽的《观众调查报告》。在策划文徵明特展时，根据《观众调查报告》，对沈周特展的某些欠缺部分做了及时的调整。

《观众调查报告》指出，观众的建议主要集中在两个方面：一是对于展品的诠释不够；二是配合的教育活动和文化产品不够丰富。所以，在文徵明特展时，主创团队做了部分调整。

1. 个性化的新媒体阐释方式

博物馆人在设计古代艺术展时常常面对这样的矛盾——观众对题跋和印章等需要大量古文知识背景的内容有释读的需求，但在形式设计过程中，设计师又要充分考虑说明文字的大小与整体设计的美感。如何解决这样的矛盾，把信息完整地传递给观众，新媒体技术给展览提供了现实的可能。

本次文徵明特展，项目组主要在两个方面采用了新媒体技术以增强观众的观展体验。一是针对到馆参观的观众，特别采用了两台大屏的触摸屏，把展览的背景知识和展品中难以观察到的细节等内容向现场观众进行全方位的展示；另外，现场观众还可以通过博物馆的手机 APP 和微信对每件作品的详细信息进行全面的了解，在观展时进行自助导览。二是针对馆外观众，在博物馆的官方网站上开辟了文徵明特展专栏，全面介绍展览进行的情况，展示了所有展品的详细信息，并且在网站上搭建了虚拟展厅，让观众可以在馆外就能够如临其境地了解展览的现场。

2. 互动体验增加展示过程的趣味性

本次展览的定位是要表现文徵明是一个诗、书、画、帖、印各方面皆能的全才。为了让观众在观展的同时有更好的体验，项目组首次将展览与教育紧密结合，融趣味性、互动性、学术性于一体，在展厅特别开辟了互动区域——"走进文徵明的翰墨世界"。

互动区按照明代文人书房样式进行复原式陈列，同时将辅助展品、绘本学习、书画体验、多媒体互动等结合，让观众能身临其境地体验文徵明的笔墨情趣与诗情画意。进入互动区域，观众可以在苏州相城特产"金砖"上临摹文徵明《四体千字文》，翻阅文徵明的诗文集《甫田集》，欣赏文徵明的家刻《停云馆帖》，阅读以文徵明《桃源问津图》为蓝本制作的绘本，了解陶渊明《桃花源记》的来龙去脉，甚至还可以用传统山水画的构图方法，在实物展台上拼出心中的"桃源"美景，并通过互动投影仪投射到书房屏风上。此外，观众还可以用文徵明的印章留念，或者预约参加文徵明碑帖的拓印活动，以全新的角度诠释展览。

3. 文化产品打造永不落幕的展览

博物馆文化产品作为博物馆文化传递的延伸起到了重要的作用。配合文徵明特展，并依据不同观众的不同接受程度，项目组一共研发及引进了10种52款不同价位的低、中、高档产品，并特别在展厅出口处和中心商场开设了文创产品专柜，在淘宝官方网店开辟文徵明特展专栏。通过文化产品的开发和销售，让观众在欣赏展览之余将带有展览元素的文化产品带回家，打造一个永不落幕的展览。

在文化产品的开发和设计上，项目组首先精挑细选了与文徵明研究相关的12种图书，如英国牛津大学教授柯律格的《雅债》、美国学者高居翰的艺术史系列丛书等，作为展览的背景资料，供观众购买研究。同时，还配合展览开发了一系列兼具实用性和趣味性的文创产品，有成套明信片，观众可以购买后盖上展厅内特别制作的印章，有利用文徵明印章开发的水杯"衡山杯"。此外，项目组还制作了一款特别的礼品——"文衡山先手手植藤种子"。因为苏州博物馆内有一架紫藤，正是拙政园设计师文徵明亲手所植。项目组采集了"文藤"种子，制作成文化产品，在展览开幕式上赠予在场的所有嘉宾，并同时限量发售，期待海内外观众能将"文脉"延续至五湖四海。

三、深度挖掘藏品信息，提升媒体对于展览的兴趣

较早之前，博物馆被定义为学术研究机构，藏品保管和学术研究是其主要职能。但是随着民众日益增长的文化需求，博物馆的形式与功能也发生了极大的变化，博物馆的职能、使命、运营模式与行政制度日益多样化，社会教育和休闲旅游逐渐成为博物馆人关注的兴趣点。同时，博物馆员工的教育背景也日益多元化，从考古、历史、博物馆学开始逐渐出现教育、计算机、美术、市场营销等等。伴随着这些变化，博物馆展览也从单纯的展示藏品，逐渐演变到通过某个主题或者依据某类信息串联藏品，从简单的展览本身，

逐渐演变到以展览为核心其他工作相配套的复杂项目。

与沈周特展不同的是，对于文徵明特展，苏州博物馆首次实行了项目责任制，项目下设展览小组、图书研讨会小组、社会教育小组、宣传小组、新媒体小组、志愿者问卷小组、文创小组，每个小组都由专人负责，各小组根据工作需求，围绕展品推进项目策划，项目负责人根据项目进度定期召开协调会，及时沟通项目进展。这样的运作模式既高效地解决了相关信息的流通，又从不同角度对藏品信息进行了深度挖掘。

根据统计，文徵明特展共有 37 家媒体进行了报道，宣传报道数量 40 余篇，其中专版报道近 10 篇。这得益于宣传小组的前期策划。比如，在"5·18"国际博物馆日召开媒体见面会，对外发布借展信息；在展览开幕前三个月通过微博、微信、APP、手机网站等自媒体对外推送展览准备情况和展品信息；在布展和撤展期间，邀请记者对各家博物馆布展、撤展人员进行采访，介绍各自馆藏作品；在换展期间，邀请部分媒体人参加艺术沙龙等等。可以说，对于藏品信息的深度挖掘，提升了媒体对于展览的兴趣，促使媒体在展览的策划、沟通、实施、开展、换展和收官阶段均能保持高度的关注和热情，帮助博物馆更好地宣传展览。

四、志愿者的全程参与成为展览的亮点

对于现代博物馆而言，公众参与是不可缺少的，志愿者在其中恰恰扮演了最为恰当的媒介。志愿者是博物馆与公众之间的桥梁。他们来博物馆的目的多种多样，也许是喜爱某一类馆藏，也许是喜爱博物馆的建筑，也许是喜

爱历史文化知识等等，不论怎样，志愿者对于博物馆的热情明显高于普通观众。

志愿者全程参与文徵明特展是本次展览的亮点之一。全程参与包含了三个方面：一是展厅讲解，一是社区讲座，一是问卷调查。展厅讲解是为了让观众在参观的同时，更好地了解展品特征及其所蕴含的文化背景与内涵。特展期间，志愿者为观众提供免费讲解近150场。社区讲座是将最为基础和浅显的展览内容带到观众身边，为社区居民提供了解展览的最初途径。展览期间，志愿者携带文徵明展览的相关介绍和资料，进入苏州各学校、企业和街道等15家不同类型的社区，参与听众超过1200人。问卷调查是了解观众参观之后的感受和想法，为展览的改善提供更加准确科学的数据支持。

当然，以藏品为基础的博物馆社会化参与还包含了很多方面。比如，企业对于展览的资金支持等等。可以看到，当藏品变为展品，如此多的个人和机构都热情地参与了进来。可以说，藏品架起了博物馆与公众沟通的桥梁，这就是博物馆藏品的魅力所在，也是在博物馆工作的魅力所在。

浅谈县区级博物馆藏品的开发和利用

内容提要

本文以藏品征集、展览和藏品研究等三个方面为切入点，结合吴江博物馆的工作实际，对县区级博物馆如何进行藏品开发和利用阐述了自己的观点。

关 键 词

藏品征集　展览　研究　开发和利用

吴江博物馆

崔瑛　陆青松

博物馆有收藏（收集、保护）、研究和教育（传播、展览）三大职能，而这三项工作的开展，均离不开藏品。博物馆不仅要扩大藏品的数量和种类，还要对藏品的历史、艺术价值进行科学而准确的判断，同时藏品还要通过展览、宣传等形式来发挥它们的经济效益和社会效益。如果不对藏品加以宣传，不积极加以利用，大多数珍贵藏品只能深藏库房，无法与观众见面，那么藏品的自身价值和社会价值也就无从谈起，博物馆也将失去它的公众吸引力。正如英国作家K·赫德森在他的《八十年代的博物馆——世界趋势综览》一书中提到："正在成为碎片或不许人们观看或研究的藏品，实际上是不值得拥有的。"[1]

如何开发和利用藏品，是博物馆的立馆之本，也是博物馆事业的意义所在。博物馆藏品开发与利用有利于增加藏品数量、挖掘藏品信息、提高藏品利用率、增加藏品利用途径、发挥博物馆的教育职能，也是为了使博物馆更好地开展日常业务，服务社会主义精神文明建设，服务于和谐社会的建设。

从目前的情况来看，我国大多数博物馆藏品的开发和利用不高，这已经成为一个不争的事实。[2]像国家博物馆、故宫博物院这样的顶尖级博物馆，藏品丰富，系列完备，开发和利用率尚且不高，那么藏品不多且不成系统的县区级博物馆又该怎么办呢？笔者在吴江博物馆工作多年，拟结合吴江博物馆本馆的实际，谈一谈如何对县区一级的博物馆藏品进行开发和利用。

一、藏品征集是博物馆藏品开发的前提

藏品征集对藏品利用而言，是一个基础条件。举办陈列展览、进行文化

交流和科学研究等活动都需要一定数量和质量的藏品。藏品征集工作开展得好了，藏品数量才能得以增加，藏品利用才能顺利进行。

新中国成立以来，我国博物馆的藏品征集逐渐形成了社会征集、考古发掘、专题征集和标本采集等四种形式，其中社会征集包括调拨、移交、收购、捐赠和馆际交换等五种形式。但是随着市场经济的逐步深入，人们的经济意识增强，一纸公文和行政命令的方式在藏品征集中已经难以发挥其有效的作用。此外，考古机构与博物馆分离，考古发掘品大多被各级考古所收藏，所以博物馆通过考古发掘增加藏品的几率越来越小。在这种情况下，探索藏品征集方式的多样化已经成为博物馆增加藏品的当务之急。

近年来，吴江博物馆积极拓宽藏品征集的渠道，取得了丰硕的成果。藏品征集的渠道主要有三：一是依靠财政专项拨款，通过拍卖竞拍、私人征集等手段，购进了许多反映吴江历史和文化的艺术品，如40多件南社社员和吴江籍名人书画作品等都是通过这一方式征得的。在这些征集品中，有很多精品之作，经过鉴定，获得了应有的文物等级。二是考古发掘。近十年来，吴江地区的考古工作取得了长足的发展，有许多遗迹和墓葬被发现。尤其是同里、梅堰、龙南三个遗址的发现，使吴江史前文明有了清晰的考古学发展序列，把吴江的历史提前了几千年。此外还有一些零散的发掘品，如碑刻等，具有补正地方文献的作用。在一些政策的保证下，这些与吴江有关的出土文物在经过严格的发掘和登记之后，大部分由我馆收藏和保管。三是民间收藏家的捐赠。吴江地区有得天独厚的条件，这里的人们生活比较富裕，文化素质较高，刺激了民间收藏的热情，出现很多财力雄厚的民间收藏家。尽管他们的收藏品庞杂，但是他们的一些捐赠品正在逐步弥补着我馆藏品种类少的缺憾。如著名钱币收藏家吴根生先生于2001年向我馆捐赠的万余枚钱币，上自春秋战国、下至近现代，其中不乏珍品和孤品，极大地丰富了我馆的钱币收藏。又如2011年我们征集到90多件铜香具，弥补了我馆铜器收藏的缺憾。

吴江历史悠久，人才辈出，涉及政治、艺术和文学等各个领域，他们留下的书画作品以及其他遗物，本身就是地方历史文化发展的反映。所以，我们在征集藏品时，目的非常明确，就是重点征集那些与吴江有关、具有吴江浓郁地方特色的藏品，逐步形成具有地方特色且系列比较全的藏品。通过多渠道的征集，加上原有馆藏，我馆已经基本形成了几个具有地方特色的藏品系列：吴江史前文明出土文物、春秋战国青铜器、古钱币、南社社员书画、明清名家书画、吴江籍名家书画、杂件等。

近现代文物承载着历史的延续，它们的价值也是非常重要的，如不对其加以保护，一些具有历史意义和价值的珍贵文物很可能会失去。青岛是闻名全国的纺织工业城，曾享有"上青天"的美誉，1998年，青岛纺织压锭"第一锤"敲响后，工作人员因不知将锤交往何处收藏，这件见证了青岛工业结构重大调整的重要物证，只好暂时放置在废弃的锅炉房中，当两年后青岛博物馆登门征集时，"第一锤"已是芳踪难觅。[3]有鉴于此，我馆开始有计划地征集近现代文物，也有所斩获。如我馆最重要的近代文物——六尊太平天国时期的铁炮，其中还有两件刻有英文。这六尊铁炮，为研究太平天国的历史提供了珍贵的资料，而且有助于近代中外关系史和军事史的研究。

近年，我馆还接受了民间收藏者捐赠的计划经济年代发行的5000多张票证、10000多枚成套的毛泽东像章以及当代名人字画等，形成了我馆最重要的现当代藏品。尽管票证、像章在市面上常见，但零零散散，不成系统。

我馆馆藏的票证种类较多，涉及粮食、布匹等多个领域，比较系统，可见这位民间收藏者是花了很多心思来收集的。票证还有着很高的历史价值，因为它们记录了时代的变迁，浓缩了中国计划经济的社会生活。作为计划经济时代的特殊产物，小小票证虽只有方寸天地，却记载着共和国的成长与变革，是中华民族变革的历史见证。重温票证岁月，从票证所代表的物资匮乏的计划经济时代再到物质极大丰富的今天，人们可以感受到改革开放三十多年生活的巨大变迁，它们的价值是不言而喻的。毛泽东像章，则展示了毛泽东领导中国人民取得胜利的光辉一生。对公众，特别是广大青少年，进行革命传统教育具有积极的意义。

吴江地区的近现代名人众多，通过近些年的搜寻以及名人后裔的捐赠，我馆搜集的名人遗物开始增多起来，其中就有中国著名社会学家费孝通和近代著名社会活动家杨天骥等人的手稿、著作以及衣物等珍贵的物品，这对于宣传吴江的城市形象、推动地方文化乃至一些学科的研究必将起到不可估量的作用。

二、多样化的展览是提高藏品利用的重要途径

藏品利用是指利用藏品和藏品信息服务社会，包括博物馆举办陈列展览，进行文化交流，以及为科学研究服务，为社会提供藏品信息检索服务等活动发挥博物馆的知识传播和教育职能。

长期以来，博物馆一项陈列展览的推出，往往出自博物馆专业人员在学术上的良好愿望，以严密的科学体系为蓝本，强调学科的完整性和学术性。

但是，博物馆的教育和知识传播与学校教育之间存在着巨大的差别，它们分属于不同的体系。所以博物馆不仅要重视藏品，更要重视观众的体验和感受，重视观众的娱乐需求。我们以农民和一般人群为例。对于这些观众，一些藏品或许是一种高雅的东西，是"阳春白雪"，要想发挥藏品的教育作用，就得有的放矢，在宣传、服务方法上下工夫。有鉴于此，我馆的做法是：把馆藏的部分文物拍成照片，绘制成图画，加以文字说明，制作成宣传版面，深入社区、学校和乡村巡回展出。文字说明尽量满足知识性和趣味性，内容浅显易懂，用此种方式向他们介绍本地悠久的历史和宝贵的文化遗产，发挥县区级博物馆在乡土教育、革命传统教育中的作用。

近年来，我馆立足于馆内实际，充分挖掘特色藏品，在临时展览上做文章。因为临时展览形式灵活多变，选题时代感强，加上陈列周期短、所需资金少，是各级博物馆提高藏品利用、发挥教育职能的好办法。到目前为止，我馆已经有了多个临时展览的主打品牌，如"南社社员书画展""吴江馆藏历代吴江籍画家山水画展""吴江馆藏吴江籍画家花鸟精品展""明清书画精品展""馆藏历代廉政楹联展"等，这些展览在本馆展出后，引起了巨大的社会反响，被许多省内和临近省份的博物馆所引进。同时，我馆还积极挖掘其他藏品，通过不同的陈列组合方式，尝试着举办了几个小型的临时展览，初步取得了一定的社会效益，发挥了博物馆的教育与宣传职能。如利用我馆收藏的神祇图，配合春节这一喜庆的节日，成功地举办了"神乎其神——吴江博物馆藏清代《天神图》展"。展览虽小，但是加深了人们对江南地区民间神祇信仰文化的认识。我馆还把2000年以来征集的物品放在一起，按照物品类别，举办了一次"征集文物捐赠展"，集中展示了我馆在征集工作中的成绩，同时也宣传了国家的文物政策。

有这样一类藏品，因为数量少而无法进行专题陈列。其实，只要改变工作思路，这个难题是很好解决的。那就是多搞一些馆外陈列，与其他馆联合办专题展览，目前全国已经有很多成功的省内合作和跨省联合的案例，其中一些县区级博物馆也加入其中，所以很值得其他县区级博物馆来借鉴。

2013 年 10 月 18 日，"丝路帆远——海上丝绸之路文物精品联展"在福建博物院开展。它的成功之处，在于联合了江苏、浙江、福建、山东、广东、广西和海南等海上丝绸之路沿线的七个省区共 45 家博物馆。该展览开创了新的馆际跨省联合办展的方式，成为国内规模最大的"海丝"文物巡展。[4]

2014 年 2 月 25 日，由首都博物馆和江西省博物馆共同举办的"赣水流韵·辉耀千载——江西古代文物精品展"在首都博物馆开展。本次展览精选了江西省博物馆及江西省文化厅下属多家博物馆的文物精品，共计一百六十余件（套），涵盖青铜器、陶瓷器、玉石器、金银器、丝织品和书画作品等。这是一个省内联合展览的成功案例。

早在 2013 年 6 月 18 日，由浙江长兴博物馆牵头，联合德清、余杭、湖州、南浔、苏州、吴江、广德等市县区博物馆、文保所联办的"镌石印痕——环太湖历史碑刻拓片精萃"展在长兴县博物馆隆重举行首展仪式。该展览共展出了环太湖地区博物馆、文保所保存的汉代至民国各类历史碑刻 81 通共 97 幅，涉及的领域有政治、军事、社会、经济、文化、科技、民族、艺术等多方面，成为跨地区联合办展的一个成功范例。通过此次展览，我馆馆藏的碑刻得到了充分的展示。

今后，我馆还会继续探索这种联展方式，以便把更多的藏品介绍出去，把它们的价值宣传出去，让它们走出吴江、走出苏州。

三、藏品研究是藏品利用的另一种途径

藏品研究不够全面深入是藏品利用的一大障碍。藏品是一定历史时期人类社会活动的产物，无不具有时代特点，是一定历史时期社会生产力、生产关系、经济基础、上层建筑以及社会生活和自然环境状况的反映，具有历史价值、艺术价值和科学价值。对藏品进行深入研究，挖掘其所蕴含的历史、艺术、科学信息，不仅是博物馆工作者专业水平的重要体现，也是利用藏品所蕴含的信息服务社会和发挥传播、教育职能的重要前提。所以，改变博物馆面貌、有效地利用藏品，首先应重视学术研究，对馆内藏品进行多方面的研究。

对馆内藏品进行科学研究也是藏品利用的另一种途径。对于无法直接见到实物的人来说，从研究成果中获取某些所需的信息是最方便的方法。这样，藏品利用的范围就扩大了。因此，要鼓励专业人员研究馆藏的一些有特色的藏品和典型藏品。藏品来源复杂，种类繁多，价值不同，有的艺术价值突出，有的历史价值突出。所以要全面深入地认识藏品，区别真伪，分清优劣，断定年代，划分等级，科学定名，挖掘藏品的价值，使藏品变成活化的知识。这样才能为展陈的多样化提供高质量的实物例证，从而提高博物馆的社会地位。

近年来，我馆在藏品研究方面取得的一定成果，发表了一些相关的研究文章，还出版了《吴江文物菁华》《吴江新石器时代陶器纹样纹饰集萃》《笠泽华章——吴江历代画家精品集》《纪念杨天骥先生逝世五十五周年作

品集》等书籍，对藏品资源的社会利用和宣传有一定帮助。目前，我馆正在整理，准备出版《吴江馆藏历代画家作品集》和《吴江馆藏历代书法作品集》等书籍。应该看到，相对于其他同级博物馆，我馆的科研力量还相当薄弱，一些藏品的价值还没有得到充分的挖掘，有些藏品的研究还只是属于起步阶段。为了更好地开发和利用藏品，藏品研究应该是县区级博物馆今后着力加强的工作。

总之，在我国全面深化经济、政治和文化体制改革的情况下，博物馆必须要从馆藏品的开发和利用上做文章，做好藏品的征集和研究，扩展陈列展览的思路，多推出一些小而精、专题性强的临时展览，加强博物馆的宣传工作。这是发挥好县区级博物馆职能的重要途径。

参考文献

[1] 肯尼斯·赫德森著，王殿明等译，《八十年代的博物馆——世界趋势综览》，北京：紫禁城出版社，1986 年，第 180 页。

[2] 徐俊平，《博物馆藏品利用存在的问题及对策》，《中原文物》2001 年第 3 期。

[3] 史韶霞，《对博物馆藏品征集工作的思考》，《博物馆研究》2006 年第 3 期。

[4] 汪震、曾凌颂，《丝路帆远——"海上丝绸之路"文物精品七省联展陈列述略》，《中国文物报》2014 年 2 月 19 日。

浅谈博物馆藏品研究的重要意义

——从国外博物馆藏品研究案例说起

张家港博物馆　曹玲玲

内容提要

　　博物馆作为文物收藏机构，从来就不仅仅是一个收藏"死去"文物的地方；要使文物"复活"，需要进行细致的研究工作。博物馆的最大魅力在于通过藏品研究释读人类社会的历史与变迁。

　　本文通过对大英博物馆和美国大都会艺术博物馆藏品研究情况的介绍与分析，指出藏品研究的重要地位，同时在总结前人研究的基础上概括了国内博物馆藏品研究的主要内容，并就如何加强藏品研究提出几点认识。

关 键 词

　　藏品研究　大英博物馆　大都会艺术博物馆　案例分析　重要意义

一、国外博物馆的藏品研究案例分析

公元前 3 世纪，埃及亚历山大城成立了一所庞大的博学园，以研究学术、传播与发展希腊文化为主要目的，博学园内设立图书馆、动植物园和研究所，并收藏珍贵文物。现代意义的博物馆则是在 17 世纪后期才出现。作为西方文化的产物，欧美地区的博物馆对藏品研究的重视一直有着优良的传统，最为人乐道的就是丹麦国家博物馆馆长汤姆森与他的藏品研究。汤姆森通过对丹麦国家博物馆杂乱无章的藏品的研究，提出了著名的石器时代、铜器时代和铁器时代前后相继的三期说，随后该馆根据他的这一研究成果，将展品进行重新陈列并对外开放，引起巨大反响。紧接着，该馆陆续出版发行了《北欧古物导论》《北欧古物指南》，对汤姆森的藏品研究成果进行宣传，使得汤姆森的研究成为近代博物馆学研究的重要里程碑，同时深刻影响了此后世界范围内博物馆的藏品研究。

1. 大英博物馆的藏品研究

大英博物馆是英国国家博物馆，位于英国伦敦新牛津大街背面的大罗素广场，成立于 1753 年，1759 年开始对外开放，是世界上历史最悠久、规模最宏伟的综合性博物馆，拥有 800 多万件藏品。

大英博物馆从成立之日起就不仅仅是收藏英国文物的博物馆，本着立足于国际学术中心在最广泛的意义上传播知识、教育公众的宗旨，大英博物馆对藏品的搜集和研究尤为重视。19 世纪初期，该馆收藏了大批知名度很高的古典文物,如罗塞塔石碑等,为进一步挖掘文物的内涵并且为实现文物对博物馆发挥积极作用,大英博物馆于1807年成立了文物部,专门用于研究收藏的这些绝世藏品。1860年,随着收藏品不断丰富和研究的需要,该馆将文物部划分为希腊罗马文物部、钱币奖章部和东方文物部三个部门,显示出对藏品分类研究的重视。19世纪末,弗朗克斯馆长更是注重对馆内藏品的研究,并利用近五十年的时间建立了后古典时代的欧洲文物、民族学和东方艺术的收藏。

时至今日,大英博物馆的藏品异常丰富,涵盖古埃及与苏丹、古近东、非洲、大洋洲、美洲、亚洲、古典世界及欧洲各地的文物,而且藏品的均衡全面首屈一指,因此该馆关于藏品的研究水平一直处于世界前沿,真正意义上实现了其作为国际学术中心的初衷,全球性跨地球的展览研究都不用求助于其他馆,仅需挖掘馆内藏品的丰富内涵便可实现。

值得一提的是,大英博物馆拥有一支强有力的研究队伍,极大地保证了藏品研究的人才供给。大英博物馆有10个专业部门,这些专业部门的研究人员基本上由硕士以上的高学历学者和专家构成,拥有100个CURATOR(意为"业务主管"或"策展人"),占总人数的10%[1]。这些CURATOR的主要职责有:保护藏品、对藏品进行研究、撰写藏品基本情况报告并编写专著、开展公众服务等。

正因为拥有丰富全面的藏品和强大的研究队伍,大英博物馆历时四年出版了《大英博物馆世界简史》,将"不可能完成的任务"最终变成现实,并且赢得业内的很高赞誉。

《大英博物馆世界简史》由大英博物馆馆长尼尔·麦格雷戈主撰,动员了博物馆内100多名馆员和400多名专家,该书从大英博物馆800万件馆藏中精选了100件最具代表性的藏品，包括埃及的木乃伊、中国的青花瓷、石器时代的工具以及现代社会的信用卡等，力图以藏品为基点展现人类200万年文明史，还原隐藏在其后不为人知的历史真相。而呈现在面前的《大英博物馆世界简史》不仅让人欣赏到大英博物馆珍藏的这些精美藏品，而且也展示了博物馆藏品传递信息的强大力量，实现了藏品与藏品、藏品与人以及人与人之间的对话，而这一切得益于研究人员对藏品的细致研究与准确解读。

2. 大都会艺术博物馆的藏品研究

大都会艺术博物馆是美国最大的艺术博物馆，位于美国纽约5号大道上的82号大街，建于1870年，拥有300多万件藏品。

大都会艺术博物馆前任馆长菲利普·德·蒙特伯诺在其《大都会与新千年》一书中提到，"藏品研究与教育公众在本博物馆具有最优先的地位"一直是该馆的重要传统。为保证藏品研究的正常进行，大都会艺术博物馆设置了19个专业部门负责各类藏品的征集、保管、研究和展览。大都会艺术博物馆对研究人员的管理同样采用的是类似大英博物馆的CURATOR制度，但学术性质更强，CURATOR的主要职责包括管理所属藏品、策划陈列展览、进行学术研究以及辅助宣教工作等。

总体来看，大都会艺术博物馆的藏品研究主要包括两方面工作：一是将藏品研究的成果用于陈列展览，使陈列展览保持在较高的水平。大都会艺术博物馆不仅重视对馆藏品的研究，而且始终注重将藏品的研究成果及时用于馆内的陈列展览，因此馆内陈列展览的内容显得异常丰富和别具一格。如2011年布置完成的"阿拉伯地区、土耳其、伊朗、中亚和晚期南亚艺术展馆"，以"关联与多样性"为主旨，按年代和地区排序，时空上起自公元7~17世纪倭马亚王朝和阿拔斯王朝统治下的伊朗，下至公元16~20世纪的南亚，通过丰富的展品与精炼的文字内容，将整个伊斯兰世界完整地展现在观众面前，被观众称赞为"思想深刻、有见地"，"成功再现了阿拉伯文明的盛景"。毋庸置疑，该陈列取得如此好评与博物馆研究人员长期以来对藏品艰苦细致的研究是分不开的。

二是积极开展对藏品的研究，并将成果出版。自1870年建馆以来，大都会艺术博物馆一直积极将藏品研究的成果予以出版，这些出版物包括各类《展览目录》《藏品目录》《藏品指南》和《大都会艺术博物馆馆刊》，旨在通过分享藏品研究成果以吸引公众对博物馆尤其是藏品的兴趣。现任馆长托马斯·坎贝尔在2008年接手大都会艺术博物馆时，正值美国经济的严重衰退期，经济衰退也直接影响到博物馆的低迷状态。为了扩大博物馆的吸引力，托马斯将藏品作为博物馆重焕生机的关键因素，强调对藏品进行深入研究，并且意图通过研究将藏品与观众联系起来，因此重新构思和撰写了《大都会艺术博物馆导览指南》。该书详实地介绍了馆内近600件藏品，包括绘画、服饰、摄影、雕塑、乐器、书法等，反映了全球不同地域文化从古至今5000多年的文明发展，内容不仅涵盖博物馆研究人员对每一件藏品精心的介绍与描述，而且还附加了广泛而专业的艺术史观点，为读者了解馆藏品并寻找与藏品之间的联系提供了更多的参考。

二、藏品研究的主要内容及其重要地位

通过大英博物馆及大都会艺术博物馆的案例分析可知，一个博物馆存在

的价值在于有效地使藏品及其研究成果为社会公众服务。

回顾我国博物馆事业百余年的发展，对藏品研究的重视一直是博物馆学研究的突出特色，不论是旧的"三性二务"论，还是新的"三性二务"论，藏品的科学研究都处于重要位置。1979 年国家文物局公布的《省、市、自治区博物馆工作条例》中规定："博物馆应积极开展博物馆学和有关的专业学科的研究工作。专业学科的研究，应从本馆的性质和任务出发，以藏品为基础结合文献资料进行，研究成果主要体现在陈列展览上，也可以编写学术专著。"在随后的关于博物馆学的讨论中，藏品研究也一直为各方学者所重视。这一时期的学者虽然理解有所差异，但是都一致认为藏品研究是博物馆工作的重要内容，也是博物馆学研究的核心内容，藏品研究的主要任务包括科学地选择藏品、藏品的科学鉴定以及藏品的专题研究[2]。

随着博物馆的深入发展，博物馆各项功能的发挥对藏品研究提出了更高要求，为更好地满足博物馆事业发展的需求，笔者认为，藏品研究的主要内容应包括文物入藏研究、藏品的科学鉴定和藏品专题研究。

文物入藏研究主要是博物馆在征集和收藏文物时，在基于博物馆的性质和宗旨之上思考并确定要征集和收藏的文物，同时对待入藏文物进行甄别研究，研究待入藏文物对于博物馆发展的价值与意义以及入藏之后可能会产生的保护与管理问题。

藏品的科学鉴定是一项细致复杂的研究过程，需要馆内专业人员及相关专家的一致合作，不仅要鉴定藏品的真伪，确定藏品的科学名称，而且还要对藏品进行初步的特征研究，评定藏品的科学、文化和艺术价值。

藏品专题研究不仅是藏品研究的重点内容，同时也是博物馆最基本的学术研究工作。对藏品的专题研究包括两个方面：一是对藏品的质地、来源、工艺生产年代、工艺流程、构成部件、外观特征、主要特点等进行准确的描述；二是对藏品制作的背景，与其有关的政治、历史和文化内涵，相关的重大历史事件以及藏品的独特价值进行准确的揭示与阐述[3]。

藏品研究作为博物馆一切业务活动的物质基础，其重要地位还体现在以下三个方面：

第一，藏品研究对于构建中国博物馆学研究体系具有重要意义。总结近三十年来的中国博物馆学研究不难发现，博物馆学研究的广度和深度明显提高，博物馆学基础理论与学科建设、博物馆学的研究对象与学科性质、博物馆学体系结构的划分以及各种博物馆技术问题均成了博物馆学专家十分关注的课题，建立中国特色的博物馆学体系的目标成为不少大家的追求[4]。但是就目前国内博物馆学研究现状来说，博物馆工作者在藏品研究方面并没有取得重大突破，没有立足于馆内藏品研究，而是更多地引用光鲜亮丽的新鲜理论和术语，重复论调，导致国内博物馆学研究不仅不能取得更好的进展，且研究氛围愈发浮躁。国内很多博物馆都拥有藏品丰富的优势，充分利用这一优势，加强对藏品进行研究，对于构建博物馆学研究体系具有重要意义。

第二，博物馆藏品研究水平在很大程度上决定了博物馆陈列展览水平的高低。博物馆的陈列展览是博物馆最基本职能之一，是博物馆开展公共文化服务的直接载体，陈列展览水平直接影响到博物馆文化传播和社会教育职能的体现，进而影响到博物馆的竞争实力和社会形象。陈列展览水平的高低纵然与陈列展览设计和策展人的知识水平有着密不可分的关系，但更重要地，一个质量水准高的陈列展览在本质上取决于对藏品的科学研究。只有对藏品进行深度的研究，并将其与展览主题相结合，发掘藏品的文化内涵，从而提炼出有突出特色的选题，才能为博物馆举办高水平的陈列展览创造必要的前提和基础。

第三，藏品研究的水平对实现现代博物馆的功能具有重要作用。现代博物馆的功能以教育推广为重要目标，努力于推进与社区民众的公共关系。在展示的目标上除了介绍知识，还要求引发观众美的感受，进而引领其认知生命的真善美。

现代博物馆强调公众服务职能，实质上是对藏品研究提出了更高的要求。只有加强对藏品的研究，才能使藏品的内在价值为世人所知，在最广泛的意义上实现博物馆传播知识和教育公众的职能。

三、加强博物馆藏品研究的几点认识

当前，我国博物馆主要扮演的仍是"文物仓库"的角色，工作重心是文物收藏，对藏品的研究不够，为社会和公众服务存在不足。具体来说，国内博物馆研究人员的研究成果往往局限于很小的一部分藏品，研究不够全面，甚至还有一些研究人员不屑于对馆藏品进行描述与研究，这直接导致很多博物馆的丰富藏品"养在深闺人不识"，很大程度上影响了博物馆各项功能的发挥。

1. 重视藏品研究

自博物馆在国内产生与发展以来，藏品研究一直为众多学者所重视，早期的一批博物馆学者如马衡、朱家溍、史树青、马承源等都十分重视对藏品的研究，不仅取得了丰硕的成果，而且他们的研究成果引领了那一时期博物馆事业的发展。反观现在，新建博物馆不断增多，但是博物馆藏品研究水平

235

总体上并没有提高，突出表现在对藏品研究不够重视。欧美国家一些先进的博物馆，无一不是将藏品研究视为博物馆其他业务活动的基础。因此，应一方面继承早期重视对博物馆藏品研究的优良传统，另一方面积极吸取国外对藏品研究的理论与方法，将藏品研究与博物馆其他业务活动紧密结合，实现研究成果的最大化利用。

2. 重视研究型人才的引进和管理

国外博物馆为保证藏品研究的水平和质量，配备了专门的研究队伍，对其管理也是以藏品研究为中心，最为广泛采用的就是上文介绍的 CURATOR 制度。国内博物馆藏品研究总体水平难以提高的一个很大的瓶颈就是人才的缺失，尤其是研究型人才。因此，国内博物馆要充分调动和发挥博物馆工作人员研究工作的积极性，同时注重引进高学历和高资历的研究型人才。此外，从内部机构设置来看，国内博物馆大多数以保管、陈列和宣教三大部分为主，部门设置对藏品研究不够重视直接导致研究人员对藏品研究工作的积极性不高。而国外博物馆的部门设置则更注重研究，国内一些博物馆如湖南博物馆、天津博物馆等已经认识到机构设置对藏品研究的不利影响，并已经进行了调整，可以说是很好的尝试。

3. 博物馆的陈列展览要以注重藏品研究为基础

陈列展览是博物馆开展社会教育和公共服务、实现社会职能的主要载体和手段，陈列展览的内容和质量是衡量一个博物馆总体水平的重要指标。2012 年，国家文物局印发了《关于加强博物馆陈列展览工作的意见》，要求博物馆陈列展览突出科学品质，途径就是深入挖掘藏品的丰富内涵，并展示最新研究成果。这一要求实质上就是强调博物馆的陈列展览要充分重视藏品研究的重要成果，要重视在藏品研究的基础上设计陈列展览的内容。再好的陈列展览，如果没有立足于对藏品的科学研究，也只会显得花哨夸张、乏善可陈。

参考文献

［1］俞敏敏等，《CURATOR 制度——中国博物馆的发展方向》，《东方博物》2008 年第 4 期。

［2］宋玉娥、姜文喜，《加强藏品研究刍议》，《中国博物馆》1991 年第 4 期。

［3］焦迪，《藏品研究对提升博物馆水平的作用和意义》，《经济研究导刊》2011 年第 20 期。

［4］《中国博物馆学史》课题组，《知识·理论·体系·学科——中国博物馆学研究轨迹检视》，《中国博物馆》2006 年第 2 期。

藏品直面观众 陈列促进沟通

南通博物苑 王栋云

内容提要

收藏、研究、教育是当下博物馆的三大基本职能，博物馆的藏品则是博物馆开展一切工作的基础。面对不断变化的社会，博物馆必须研究出吸引观众的新策略，不断变革藏品呈现的方法，运用讲述藏品的故事、分享族群的集体记忆等手段参与社会的发展，借助互动方式改善观众和不同种类藏品之间的沟通。本文试以南通博物苑新展馆基本陈列更新为例，论述开发新策略促进藏品贴近时代、沟通观众的实践与体会。

关键词

博物馆 藏品 陈列 沟通

国际博协（ICOM）将 2014 年国际博物馆日主题定为"博物馆藏品架起沟通的桥梁"，其英文表述选用了与藏品（collections）拼写十分相似的单词（connections）表示沟通，采取简明的句式提出博物馆用藏品创建沟通的全新理念。最近，习近平主席在联合国教科文组织的演讲中，几次论及文明的交流互鉴。"交流互鉴"与"沟通"涵义相近。

根据国际博协的主题诠释，博物馆是根植于现在、保存与沟通过去的生机勃勃的机构，面对不断变化的社会，必须重新考虑其传统的使命，研究出吸引观众的新策略，不断变革藏品呈现的传统方法，运用讲述藏品的故事、分享族群的集体记忆等手段参与社会的发展，借助互动方式改善观众和不同种类藏品之间的沟通。本文试以南通博物苑新展馆基本陈列更新为例，论述我们开发新策略促进藏品贴近时代、沟通观众的实践与体会。

一、博物馆展陈更新适应了时代发展的需要

南通博物苑创建于 1905 年，是中国人自建的第一个公共博物馆。在张謇初创时期，南通博物苑收藏天产（自然）、历史、美术、教育等各类文物标本，虽然藏品数量不算多，但在一百多年前已经蔚为大观。历经沧桑变迁，2005 年南通博物苑迎来建立一百周年，也即中国博物馆事业发展一百周年。在政府和社会支持下，南通博物苑抓住百年苑庆的契机，建成现代化新展馆，并推出"江海之光——南通地域文化陈列""天产物华——南通市自然资源陈列""艺苑撷英——苑藏精品书画展""鸿宝名器——苑藏工艺珍品展""腾飞之龙——恐龙专题展"等五大基本陈列，提升了服务公众的功

能。自 2005 年 9 月 24 日对外开放以来，累计接待海内外游客 400 多万人次。南通博物苑成为南通市重要的文化阵地、科普窗口、旅游胜地以及青少年的第二课堂，产生了良好的社会影响。

随着时间的推移，南通博物苑新展馆的陈列渐显落后，现在适时推出全新的基本陈列十分必要也存在可能。具体说来，一是近年来南通经济社会快速发展，为支持地方博物馆改善条件，提高水平，密切历史文化遗产与民生的关系，拓展文化市场夯实了基础。二是随着经济社会和文化建设的发展，公众的认知水平不断提高，人们参观博物馆不仅为了增加知识和信息，而且期望获取审美体验。三是当今博物馆的陈列展览，无论历史类、艺术类或者自然史类的，都在大力追求主题的多元丰富、内涵的厚重深邃、形式的时尚新颖以及与观众的良性互动，在藏品呈现上强调思想性与艺术性、科学性与观赏性、教育性与趣味性的完美结合。四是南通博物苑新展馆原有的基本陈列已经运行八年，其间南通博物苑在藏品收集、科学研究、社会教育、文化产业、园林绿化等方面都取得了长足进步，需要推出全新的基本陈列向社会反映自身的发展，并迎接 2015 年的 110 周年苑庆。此外，作为南通环濠河博物馆群的龙头，南通博物苑可以利用更新基本陈列的机会，起好表率作用，使环濠河博物馆群这一首批国家公共文化服务体系示范项目中唯一的文博项目在建设上更上一层楼。

二、博物馆展陈更新架设了藏品与观众交流的桥梁

南通博物苑于 2011 年正式启动新展馆基本陈列更新的工作，新的基本

陈列的内容设计提上日程。2013 年，基本陈列更新工程被列入南通市文广新局年度重点项目，并列为江苏省文物局 2013 年度陈列展览提升工程项目之一。

南通博物苑新展馆基本陈列更新秉持"贴近实际、贴近生活、贴近群众"三贴近原则，着力改革传统的展示藏品方式，创新陈列的内容设计与形式设计。为了充分展示苑藏的文物和标本，计划从库房搬出一批"养在深闺人未识"的精致藏品，其中也包括国宝级藏品，使它们呈现到广大观众眼前。新的陈列强调"以物讲话"，藏品珠串环扣地演绎一个个生动鲜活的故事，带领人们穿越时空的阻隔，在追寻历史足迹的过程中分享中华文明的集体记忆。栩栩如生的情境建构、方便快捷的新媒体运用、藏品引发的良性互动，无一不在为广大观众营造认识地方历史发展和自然形貌的最佳氛围。

概括起来，南通博物苑新展馆基本陈列更新在内容设计上具有如下特点：一是本着"以物为本"的理念，大量增加藏品的原件展示。据统计，此次更新共展出文物 593 号，计 1553 件（套）。其中，"江海古韵"展用文物498 号，计 1421 件（套），包括一级品 3 号，计 5 件（套）；二级品 61 号，计 94 件（套）；三级品 233 号，计 365 件（套）。"馆珍遗韵"展用文物 95 号，计 132 件（套），包括一级品 6 号，计 6 件（套）；二级品 38 号，计 46件（套）；三级品 47 号，计 59 件（套）。展出标本 220 件（组），其中，国家一级重点保护野生动物标本 6 件，二级重点保护野生动物标本 33 件。新的基本陈列约有 70% 的文物标本是第一次与观众见面。二是追溯地方历史源头，进一步厘清南通的历史文化脉络，彰显地域文化特色。抓住南通地区从无到有、由小到大、逐渐成陆的地理变迁，从社会经济、社会生活及文化、民俗等方面着手，反映过去年代里南通人的生活，既突显博物馆根植于现在而保存与沟通过去的基本特质，又帮助现在和未来的南通人更好理解自己的根脉渊源。三是弘扬南通地区历史人文传统，展示南通的沿海地域自然资源。强调南通独特的地理位置，抓住"盐""棉"等关键词，做足文章，从而使人们懂得南通是一个在历史上充满活力、承载"江风海韵"传统的城市。

三、博物馆展陈更新构建了展示藏品研究成果的平台

更新后的基本陈列分为："江海古韵——南通地区历史遗存陈列""馆珍遗韵——博物苑精品文物展""巨鲸天韵——江海鲸类及生物资源专题陈列"。

"江海古韵——南通地区历史遗存陈列"改变原来按照历史纪年展示的常规套路，从"自然、经济、政治、人文"四个方面全面演绎江海历史遗存。在"江海沧桑"里讲述南通的早期文明和环境变化，"盐棉兴邑"里讲述南通盐棉经济的发展，"城镇肇基"里讲述南通古城的演变，"文华逸韵"里讲述南通江海文化的特质。随后以"开启新天——中国近代第一城的崛起"来收尾。整个陈列十分注意讲故事、与参观者的互动和对新媒体技术的运用。

新石器时代，南通土地上便出现了人类的活动。海安青墩、吉家墩出土的石器、骨角器以及麋鹿等动物化石为该历史溯源提供了佐证。"江海古韵"陈列在展出上述化石藏品的同时，提出"青墩原始人从何而来"的问题与观众互动，让他们各自想象出一个故事来加以回答，还配备了知识题板、多媒体视听以及二维码设置等手段，激发人们观赏的兴趣，增加观众相互之间交

流互鉴的机会。

南通的海盐生产，曾经是江海地区主要的经济活动，开始于汉代，直到唐代才有文字记载。"江海古韵"陈列通过电脑展示煮海产盐的工艺。而对于江海地区另一支柱经济——纺织业，除了展出棉花纺织的铁、木工具，还用动漫来演示从棉籽到织布漂染的全过程。面对纺车、织机以及出土的棉布等展品，不同观众一定会有不同的体会。老年观众可能会有似曾相识的怀旧感，青少年观众则更多的是惊艳与好奇。代际之间可能会有一些交流，这也有助于民众集体记忆的建立。在"江海古韵"陈列中，对于南通的城池变迁、江海文化的形成以及近代的早期现代化，也多有基于藏品的精心设计。

"馆珍遗韵——博物苑精品文物展"主要介绍南通博物苑所藏的陶瓷器、玉器、金属珐琅等精品文物，其中不乏国宝级文物、镇苑之宝和一些精品文物。如越窑青瓷皮囊式壶（晚唐—五代）、黑釉剔花牡丹纹罐（西夏）、红绿彩人物花卉大罐（元末明初）、刻花龙泉瓶（元代）、仿哥窑梅瓶（明·宣德）、霁红釉太极洗（清·康熙）等。该陈列在内容设计上也十分注意引导观众了解或想象藏品背后的故事以及藏品的人文内涵。

"巨鲸天韵——江海鲸类及生物资源专题陈列"主要介绍江海自然生态环境与人们生产、生活的关系，突出介绍了南通博物苑进行鲸类标本收藏的历史渊源。当年，南通博物苑的创办人张謇就曾经派人将在南通启东吕四滩涂上获得的所谓"海大鱼"的鲸的全套骨骼运回南通博物苑制成标本；1970年代，南通博物苑开始恢复自然类藏品的收集工作，第一件即为鲸类标本；21世纪初，南通博物苑更是努力护鲸、救鲸、收藏鲸类标本，谱写了珍惜自然资源、崇尚科学精神的华章。

243

在"巨鲸天韵"陈列中，南通博物苑收藏的7件鲸类标本被全面展示出来，其中包括须鲸类的长须鲸、大须鲸、拟大须鲸和小鳁鲸以及齿鲸类的伪虎鲸、糙齿海豚和江豚。陈列中，鲸类骨骼拼接的互动游戏、聆听鲸类叫声等匠心独运的设计，极大地激发了观众特别是青少年观众的兴趣，使他们主动倾听讲解员关于采集制作鲸类标本的讲述，了解鲸类相关的生物学知识。

"巨鲸天韵"陈列中，还穿插展示了"浊海欢歌""滩涂靓影""大江浪曲"以及"湿地鸟语"等内容，全面地展示了南通滨江临海独特的区位优势以及丰富的自然资源。这些妙趣横生的陈列，做到了让标本说话、促天人和鸣。

四、博物馆展陈更新体现了藏品与艺术的有机结合

为了实现内容设计上的想法，形式设计上从功能使用、空间布局、空间色调、陈列方式、展线设置等方面都做了精心周密的规划和调整，使之各具特色又完整统一。对各处细节精心处理，使布展更科学、合理，体现人性化和个性化的设计原则。

"江海古韵"的艺术设计重点放在核心区域、主辅展线以及陈列方式上：在空间布局上，调整展厅入口以避免入口正对承重柱的尴尬，利用幕墙廊道贯通整个展厅；在主展线以外设置了两个核心辅展区，以体现南通历史的两个重要节点——一厅中心设"盘铁工艺展示"核心区作为整个陈列的序厅，二厅中心设立"开启新天"核心区表现南通近代从农业文明向工业文明的过

渡；主展线一气呵成，穿插核心辅助展线。在空间色调上，从江海盐棉衍生出灰蓝和盐白两色，又从江海沃土衍生出米灰色，以此三色为基色，并局部穿插少许其他色调作为点缀，以收明快简洁之效。在空间造型上，体现江海流布的韵律感，以收统一和谐之效。在陈列布置上，以物为主，裸陈与柜展并用，悬、挑、墩相结合，简繁得宜，层层递进。此外还运用多媒体、艺术品、场景设置等手段，提高形象性和互动性。

"馆珍遗韵"的艺术设计，凸显珍、细、精三要素。展品布置以周边的精品文物烘托中心的国宝级文物，体现一个"珍"字。空间色调以暗咖啡和灰木色作为基调，结合灯光设计，突出文物藏品，营造沉稳氛围，做到"细"字。展示中用大造型突出小物件，追求"精"。

"巨鲸天韵"的艺术设计，强调科普性与趣味性的结合。展厅空间划分为一楼的"海下"和二楼的"陆上"，以表现内容设计中深海—浅海—滩涂—大江—湿地的层次。序厅设置艇舱，使观众可以由艇舱进入"海下"，再由"海下"穿行到"陆上"，平添了几分情趣。"海下"和"陆上"根据灰蓝和米灰的地面色调加以区分，配以米色的空间基色，并在造景和展示里穿插跳色，相互映衬。另在展厅穿插多媒体影片以完美地展示自然生态。在以上展厅新增恒湿系统和安防报警系统来加强文物保护。

公共区域，在天花板吊顶增设吸音板，消除噪音干扰。调整原服务台的空间位置，并将其改为活动式。一楼设置销售区进行产业开发。增加了包括储物区、休息区、资料区、饮水区、残障人士用具区等便民设施，设置青少年活动区，体现"以人为本"的理念。另设两个临时展厅，作为观众自主选择参观的区域，便于引进外来的陈列展览，加强同行之间以及与其他社会机构相互之间的交流与沟通。

南通博物苑更新的基本陈列，无论内容或形式设计，都贯彻了完善公共服务、努力贴近观众的理念。卸下传统博物馆庄严肃穆的冷面孔，鼓励观众参与到陈列中，通过眼、耳、手、身、心去感受人类文明的信息，轻松愉快地接受潜移默化的教育和润物无声的熏陶。

博物馆这一古老的文化机构日益焕发着勃勃生机。近年来，人们更是对其性质与使命给予了与时俱进的审视与解读。每年的国际博物馆日活动，国际博协都会提出一个主题，其目的就在于加强公众对于博物馆在社会发展中作用的认知。2014年国际博物馆日的主题从博物馆的核心财富——藏品——切入，在博物馆收集、保存、展示和研究的传统功能基础上，引入了藏品创建沟通的理念。在这个意义上，南通博物苑的基本陈列更新恰逢其时，可以成为一次藏品创建沟通理念的实践。南通博物苑基本陈列更新敦促我们加深对博物馆藏品创建沟通理念的认识，进一步激发博物馆参与、推动社会发展的热情。我们在实践中思考，用思考推动实践。即将开放的南通博物苑新的基本陈列等待观众的检验，期盼专家同行的批评指正。

浅析害虫蛀损自然标本的原因及其防护对策

内容提要

害虫蛀损自然标本是威胁自然标本安全的重要因素之一。本文以南通博物苑自然标本蛀损事件为例，深入剖析害虫蛀损自然标本的原因，并针对问题从物防、技防、人防三个层面提出进行科学控制的对策，对于从多途径控制害虫蛀损自然标本的发生具有实践指导意义。

关键词

南通博物苑　害虫　蛀损　自然标本　保护

南通博物苑　陈玲

害虫蛀损自然标本藏品事件，各自然类博物馆都有发生。遭受害虫蛀损的自然标本，有的被蛀食得千疮百孔，有的甚至被完全蛀空，使自然标本损失了原有价值。因此，害虫蛀损自然标本成为威胁自然标本安全的重要因素之一。本文将以南通博物苑自然标本蛀损事件为例，就博物苑在自然标本藏品防蛀保护管理方面出现的问题予以分析，并对解决问题的对策谈几点浅见。

一、害虫蛀损自然标本藏品的原因

1. 藏品保存环境恶劣

在影响藏品保存的各种环境因素中，最基本并经常起作用的因素是温度和湿度。一定的温度和湿度是害虫生长繁殖的条件。标本害虫是一种自身没有固定体温的变温动物，一定的温度是标本害虫生长繁殖不可缺少的条件。一般认为，库房温度 22～32℃、相对湿度 70～90%、是标本害虫生长繁殖的最佳温湿区。温度适宜时，害虫发育快、繁殖多。水分是害虫生活中不可缺少的物质，一般害虫体内的水分为其体重的 46～92%。标本害虫所需的水分主要从食物中摄取，当标本藏品保存的环境湿度过高，标本的含水量随之增加，满足了害虫生长繁殖的需要。

南通博物苑原自然标本藏品库房受经费限制，直接利用 20 世纪 70 年代建造的二层平顶简易楼房。库房三面开窗，楼顶未作隔热措施，保温性能和密封性能较差，也没有恒温、恒湿设备，库房内温湿度随室外气候的变化而波动，尤其 5～9 月，库房内温湿度的空气环境指数与害虫生长繁殖的最佳温湿区几乎相同，为标本害虫的生长繁殖提供了有利条件。

2. 藏品储存设备不足

原库房规模和标本橱柜等储存设备因经费的原因没能随着事业的发展而得到相应的扩充，库房面积狭小，标本橱柜等变形生隙，十余个门类 5000余件自然标本藏品全部拥挤存放在唯一的库房内。柜顶、角落都堆满了标本，各类标本藏品叠压堆积，库房被塞得"顶天立地"，满满当当。存放密度高，造成标本藏品间空气流通、降温散湿受阻，为害虫的繁殖和蔓延大开方便之门。

3. 标本制作技术滞后

标本制作技术的优劣是标本能否长久保存的关键。博物苑标本制作人员很少参加标本技术的系统学习或培训学习，相关学科的知识涉及很少或仅一般了解，尚处于学习和摸索阶段。标本制作技术停留在传统、初级的层面，标本假体材料的应用及防蛀处理缺乏强有力的技术支持，标本制作技术滞后、质量偏低，致使制作的标本或多或少存在缺陷，给害虫的生长繁殖提供了可能。

4. 标本保护技术匮乏

博物苑应用于自然标本藏品的保护技术严重匮乏。标本藏品保护"多年一贯制"，沿袭传统的方法，无技术创新，即仅在每年的梅雨季节来临前定期放置防虫药物。由于药物只能驱虫而不能有效地抑制或杀灭害虫，当药效略减或挥发殆尽时，害虫迅速活动生长，繁殖蔓延。

5. 库房日常管理欠妥

空气污染物中的灰尘包括微生物孢子、虫卵及昆虫排泄物等。灰尘积落在标本上，不仅会改变标本外观色彩，形成污垢层，还会造成机械性损坏。

微生物孢子飘落在标本上，环境适宜时就会繁殖。虫卵在适宜环境下孵化，害虫会蛀食标本。因此，库房日常管理工作中，定期地清除灰尘、保持库房和标本藏品的卫生整洁是非常重要的一条。长期以来，自然标本藏品保管员在库房日常管理工作中往往比较重视做好库房地面的卫生，而库房内的墙面、门窗，尤其是库房中的主体——标本藏品的定期除尘保养工作常被忽视或开展不够，库房日常管理欠妥，使得标本藏品及库房内的设备常积落较厚的灰尘，灰尘中的虫卵在适宜环境下孵化，给害虫的繁殖及蔓延提供了捷径。

二、控制害虫蛀损自然标本藏品的防护对策

1. 因地制宜，控制藏品保存的温湿度环境

一般认为，标本害虫有效低温区为 8～22℃，有效高温区为 32～40℃，致死高温区为 50℃以上，致死低温区为 -4℃以下；有效低湿区其相对湿度为 40～70%，致死低湿区其相对湿度为 30% 以下。因此，破坏害虫适宜的生活环境，是有效抑制害虫生长发育的重要途径。

当前，博物苑自然标本藏品已全部搬入新馆地下库房。虽然新库房在密封性能和保温性能方面有了很大改善，但由于南通地区春夏两季雨水充沛，冬季室温偏低，夏季室温偏高，使地下藏品库内的相对湿度总在 45～85%、温度在 10～24℃ 之间波动，因此，控制标本藏品保存的温湿环境成为防止害虫爆发蛀损标本藏品的首要任务。由此，我们根据现有条件，因地制宜地采取有效措施，将自然标本藏品库房内的空气温度和相对湿度控制在害虫不宜

生长且适宜标本保存的标准数值内，即温度为 16 ~ 18℃、相对湿度为 50 ~ 55% 。我苑使用的方法主要有以下三种：

（1）减缓室外不良气候的干扰。掌握室外气候规律，在气候不宜的季节，库房紧闭门窗，减缓空气对流。在室外气候适宜的季节，开窗通风，降温散湿。

（2）使用空调设备。我们常年将库房内的空调温度指标设定在所需的数值，库房内的温度环境得到了很好的控制，同时空调的使用对于湿度的控制起到了较好的辅助作用。

（3）增设湿度调节设备。在温湿度不佳的房间或不利的季节，增设湿度调节设备。根据库房湿度的控制情况，及时调整湿度调节设备的使用时间，并按时做好每天二次的温湿度监控与记录工作。库房的湿度环境逐步得到缓解并趋于平稳，基本能将藏品库内的湿度控制在标准数值内。

2. 科学配置藏品储存设备

标本藏品的储存设备主要指为贮藏、保存、管理、运送标本藏品而设置的专用设备。库房是储存标本藏品的大设备，而标本橱、柜、架等便是保存标本藏品的小设备。库房规模和标本橱柜的性能与标本藏品的类别、数量及保护要求配置是否合理，直接影响着标本藏品的安危。因此，科学合理地配置标本藏品的储存设备，是防止害虫入侵的重要措施。

首先，在库房的规模设置上，我们根据馆藏的类型特征、收藏范围、发展趋向，规划使用足够的标本藏品库房。在分类设库时，避免纯粹的按类设库，即一个门类一间库房，而是根据苑藏各类标本的数量、体积等情况，按标本藏品的质地、制作形式，把标本保存条件相同或相近类别共设一库分橱保存。如将剥制类的鸟类、哺乳类、爬行类、鱼类等类标本共设一个库房，将干制的昆虫类和植物类标本共设一库，既便于集中管理，又节约了有效空间。

其次，在标本橱柜的配置上，根据库房环境条件、标本保护要求，配置性能完善的标本橱柜。性能完善的标本橱柜必须具备较强的防潮与防虫功能、强大的贮存能力等。博物苑自然标本藏品类别多、体量差异悬殊，库房温湿度波动大，储存空间有限，配置性能完善的标本橱柜，对于合理保持标本藏品的存放密度，防止害虫入侵、蔓延至关重要。

我们在实现标本橱柜的防潮和防虫功能方面，第一是正确选材。木材对湿度具有一定的"吸附"功能，当库房环境湿度增高时能吸潮，当环境干燥时又能释放所吸的潮气，起到对环境湿度的调节作用。金属材料则没有这种优势，当库房环境含水量高而又出现温度较差时，金属柜架的表面容易结露，从而危害藏品。因而，木质标本橱柜比较适用于温湿度环境较差的库房。第二是提高标本橱柜的密封性。在橱柜的开启口与门扇的吻合缝，在构造的断面上增加转折的层次和深度，采用字母扣，加设橡胶封条或尼龙毛刷条，以提高结合缝的气密度，防止湿气和害虫的入侵。

在提高标本橱柜的容纳量方面，注意橱柜等内部空间设计的灵活性和机动性，例如将支撑隔板或抽屉的"隔档"等部件，由固定式改为活动式，以便调整隔板的层高间距，提高存放藏品的适用能力。国际上通用的植物蜡叶标本橱柜、昆虫标本橱柜、软体动物中的贝壳类标本橱柜、鸟兽类剥制标本橱柜等，内部构造都如此设计。

3. 加强培训，提高标本制作技术

标本制作技术是博物馆技术的重要组成部分，也是博物馆藏品的基础。全面提高博物馆自然标本藏品（生物标本）的质量，解决传统标本制作技术

中的缺陷，是提高标本制作技术的核心。

随着新材料和新的工艺技术不断引入到标本制作行业，以及计算机的介入，使传统标本制作技术中的技术问题逐步得到了解决，并催生出多学科、多项技术手段组成的综合性的现代标本制作技术。新材料和新技术的运用，大大提高了标本自身的防腐和抗蛀性能，延长了标本自然蛀损的时间；计算机的介入，进一步提高了测量数据的精确性以及形态构造的逼真性，增强了标本的真实效果。

现代标本制作技术涉及的学科多，技术手段丰富，根据本苑标本制作人员的技术参差不齐的情况，我们采用岗位实践与系统学习相结合的方法进行培训。

一是继续发扬师徒相传的形式，在实践中提高技术。目前相当一批标本制作技术人员，师出老一辈标本制作技术专家，也有丰富的实践经验，有的已获得高级专业职称。把人员安排在他们手下工作，通过他们手把手的直接传授，能较快掌握标本基本制作程序和技术要领，使标本制作技术在实践中得以提升。

二是开展各种形式的专题培训，把实践与系统学习紧密结合。根据标本制作人员的技术掌握情况，制定长期培养计划和短期培训安排。所谓长期计划，就是根据工作需要制定出五年或更长时间的计划，派标本制作人员到相关单位或院校参加一年以上的学习，全面增强所需的专业技能。所谓短期安排，就是有针对性地派人员参加各种专题培训班，进行强化教育，以便在短时间内掌握某项前沿技术。

此外，我们还采用"走出去、请进来"的办法，加强行业交流，通过现场实际操作演示，互相交流经验、切磋技艺，促进标本制作技术的提高。

4. 防治结合，掌握多途径标本保护技术

标本害虫的防治方法，可分为防虫法和杀虫法。所采取的手段，有化学防治法和物理防治法。防虫法是造成不利于害虫生长繁殖的环境，如在藏品库内施放防虫药物，以驱虫避虫，而杀虫法是将害虫彻底消灭。用化学防治法和物理防治法防虫杀虫，是博物馆标本保护技术中的通常方法。

化学防治是目前应用广、收效快的防虫杀虫法。它是运用化学药物，通过药物与害虫的接触达到驱虫杀虫的目的。我国博物馆经过多年的研究试验，现在使用于标本保护的化学防虫杀虫药物主要有以下几种：

樟脑：具有一定驱虫效果的防虫避虫药物，有天然樟脑和合成樟脑。

萘：有驱虫作用，俗名卫生球，因含杂质，易污染标本，故在库房施放萘时，要装入容器或包装，避免与标本直接接触。

对二氯苯：有杀灭害虫的作用，但因毒性大，影响工作人员健康，渐被淘汰。

溴甲烷：其水溶性小，可熏蒸含水分较高的标本。具有蒸汽压高、渗透力强、不易燃烧、吸附性小、熏蒸后毒气易消散等优点。溴甲烷对金属、木材、纸张、棉织物等多种材料均无不良影响，适用于各种假体材料的标本藏品。杀虫能力强，可毒杀各个发育阶段的害虫，且药剂用量少。其缺点是有较强的毒性，熏蒸应在专用的密封设备中进行，操作人员应带防毒的装备。

磷化铝：是较理想的熏蒸杀虫剂。为固体片剂，遇水后释放出具有杀虫作用且渗透力很强的磷化氢气体，不仅可杀灭害虫的成虫，而且还能杀死虫卵及幼虫等。杀虫效率高、渗透力强，使用方便，药剂用量少，熏蒸后在藏品上几乎无残留。其毒性虽小于溴甲烷，但仍是剧毒，需在密封的熏蒸设备内进行。

敌敌畏：是较好的熏蒸剂和触杀剂。为无色油状液体，微带芳香气味，不易燃烧，挥发性强。但其渗透力小，对标本内部害虫杀灭力差，故多用于建筑物空间的消毒杀虫。敌敌畏为有机磷杀虫剂，对多种害虫有毒杀作用，使用方便，应用普遍。

优兰：国外用于羊毛类制品的一种驱虫药剂，2006 年传入我国标本制作行业后，由于其对人的毒性小、防虫性能高、使用方便等优势，而得到迅速推广。上海科技馆研制的优兰防虫喷洒药剂在防护皮毛类"老标本"上取得了成功，施药几年后未发现有虫蛀痕迹。

我苑根据上述化学药物的各自特性和优点，按自然标本保管情况，库房、展厅受虫害污染的程度，有针对性地施放杀虫驱虫药物。如针对蛀损严重的标本用溴甲烷消毒杀虫，标本入库前的消毒用磷化铝，库房防虫施用优兰喷洒剂等，取得了较好的效果，近几年来未发生害虫蛀损标本事件。

由于化学防治使用的化学药物会污染环境，对人体健康不利，有的对藏品有副作用，还有的易燃、易爆，危及安全，因此，我们还将学习更先进、具有广阔发展前景的低温冷冻法、高温处理法、绝氧杀虫法等物理防治标本保护技术。

5. 防微杜渐，控制害虫的传播途径

害虫传播入馆的途径很多，可通过建筑物的门窗、墙壁的孔洞，标本及标本包装箱，储存藏品的柜架等途径进入。我们严格库房、标本藏品管理制度，积极采取各种预防措施，防微杜渐，有效地切断害虫的传播源，控制害虫的传播途径。随着标本保护技术的逐步提升，我苑采取下列预防措施，阻断害虫传播。

第一，库房、陈列室的防虫。库房、陈列室是保存标本藏品的场所，故

其必须具备防虫功能。库房、陈列室的门窗及其中的橱柜要密封良好，空隙大的安装了密封条。通风孔道安装密纹的纱窗、纱门或安装空气过滤装置。无窗库房，安装了空气调节设备，有效地阻止了害虫入侵。库房、陈列室内的地面、天花板、墙壁进行了处理，平滑、无缝隙，使害虫无栖身之处。

第二，标本藏品储存环境的消毒。库房、陈列室感染害虫，若不及时消灭，危害严重，故我们对标本藏品库房、陈列室实行定期消毒。未储存的空仓库，在彻底清理消毒后，才准许藏品入库。当标本藏品遭受害虫蛀食，在对标本藏品进行消毒杀虫处理时，同时做好对库房或陈列室的消毒处理，将已消毒整理后的标本藏品，储入已经消毒处理过的库房或陈列室，以免标本藏品再遭虫害。

第三，储存标本藏品设备的消毒。保存标本藏品的柜架等也易遭虫害，故对这些用木材制成的器具设备要先进行杀虫处理。标本藏品的囊匣有的由纸板、纺织品、淀粉糊等粘贴制成，为害虫的生存提供黑暗、温暖的优越环境和丰富的食物资源，故对囊匣的消毒杀虫要非常重视，特别是对已发现虫蛀的陈旧囊匣进行严格消毒或从库房中剔除。新入藏的标本藏品所附带的囊匣及其他包装用品必须经严格消毒处理后，方可存入库房。

第四，标本藏品的消毒。凡有机质地的标本藏品以及标本藏品附带的有机质地底座等，均经消毒灭菌杀虫处理才能入库，以免将害虫带入库房，损害库房其他标本藏品。

第五，保持标本藏品储存场所的清洁。标本害虫一般具有嗜好暖、潮、脏、暗的习性，并在孔、洞、缝、角处栖息，故破坏这种生态环境，就可有效防虫。我苑自然标本藏品库房紧邻绿化带，库房周边的清洁十分重要，首先是清除杂草、垃圾、污垢等，排除害虫栖息处，并定期喷洒敌百虫、防虫磷等防虫药物。在库房周边铺设 2~3 米宽度的水泥和青砖地面，作为防虫带。库内保持卫生，橱柜内、外，标本藏品上的灰尘定期用软毛刷清除。库房地面定期用湿墩布清洁。墙壁、天花板、门窗、柜架也经常用湿抹布擦拭或吸尘器除尘。工作人员入库需更换工作服、工作鞋，且不准带任何食物入库。

此外，还要定期检查标本藏品，发现害虫及时消灭。

自然标本藏品保护管理工作任重道远，我们在吸取教训、提高技术管理水平的同时，还应根据标本藏品的保护需要，不断地完善基础设施。

参考文献

［1］《中国大百科全书·文物博物馆》，北京：中国大百科全书出版社，1993 年，第 133、167、556 页。

［2］谭波，《〈博物馆管理办法〉贯彻实施与博物馆科学管理及信息化建设实务全书》，北京：知识出版社，2006 年，第一册第 350、374 页，第二册第 396 页。

从法律视角探究博物馆藏品的保护

内容提要

　　博物馆拥有最丰富的文物资源，馆藏文物是文物中极其重要的一部分，具有极高的价值，与馆藏文物相关的法律问题不容忽视。本文从博物馆收购文物行为、馆藏文物的登记、馆藏文物的知识产权以及馆藏文物的出售和拍卖这四个方面，就与其相关的法律问题进行探究。

关　键　词

　　馆藏文物　法律　收购　藏品登记　知识产权　出售

南通博物苑　王晓媛

博物馆拥有丰富的文物资源，馆藏品是文物当中极其重要的一部分，具有极高的历史价值和文化价值。近年来，随着博物馆事业的迅速发展，馆藏文物的价值越来越凸显，越来越受关注，随之也就带来了一些有待探讨的法律问题。厘清这些问题，有利于维护博物馆的合法权益，促使博物馆对藏品文物进行更好的管理、保护和利用。

一、博物馆收购文物行为的法律保护

博物馆是文物的主要收藏机构，馆藏文物中有相当一部分是通过收购、接受捐赠等方式获得。在实际工作中，一些群众，特别是现有馆藏文物的原所有者出于种种原因对博物馆收购文物行为的法律效力提出了质疑，因此，明确博物馆收购文物行为是否受到法律保护并且具有怎样的法律效力，有利于保护博物馆的合法权益。

首先，我国法律明确规定博物馆享有购买文物的权利。《文物保护法》第三十七条规定："文物收藏单位可以通过下列方式取得文物：（一）购买；（二）接受捐赠；（三）依法交换；（四）法律、行政法规规定的其他方式。国有收藏单位还可以通过文物行政部门指定保管或者调拨方式取得文物。"当然，博物馆收购文物的行为不得违反民法上的自愿原则，即如果并非文物的原先所有人自愿将文物出售或捐赠给博物馆，而是博物馆通过胁迫等方式强行收购文物，或者通过蒙骗、欺诈等方式获取文物，违反了当事人的真实意愿，则这样的收购行为是不被法律承认且不受法律保护的，甚至会受到《刑法》的制裁。博物馆遵循自愿原则收购文物的行为受到法律的保护，原所有者及其亲属无权要求返还文物。

其次，博物馆收购文物的行为受诉讼时效制度的保护。在博物馆的实际工作中，会出现一些文物原所有者的后人认为博物馆当时收购祖辈的文物行为不合理或不合法，侵害了自家的权益，想要通过诉讼的方式要回文物的情况，这类情况大多不符合法律有关于诉讼时效的规定。我国《民法通则》第一百三十五条规定："向人民法院请求保护民事权利的诉讼时效期间为二年，法律另有规定的除外。"第一百三十七条规定："诉讼时效期间从知道或者应当知道权利被侵害时起计算。但是，从权利被侵害之日起超过二十年的，人民法院不予保护。"也就是说，无论博物馆收购文物的行为是否确实侵害了当事人的权益，只要超过了法律规定的诉讼时效，当事人的权利就不再受到法律保护，就不得以此提起诉讼。

再次，博物馆对文物的收购也应当适用于善意取得制度。在文物的占有人并不是它的所有者、不享有处分权的情况下，将文物出售或者捐赠给博物馆，如果博物馆是善意第三人，即博物馆不知道且不应当知道该处分人无处分权，那么出于对交易安全的保护，应当承认博物馆对文物的获得。真正的所有人不得向博物馆要求返还，但是可以向无权处分人（出售人）提起赔偿诉求。

二、馆藏文物登记的相关法律制度

馆藏文物登记是博物馆管理藏品文物最重要的基础工作。藏品登记主要包括原始登记、系统登记、藏品编号和辅助登记，是通过对藏品进行整理、编号、分类、命名、产生编目、文物信息采集等等工作，最终建立藏品档案的过程。随着博物馆体系的完善、工作的成熟，对馆藏文物的登记不断受到重视，与之相关的法律法规不断得到充实。

1982 年首次颁布实施的《文物保护法》第二十二条对馆藏文物的登记工作作出了明确的规定："全民所有的博物馆、图书馆和其他单位对收藏的文物，必须区分文物等级，设置藏品档案，建立严格的管理制度，并向文化行政管理部门登记。地方各级文化行政管理部门，应分别建立本行政区域内的馆藏文物档案；国家文化行政管理部门应建立国家一级文物藏品档案。"随后出台的《文物保护法实施细则》又进一步明确了藏品分级、分类，以及登记备案的制度。2002 年修订的《文物保护法》根据实际情况对藏品登记的相关法条进行了修改：藏品由向文物行政管理部门登记改为备案；国务院文物行政部门不但要建立一级文物藏品档案，而且还要建立包括其主管的国有文物收藏单位的馆藏文物档案。还有 2005 年文化部发布的《博物馆管理办法》第二十条规定："博物馆应建立藏品总账、分类账及每件藏品的档案，并依法办理备案手续。博物馆通过依法征集、购买、交换、接受捐赠和调拨等方式取得的藏品，应在 30 日内登记入藏品总账。"这些都说明我国博物馆藏品登记的立法工作已经取得了一定成效。

目前正在开展的第一次全国可移动文物普查，制定了馆藏文物登录规范，明确规定藏品文物所要采集的内容，包括尺寸、重量、完残状况、保存状态、入馆时间、影像等等，这些规定更为翔实、系统、完善，利用这些信息数据，不仅可以建立健全原有的藏品档案，还可以为今后新入藏文物时提供登录依据，这样可以使得博物馆登记工作进一步规范化、科学化。

但是相关法律规定并不是完美无缺的，仍还存在着需要完善改进之处，很重要的一点就在于相关法律施行的灵活度还远远不够。为了更好地保护和管理馆藏文物，在现有法律法规的框架下，不同地区、不同类型博物馆应根据自身藏品情况制定更为细致的实施办法。全国文博系统各个单位可以结合本馆的实际，制定出适合本馆发展的藏品登记制度，使得各个博物馆藏品管理更科学合理，能够适应并促进自身的发展。

三、馆藏文物的知识产权归属及保护问题

经过登录入藏的文物受法律的保护，而法律对其权属又作了规定。第一是馆藏文物本身的著作权归属问题。博物馆对其藏品享有财产所有权，但并不意味着享有著作权，在没有明确约定的情况下，作品的著作权一般属于该作品的作者。根据2010年修改后的《著作权法》，发表权、署名权、修改权和保护作品完整权等权利属于著作人身权；而与藏品相关的复制权、发行权、展览权、摄制权、放映权、信息网络传播权、改编权、汇编权等则属于著作财产权，著作权人可以允许他人行使这些权利，也可以全部或者部分转让这些权利，从而获得报酬。就是说，如果藏品的著作权人未转让著作财产权给博物馆，那么博物馆就只能享有藏品原件的所有权，在未经著作权人授权或同意的情况下，就不享有藏品的著作财产权。当著作权所有者明确表示将该藏品著作权转让给博物馆，并签订书面合同后，博物馆可以享有该藏品的著作权，如果没有版权转让或授权使用的合同，博物馆就没有合法依据来进行复制、出版、展览等行为。

但《物权法》第二十二条规定，博物馆、美术馆等为陈列或者保存版本

的需要，复制本馆收藏的作品，在指明作者姓名、作品名称的情况下，可以不经著作权人许可，不向其支付报酬，这就为保障博物馆合理利用本馆藏品提供了保障。此外，《著作权法实施条例》第十三条规定，作者身份不明的作品，由作品原件所有人行使除署名权以外的著作权，因此鉴于博物馆的馆藏文物多为古人所作，因为年代久远，无法确定作者继承人，博物馆作为其保存者和所有者，应当享有它的著作权。

著作财产权还涉及保护期限，特别是对于现当代作者的馆藏品，《著作权法》第二十一条，权利的保护期为作者终生及其死亡后五十年以及截止于作品首次发表后第五十年，但作品自创作完成后五十年内未发表的，著作权法不再保护，即著作权属于博物馆。

第二是馆藏文物的数字影像及仿制品的著作权、版权问题。数字影像是衍生于实体资源的无形资源，近年来国内外各博物馆都面临着日益增多的藏品数字影像的使用需求，因为其既可以减少多次提用对文物造成的损坏，又方便专家学者开展文物藏品研究，还可以用于创意开发。所以，对馆藏文物进行数字化是适应社会发展趋势的必然，有利于更好地对博物馆文物藏品进行保护与利用，并且作为藏品文物的管理者，博物馆对其藏品进行仿制是工作的一部分，通过此种方式使其藏品为更多观众所知。因此，对由馆藏文物衍生出的数字影像资源及仿制品的知识产权保护就显得尤为重要。

当博物馆享有藏品的著作财产权，或者被著作权人授权使用著作财产权时，就可以摄影、仿制、出版、网络共享该藏品。如果是单纯地对藏品进行复制，并没有产生出新的创作，则不产生新的著作权；如果不是单纯的复制，而是有创作意义的摄影或绘制，能够成为独立的摄影或者美术作品，那么就会产生新的著作权，对该作品的利用应当经过新的著作权人的授权。这里所说的新的著作权人应根据复制者是博物馆的内部员工还是其他人员而不同。如果是公共博物馆内部员工,那么藏品著作权人为国家,博物馆为管理机构,可代表国家行使著作权;如果是其他机构或个人,则该机构或个人为著作权人并享有著作财产权,博物馆可以通过与其签订书面合同或者向其购买的方式取得其著作财产权。

博物馆制作出与文物藏品相关的影像资源并取得版权后,可行使的权利主要体现在我国《著作权法》规定的复制权、发行权、展览权、信息网络传播权等经济权利上。博物馆的影像资源用途主要体现在学术研究使用和商业使用两方面,其中商业使用主要是用于文化创意商品中、上传网络、制作DVD等。例如博物馆将影像传到网络上,使更多的人可以随时随地通过在线博物馆欣赏到馆内藏品,这就是博物馆作为版权人行使影像版权而带来的益处;再如生产厂家经由博物馆授权而将藏品的图像印制在服装、墙纸等生活用品上,这也是博物馆使用其影像版权的体现。

第三是馆藏文物的商标权问题。司法实践中已经发生了多起博物馆的藏品文物被其他商家抢先注册为商标的案件,商标权的问题应当引起博物馆的重视。商标的主要作用是将特定的标识与特定的主体、特定的商品和服务相联系,起识别和区分不同商品与来源的作用。博物馆对其收藏保管的文物资源应当进行注册保护,尤其是其中造型别致的文物藏品形象。这既是对其所有的影像资料著作权的保护,也是对文物及其背后承载的历史文明不被改变滥用的保护。

但是当前相关立法还远远不够完善。《文物保护法》仅赋予博物馆保护文物实物的权利义务,并未赋予博物馆与文物有关的知识产权方面的优先权;《商标法》也仅仅规定了"申请商标注册不得损害他人现有的在先权利""对初步审定公告的商标，自公告之日起三个月内，在先权利人、利害关系人可以向商标局提出异议"，却并没有明确指出"在先权利"包括哪些，法律应当对在先权利的范围进行确定。所谓在先权利，应指商标注册申请日前已经依法产生的民事权利，比如上文中阐述的著作权就应当属于在先权利，应将其进行立法保护，或者在特定情形下可成为《商标法》所保护的准权利，这样博物馆方面才能有更加过硬的理由通过法律维护藏品的商标权。此外，当前大部分博物馆还缺乏对保护其藏品所拥有的知识产权的紧迫感，因而就需要一定的权利预留空间，这也期待立法加以关注，法律还应该在知识产权方面赋予博物馆一定的优先权。

四、馆藏文物的出售及拍卖问题

我国《刑法》第327条规定了非法出售、私赠文物藏品罪："违反文物保护法规，国有博物馆、图书馆等单位将国家保护的文物藏品出售或者私自送给非国有单位或者个人的，对单位判处罚金，并对其直接负责的主管人员和其他直接责任人员，处三年以下有期徒刑或者拘役。"这条规定是针对一些博物馆的负责人为了本单位的利益，将馆藏文物出售或赠送给非国有单位或个人，换取经济利益、人际关系等，使许多珍贵文物因此流失异方，从而给国家博物馆事业带来了难以弥补的损失。

非法出售、私赠文物藏品的行为既侵犯了国家对文物藏品的管理活动，又侵犯了国家对国有单位所收藏文物的所有权，直接破坏了文物的正常管理，扰乱了文物藏品的管理秩序。国有博物馆收藏的文物，无论是珍贵文物还是一般文物，只要是登录过的藏品，都受到国家保护，其权益不容侵犯。这项罪名要求必须是故意施行，即国有博物馆及其直接负责的主管人员和其他直接责任人员在明知自己将文物藏品非法出售或者私赠给非国有单位或者个人的行为会造成国家保护的文物受到危害的结果时，仍然付诸实施，为单位谋取利益。

可喜的是，在我们法制观念越来越强的时代，这种这种犯罪行为也越来越少。那么馆藏文物究竟是否应当允许合理的出售呢？

根据一些调查资料显示，在欧美国家，馆藏文物的有偿转让以及委托拍卖行获取经济收益，已形成了一套成熟的模式，是作为调剂馆藏文物和艺术品的结构、数量和种类的一种手段，然而这样的方式并未在国内出现过。事实上很多博物馆都拥有一定数量的重复藏品或级别较低的藏品，这些藏品不具备太多研究价值，始终存放在库房，几乎没有机会拿出来展览，并且还需要花大量的人力物力对这些藏品进行清点和维护，有的博物馆将品相差、级别低的藏品作为剔除品、参考品保管，这样使得这部分的藏品不仅自身价值不能完全利用，而且可能会由于保管条件不好而受损。

《文物保护法》第四十四条规定："禁止国有文物收藏单位将馆藏文物赠与、出租或者出售给其他单位、个人。"这样的规定造成了博物馆只进不出的现象。究竟应不应该允许出售部分级别较低、品种重复较多的藏品在文博界一直存在争论。同意者认为，对于低级、重复、不适合收藏体系的藏品，博物馆可以通过法定的流程出售或者拍卖，筹得资金购藏本馆需要的文物或者改善保管条件。反对者则认为，博物馆的藏品是属于公众的，有的还是来自于捐赠，博物馆无权出售。而法律方面则缺乏相关的细则，例如文化部 2005 年颁发的《博物馆管理办法》中提到："博物馆不够本馆收藏标准，或因腐蚀损毁等原因无法修复并无继续保存价值的藏品，经本馆或受委托的专家委员会评估认定后，可以向省级文物行政部门申请退出馆藏。"但是，对于退出馆藏能否采取出售的方式，仍然没有明确的规定。

如今，为了提高人们的精神文化需求，全国各大博物馆之间的藏品交流越来越频繁，越来越活跃。那么除了博物馆互相借展之外，在藏品重复率较高的情况下，如何淘汰"休眠"的藏品，的确是值得关注和思考的问题。我认为如果能够制定一套详细的法律规定，确定哪些级别的文物永远不允许出售或者拍卖，哪些级别的文物可以出售或拍卖，确定严格的申报批准程序，建立配套的鉴定、监督和定价机制，并且博物馆在出售捐赠藏品前与捐赠方协商确定，那么馆藏文物或许能够因为追求文物和博物馆双方更大的利益而被出售和拍卖，馆藏结构也能因此得到优化。

以上是对关于馆藏文物的收购、登记、知识产权、出售与拍卖等四个方面的法律制度探究。可以看出，博物馆藏品的保护取得了我们国家的重视，并且已经有了一定的法律保护机能，这是十分可喜的。但是，对于馆藏文物，特别是涉及与文物有关的切实经济利益等方面的法律规范和法律体系还远远不够完善。因此，这更需要法学界人士与我们文博系统人员的共同努力，建立健全博物馆藏品的保护机制，使得馆藏文物在得到更完善的保护前提下实现更多更高的价值。

参考文献

[1] 沈爱玲，《博物馆收购文物行为法律效力分析》，《学术论坛》2011年第 10 期。

［2］ 张百成，《以故宫博物院为例的博物馆博物馆藏品著作权法律问题探析》，《中国文化报》2013 年 7 月 30。

［3］ 侯珂，《博物馆文物藏品的知识产权保护初探》，《中国国家博物馆馆刊》2010 年 3 月。

［4］ 叶锋，《刑法新罪名通论》，北京：中国法制出版社，1999 年。

浅议基层博物馆藏品建设的重要性

内容提要

藏品建设是博物馆业务工作的基础与重点，对基层博物馆而言，认识藏品建设的重要性不是关键，如何根据实际情况打造适合自身发展的藏品体系才是重点。在科学的藏品体系建设中，"未来意识"与"地方文物"观点的建立，有助于基层馆走得更远、走得更好。

关键词

基层馆藏品　未来意识　地方文物

如皋市博物馆

王小洁

博物馆藏品是其存在的必要物质基础，所以关于藏品的研究自然也成为博物馆界一个讨论已久又历久弥新的话题。但具体到各个层面（省、市、县）、各种性质的博物馆（国办、行业、民办），所面临的藏品问题又各有侧重、各不相同，从征集到研究、从保管到修复，各有真知灼见。而就基层馆而言，可能更应该注重藏品建设中的"未来意识"的建立和对"地方文物"的关注。

一、基层博物馆藏品的现状

2008 年，与免费开放同步的，是国家文物局将对全国 2000 余座博物馆的评估定级列为年度重点工作计划，同时规定，申报博物馆等级中的最低级——"国家三级博物馆"的一条重要要求是：藏品总量达到 5000 件（套），或者三级以上珍贵文物 500 件（套）以上。藏品具有较高的历史、文化、科学、艺术价值，或其中一类价值具省级意义。由此可见，博物馆藏品的数量、质量，都是博物馆建设的硬性指标。文物部门当时的统计数据表明，全国 2200 多家博物馆共有馆藏文物 1236 万余件（套）。但这些文物显然大多是集中在大、中型博物馆，以江苏为例，位列"中国三大博物馆之一"的南京博物院，藏品达 10 万件，"中国第一座公共博物馆"南通博物苑的藏品达 5 万。再看南通地区下属 6 个县市区，仅两地有较成熟的综合性国办博物馆，而这两家的馆藏品数量均不到 2000 件，等级品的数量也不足 100 件。所以，基层博物馆一直存在资源相对匮乏、藏品量不足、国宝级精品少、获取藏品途径较窄等问题，并成为制约其发展的瓶颈[1]。因此，从相关数据及现实情况看，基层馆的藏品问题主要突出表现在以下几方面：一是数量偏少，其原因大约是建馆晚、来源单一（一般靠相关部门的移交、捐赠）、征集经费不足、专业知识与经验匮乏等；二是质量较差，表现为重复品多、类别及年代体系不完整、艺术性不强等；三是研究不够，主要是对文物保护的研究不够、对科学体系建立的研究不够、对保管与展出之间关系的研究不够。

综上所述，加强基层博物馆的藏品建设，应该有数量的要求，也要有质量的要求；有短期的目标，也要有长远的规划；有共性的做法，也要有个性的突破。

二、科学的藏品体系建立与"未来意识""地方文物"的关系

众所周知，藏品数量的多少、质量的高低，是衡量一个博物馆社会地位的主要标志。而建立保质、有量、研究到位的藏品体系，对基层馆而言非一日之功，是重点，更是难点。

1. 对基层馆科学的藏品体系建立的认知

对基层馆而言，有质有量有特点的藏品建设是一项纷繁浩大的工程。笔者认为科学的藏品体系应该具备以下几个特点：一是连续性。每个单位的工作人员都有一定的流通性，所谓"铁打的营盘流水的兵"，但人员的流通不能造成工作的随意，基层馆的藏品建设首先应该解决的，是制定具有"连续性"的可行性方案，只有具备了连续性，才能把藏品建设工作有始有终地进

行下去，这是对馆藏文物"量"的保证。二是系统性。文物作为一种特殊的文化资源，具有庞杂和不规范等特点，确实有"可遇不可求"的情况，加之基层馆业务人员匮乏，所以征集中常存在着盲目性和随意性。但科学的藏品体系必须以系统性为文物征集的重要原则，如此才能避免藏品建设中的"断层"（某个年代或某个类别缺藏）、"偏类"（年代或类别偏重偏轻）等现象发生，既不会"缺"，也不会"滥"，这是对馆藏文物"质"的保证。三是地方性。彰显藏品的地方性是所有博物馆的共同要求，而与大中型博物馆相比，藏品数量处于弱势的基层馆彰显其地方性更为急迫和必要。基层馆珍贵文物不多，藏品一般以历史、文化价值为主，艺术性较低，但要达到"其中一类价值具省级意义"还是有可能的。仍以南通地区为例，海安博物馆收藏的青墩遗址出土文物、如皋博物馆收藏的在中国篆刻史上占有一席之地的"东皋印派"作品，都称得上具有省级意义，这些藏品共同的特点是：均为具有区域文化特征的"地方文物"。

2. 基层馆藏品建设中"未来意识"观念的建立

传统观念中，我国博物馆对文物的征集一直采取"向前看"的思维方式，忙于"为过去而征集"。但时至今日，"博物馆的藏品概念已远远超出传统的内涵和外延，过去认为只有过时的、古老的东西才能由博物馆收藏，现在最新的、最尖端的科技成果和工农业产品也被博物馆收藏了"。加上在"回溯"之路上，基层博物馆囿于人力、财力等主客观条件，征集工作很艰难，因此基层馆不妨转换一下视角，变注重"为过去而征集"为注重"为未来而征集"，我们不妨将这种视角的转换称为"未来意识"的建立。

"未来意识"的建立为基层馆的藏品建设中数量的增长提供了更大的空

间与可能。一是提高了专项经费的"含金量"。基层馆的文物征集费很有限，能争取到数十万、数百万已是领导对文博工作莫大的支持，而这个数字对珍贵文物而言，只能是杯水车薪。但近现代文物因与时下人们的生活没有产生足够的审美距离而不被重视，所以一般征集价格远远低于百年以前的文物。这样由"向远古"转为"向近代"时，征集的数量增加了，经费的含金量无形中也就提高了。二是降低了文物鉴别的难度。目前我国文物鉴定方法通常是凭借长期经验的传统直观法，这既需要相当的专业水平，更需要大量的实践经验，基层馆的文物仅有数千件，业务人员从事实际操作的条件很有限。加之文物作伪，古已有之，且"高仿品"日趋增多。近现代文物产生的年代并不遥远，反映的时代特征并不陌生，所以鉴别难度相对降低。三是为建立科学合理的馆藏体系打下基础。基层馆由于建立之初基本是"有什么就藏什么"，很少事先建立科学合理的征集计划，建馆之后囿于经费所限，又很难再根据目标对馆藏文物进行补充健全，所以随意性大于科学性，零散性大于系统性，而在现有条件下去纠正这种缺陷，既没有可能也没有必要，但我们可以以近现代文物的征集为起点，建立起科学的藏品体系，从而使此后的馆藏品种齐全、脉络清晰、科学合理[2]。

3. 基层馆藏品建设中"地方文物"概念的纳入

图书馆界有一个概念——地方文献，它是指记载某个地区过去与现在的政治、经济、文化、教育、地理、重要人物事件、风土人情及民间习俗等方面内容的书刊文献。是以文献形式反映的某一地域历史的沉淀和缩影，发挥着"资治""教化""存史"的功能。[3] 如果把这一概念延伸至博物馆界，我们是否可以这样认为：蕴含了某个地区过去与现在的政治、经济、文化、教育、地理、重要人物事件、风土人情及民间习俗等方面内容的文物，可称之为地方文物。它是较地方文献载体更为宽泛，传递信息更为广博，体现地域"文脉"更为全面的历史存在。除了具备所有文物共同具备的历史性、艺术性、科学性外，还应该具有显著的地域特征。是通过多种载体对一个地方政治、经济、文化和社会事业发展以及风俗、民情、自然资源等的综合反映。

"地方文物"概念的引入，是基层馆藏品建设提高质量的有力推手。注重"地方文物"是基层馆个性化建设的要求。不少基层博物馆发展中的弊端所在并不是起步晚、藏品少，而是无个性。不少基层馆建馆之初就陷入了对大中型博物馆发展模式全盘模仿的误区，而忽视了个性化发展，忽视了对地方文物的研究、开发和利用。事实上，从社会对基层馆文物关注的情况来看，焦点所在恰恰是那些体现地方性之处。所以，做好地方文物的开发与利用是博物馆个性化发展的要求，也是研究地方历史和现状，继承和发扬地方特色文化的要求。注重"地方文物"是基层馆步入信息时代发展的要求。传统博物馆时期是以占有文物资源的多少来衡量一个馆的大小和工作优劣，而网络时代衡量一个馆价值的标准则更多地考虑"特色"。共有信息资源所处的地位将不断下降，具有本馆特色的地方收藏却因其"唯一性""地域性"而使基层馆在未来数字化资源网络中占一席之地。彰显地方性是基层馆目前发展的需求，也是在时下网络环境中"以特色参与共享"的要求。

在博物馆界，基层馆是一个不可忽视的存在，是更接近民众、更"接地气"的文化场馆。然而藏品建设工作一方面是博物馆的业务基石，另一方面又是一项短期不能见效的后台工作，是基层馆建设的重点，更是难点。没有一线人员一定的沉淀与思考，就很难实现科学体系的建立，很难达到保质、保量、保研究的层面，进而也难以实现基层馆的可持续发展。所以藏品体系建设无疑应得到更多的重视与支持、更多的探讨与梳理。

参考文献

[1] 汪传荣，《基层博物馆藏品征集要"接地气"》，《中国文化报》2012 年 10 月 24 日。

[2] 王晓捷，《基层博物馆应加强文物征集中的"未来意识"》，《文物工作》2006 年第 8 期。

[3] 邹华享，《论公共图书馆地方文献工作》，《中国图书馆学报》1999 年第 25 期。

创新激励机制 推进藏品研究

刘洪 连云港市博物馆

内容提要

　　良好的氛围是搞好博物馆藏品研究活动的保证，在博物馆藏品研究工作中建立健全高质量的激励机制已成为必然。激励机制的建设是博物馆藏品研究工作自身发展的重要条件，对博物馆藏品研究工作的长远发展也具有超乎寻常的战略意义。以人为本和科学高效的激励评价机制，能够有效地激发藏品研究人员的内在潜力，充分发挥他们的积极性、主动性和创造性，并达到提升与保持博物馆的核心竞争力、稳定关键人才、吸引高层次人才的目的。

关 键 词

　　激励机制　藏品研究　博物馆

2014 年"国际博物馆日"主题是"博物馆藏品搭建沟通的桥梁（Museum collections make connections）"。为进一步提升江苏省博物馆在藏品保护、研究、展示等方面的专业化水准，创新发展理念和运行模式，发挥科技和人才支撑作用，加强博物馆领域的基础性研究，江苏省文物局于 2014 年"5·18"国际博物馆日期间，围绕今年的活动主题举办江苏省博物馆馆长论坛，作为由国家文物局、江苏省人民政府主办的在南京博物院举行的 2014 年"5·18"国际博物馆日主会场系列活动之一。从中我们可以看出，加强和促进博物馆藏品研究工作不容忽视、势在必行。博物馆藏品研究工作最容易出现的矛盾就是利益分配未达成共识。因此，如何调动藏品研究人员的积极性、主动性和创造性，形成有效的激励机制，使藏品研究工作达到最优的运行状态，这是必须考虑的问题。目前建立健全行之有效的藏品研究工作激励机制是博物馆藏品研究工作管理的重要环节，也是博物馆藏品研究管理人员的一项重要任务。适合博物馆自身发展特色的藏品研究工作激励机制，需要广泛汲取相关单位的成功经验，不断进行创新并研究完善，从而达到预期的激励作用。

一、制定藏品研究工作激励机制的基本原则

1. 目标与实际相结合原则

制定适度的藏品研究工作激励目标是产生激励的有效动因，只有在充满竞争与挑战的环境和优良的博物馆文化氛围中，才能克服固有的惰性，激发员工的活力和藏品研究创新意识，使藏品研究工作成为促进博物馆快速发展

的动力。但也要注意，在制定目标的同时必须体现博物馆总体目标和藏品研究工作者个人需求，要适合藏品研究工作者的工作能力和工作量，必须结合藏品研究工作的实际，必须融合个人奋斗目标。目标进取性与现实的合理性结合，并将其与博物馆科研事业实现统一，这样才能推动藏品研究进步。

2. 物质激励和精神激励相结合的原则

藏品研究工作激励机制需要物质激励和精神激励相结合。物质激励是保障，精神激励是根本。物质激励要求要量化、可操作。由于博物馆通常以陈列展览、社会服务、文物征集、文物保护、典藏、考古等工作为中心，因此，绝大多数研究人员的研究工作是利用业余时间在进行，没有报酬。所以，在藏品研究管理工作中，应当坚持以物质激励手段为保障的原则，牢固树立优劳优酬、多劳多得的意识，合理运用物质激励激发研究人员的工作热情。同时，还要充分肯定并体现藏品研究工作的社会价值、博物馆与个人的事业成就感，适时举行科研表彰大会，根据其研究成果给予相应的荣誉和物质激励，并注意加大宣传力度，全力营造科研兴馆的良好氛围。

创新激励机制，要注重对藏品研究人员的精神激励。博物馆藏品研究人员往往有强烈的事业心，对于他们来说，提升专业领域的成就、名声和荣誉以及相应的学术地位是物质利益以外的强烈需求。因此，创新激励机制，要注重对藏品研究人员的精神激励，通过满足藏品研究人员认同感、成就感、荣誉感给予精神鼓励，通过赋予藏品研究人员挑战性的工作激发其信任感和责任感，通过全力营造构建藏品研究工作激励机制的氛围，带给藏品研究人员精神上的优越感。

3. 合理性原则

藏品研究工作激励的措施要适度，奖罚要直观、公开。要根据工作目标本身的价值大小确定适当的激励量。实施藏品研究工作的物质激励和精神激励时均需要直观公开地表达它们的指标以及总结激励和惩罚的方式。

对藏品研究工作要按需激励。激励的起点是满足藏品研究工作者的需要，但藏品研究工作者的需要因人而异、因时而异，并且只有满足最迫切需要即主导需要的措施，其效价才高，其激励强度才大。对藏品研究工作还要按质按量激励。因此，必须深入地进行调查研究，不断了解藏品研究工作者需要层次和需要结构的变化趋势，认真考核藏品研究成就的质量与影响，制定有针对性的藏品研究工作激励措施，才能收到实效。

4. 注意适度激励的原则

博物馆可以建立的藏品研究工作激励制度有：优秀藏品研究人员奖励制度、藏品研究成果奖励制度、藏品研究经费资助制度、藏品研究经费提成制度等等。但是所有的藏品研究工作激励制度都应适时、适度，即在博物馆藏品研究管理的微观层次上应强调适度激励的原则。公平理论指出，人们的工作动机不仅受绝对报酬的影响，还受相对报酬的影响，有时藏品研究人员的动力资源不在于利益本身，而在于利益差和利益梯度。所以，物质激励和精神激励之间需要适当的平衡，内部激励和外部激励之间也需要适当的平衡，这样有利于藏品研究人员研究积极性、主动性和创造性的发挥，而不会影响藏品研究人员的研究工作积极性、主动性和创造性。

对博物馆藏品研究人员的激励要从整体出发，培养藏品研究人员共同的荣誉感、责任心和向心力。藏品研究群体内部的激励，一方面要考虑整体利益的分享，另一方面也要考虑不同藏品研究人员贡献的差别，必须使做出突出贡献的藏品研究人员得到公平合理的回报。

二、藏品研究工作激励机制的作用

在博物馆藏品研究管理过程中，如何激励藏品研究人员是最关键和最困难的，因此，这也应该是博物馆理论学者和管理人士所研究和讨论的焦点。博物馆藏品研究管理者的任务就是在不同的环境下对不同的藏品研究人员采取有效的激励措施，因此，激励机制在博物馆藏品研究管理职能中起着重大的作用。激励机制对于开发博物馆藏品研究人员潜能、实现组织目标、提高工效、吸引并留住人才均具有十分重要的作用。

1. 吸引并留住人才

一个具有良好激励机制的组织能够更好地吸引人才。人才是一个组织的生命，没有人才的组织或机构将没有发展的空间，竞争力大、实力雄厚的组织或企业往往会采取各种激励手段来吸引人才，如各种优惠政策、丰厚的福利待遇、快捷的晋升等激励手段。

良好的藏品研究工作激励机制不仅能够吸引人才，更重要的是还能够留住人才。良好的发展空间、优厚的福利待遇、和谐的人际关系等激励措施都是留住人才的有效措施。

管理之道，重在用人。人才是博物馆事业的根本。杰出的博物馆领导者应善于识别和运用藏品研究人才。只有做到唯贤是举、唯才是用，才能在激烈的行业竞争、社会竞争中战无不胜、勇往直前。

2. 开发藏品研究人员潜能，提高工效

通过激励可以使藏品研究人员最充分的发挥其潜能，将消极转化为积

极，以保持藏品研究工作的有效性和高效率。经过激励的行为与未经激励的行为效果大不相同。美国哈佛大学的心理学教授威廉·詹姆斯（W. James）在对员工激励的研究中发现，按计时获得报酬的分配制度仅能使员工发挥其能力的 20～30%，而受到充分激励的员工的能力可发挥至 80～90%，两种情况之间 60% 的差距就是有效激励的结果。也就是说在经过充分激励后，人可以发挥激励前 3～4 倍的潜能。如果人的积极性发挥不充分，效率就无从谈起。管理学家的研究表明，员工的工作绩效是员工能力和受激励程度的函数，工作绩效与激励的关系公式：绩效＝f（能力×激励）。如果把激励制度对员工创造性、革新精神和主动提高自身素质的意愿的影响考虑进去的话，激励对工作绩效的影响就更大了。

这个公式表明，藏品研究人员的工作绩效不仅取决于他能力的大小，而且取决于被激励的水平。一个藏品研究人员不管他的能力多强，如果调动不了其积极性、主动性和创造性，则能力很大程度上只能是潜能的部分而不能发挥出来。只有获得充分的激励，才能使能力充分发挥，从而取得高的工作绩效。

3. 造就良性的竞争环境

科学的激励制度包含有一种竞争精神，它的运行能够创造出一种良性的竞争环境，进而形成良性的竞争机制。在具有竞争性的环境中，藏品研究人员就会感受到环境的压力，这种压力将转变为藏品研究人员努力工作的动力。正如美国著名的行为科学家道格拉斯·麦格雷戈（Douglas M. Mc Gregor）所说，个人与个人之间的竞争，才是激励的主要来源之一。在这里，藏品研究人员工作的动力和积极性、主动性、创造性成了激励工作的间接结果。

三、藏品研究工作激励机制中具体措施的研制

藏品研究工作激励机制的研究应该因地制宜，本文结合具体的实例，以博物馆为例，既是展开细化阐述，也是提供一种范例作参考。

1. 健全藏品研究激励体系

健全藏品研究激励机制，从组织机构、经费来源、管理制度、收入分配等多个方面构建藏品研究激励机制，并制定馆级启动基金，设置部门责任目标管理考核体系，全面营造藏品研究工作的浓厚学术氛围。

为进一步调动广大藏品研究人员积极性、主动性和创造性，促进博物馆事业的发展，奖励在藏品研究工作中做出贡献的藏品研究人员，结合实际情况制定藏品研究工作规定及制度，如《藏品研究成果奖励》《藏品研究项目配套经费管理办法》《藏品研究津贴发放暂行规定》等，专门对申请国家级、省部级、市厅（局）级等藏品研究课题项目获得批准立项的、在藏品研究课题按计划任务研究进展顺利的、藏品研究课题项目按期完成结题鉴定获得成果奖的等情况，对从事这方面研究工作的人员进行奖励。另外，《出席国内、国际学术会议管理规定》《藏品研究论文审查规定》等规定，对各级藏品研究专业技术人员外出参加国内、国际学术交流、藏品研究论文投稿流程作出规定，促进学科建设和人才培养。通过进行学术交流，获取最新的藏品研究学术信息，跟踪世界藏品研究领域发展前沿，参与国际、国内竞争，扩大影响力。

对于从事藏品研究的中青年职工及引进的人才，还要专门为其设立藏品

研究启动基金，例如引进藏品研究人才启动基金、馆级藏品研究基金、藏品研究青年骨干启动基金、藏品研究专项基金、海外学成回国人员藏品研究启动基金、藏品研究工作管理专项基金等，鼓励藏品研究工作的高效运行。

建立藏品研究责任目标管理考核体系，每年对部门的藏品研究工作进行考核评分。通过每年年初把藏品研究任务指标分解到各部门，其论文发表、课题立项、出席学术会议情况等均要记入部门的科研分，在年终对各部门进行年终责任目标考核，以影响部门综合考核结果的形式对藏品研究工作者劳动付出作出反馈，也作为部门负责人的考核评聘条件之一。

2. 建立"藏品研究团队导向"的绩效考核制度和奖酬体系

藏品研究团队成员的劳动是需要回报的，可根据博物馆的特点在岗位津贴、工作量考核以及晋升职称等方面对藏品研究团队实施优惠政策。物质性的激励要可量化、可操作，关键还要有制度保障，尤其应该考虑采用基于藏品研究团体的绩效评价和奖励方式，实行藏品研究团队激励。博物馆现有藏品研究工作激励体系一般比较重视针对个人的激励，而忽视对不同类型的藏品研究团队、承担不同职责的人员的分类评价。譬如，在职称评定时过多强调"第一作者""第一负责人"等，这样会导致部分藏品研究团队成员为了维护自己的学术地位，不愿意沟通、交流自己的研究心得，不愿意当配角。而藏品研究团队作为博物馆藏品研究工作的一种方式，意味着不同类型的藏品研究人员的联合。现有的藏品研究工作激励机制可能会成为藏品研究团队建设的障碍，甚至可能间接成为学术腐败的助推器。因此，只有将藏品研究团队成员个人层面的绩效考核和团队层面的绩效考评相结合，并根据藏品研究团队自身特点和发展规律，针对不同学科的不同特点，建立科学、有效、公平、公正的考评指标和薪酬体系，才能实现对藏品研究团队成员和整个藏品研究团队的有效激励，做到人尽其才，才尽其用，各尽其能，各展其长，各得其所，人事和谐。

3. 多维立体激励手段，丰富藏品研究激励机制

藏品研究激励措施要多，涉及藏品研究工作的各个层面，如设置藏品研究项目立项奖、藏品研究成果奖励、藏品研究课题配套经费、藏品研究津贴、藏品研究论文奖励、藏品研究发明专利奖等激励措施，以充分体现对藏品研究工作的重视。

为了鼓励藏品研究人员积极申报藏品研究课题，规定从藏品研究基金中拨出专款，按照藏品研究课题来源的不同级别，给予藏品研究人员相应的立项奖。这样既能大幅度地提高藏品研究人员投入藏品研究工作的积极性、主动性和创造性，又为培养选拔藏品研究人才、争取更高层次的藏品研究项目和藏品研究成果创造条件。

积极为国家级藏品研究课题和省部级重大藏品研究课题争取配套经费，对于各级部门立项的藏品研究课题，特别是对于立项不资助的藏品研究课题，根据实际情况，给予不同额度的馆内资助经费，以保障藏品研究课题的顺利实施。同时对于从事藏品研究的人员，按等级每季度给予藏品研究课题负责人相应的藏品研究津贴。津贴发放周期从藏品研究课题启动到藏品研究课题的按时完成，以保证几名主要实施者可以实行半脱产或加班形式开展藏品研究工作。

为鼓励藏品研究人员积极进行研究，发表高水平的藏品研究学术论文，必须制订藏品研究论文奖励条例，在提高 SCI、EI、ISTP 和 SSCI 奖励额度的基础上，还要增设国内权威藏品研究论文和藏品研究管理类论文的奖励方案，对于发表高水平的藏品研究论文的作者按发表期刊的不同级别进行奖

励，引导藏品研究人员向着有较高水平的学术刊物进行投稿，以提高其学术影响力。博物馆也要非常重视知识产权工作，对于藏品研究发明予以大力支持，特别是对于具有推广应用价值的藏品研究发明，不但可以从藏品研究发展基金中支出藏品研究发明专利的申请费，而且对于维持藏品研究专利所发生的费用同样予以支付。除此之外，博物馆还应对藏品研究专利发明者给予一定的奖励金。

4. 藏品研究激励机制的外延发展模式

扩大藏品研究激励对象的范围，通过适时地举行科研表彰大会的形式进行精神鼓励，并且将藏品研究工作与晋升挂钩。

激励对象应该涵盖从事藏品研究的各级各类人员，不仅有藏品研究学科带头人、藏品研究工作的骨干，还包括热爱藏品研究的青年人员，甚至是实习的学生，从而为构建合理的藏品研究人才梯队打下坚实的基础。

定期召开科研表彰大会，根据个人完成藏品研究立项、获奖、获藏品研究项目、获藏品研究国家专利、专业期刊上发表藏品研究论文数量，对博物馆所做出的贡献，评出藏品研究先进部门奖、藏品研究先进个人奖、发表藏品研究论文奖，并为藏品研究先进部门和个人颁发荣誉证书和奖金，营造科研兴馆的良好氛围，调动广大藏品研究人员的积极性、创造性、主动性，激发他们投身藏品研究工作的热情。同时，还可通过光荣榜、宣传栏、信息简报、网络报导、新闻媒体报道等形式，对在藏品研究工作中有突出贡献的人员进行大力宣传，使他们脱颖而出，使他们获得荣誉的感受，使他们得到组织的激励，更加激发投身藏品研究的热情，增加多出藏品研究成果、多出藏品研究精品的信心，成为未获奖的藏品研究人员学习、效仿的榜样。

为了防止藏品研究人才的流失，为了激励各专业技术人员积极地参与藏品研究工作，以充分调动藏品研究人才的积极性和创新精神为目的，在晋职晋级、职位竞聘工作中，也应把藏品研究项目、藏品研究论文论著发表情况、藏品研究学术交流情况、藏品研究成果情况等作为评选条件之一，优先考虑参与藏品研究工作的人员。

5. 阶段性地评选藏品研究成果并进行奖励

从客观层面上说，博物馆专业技术人员有从事藏品研究的要求。随着形势的发展，社会对博物馆专业技术人员的职业要求越来越高，博物馆专业技术人员的藏品研究能力及成果将成为角逐博物馆专业技术人员职业或高一级博物馆专业技术人员职务的必备条件。再者，从心理层面上说，开展藏品研究，挖掘博物馆专业技术人员潜能也是博物馆专业技术人员的心理需要。长期以来，博物馆强调硬环境管理，忽视藏品研究这种软环境在博物馆管理中的作用；注重博物馆专业技术人员的物质激励，忽视博物馆专业技术人员的心理需要；强调博物馆专业技术人员的奉献精神，忽视博物馆专业技术人员的成就需要。

鉴于此，我们认为，博物馆专业技术人员在工作实践中进行藏品研究，能够解决一些实际问题，做出一定的成绩，有一定的指导作用、借鉴价值，就应该予以肯定鼓励。博物馆可以聘请相关藏品研究专家，每半年进行一次藏品研究成果的评审，对水平较高的论文进行交流汇编，并向上级刊物推荐，当他们的藏品研究成果在一定的刊物发表，得到学术界的认同时，或当他们的藏品研究成果成为促进博物馆工作的因素或成为博物馆工作改革的依据时，他们会有一种成功的体验与喜悦。从管理的角度来讲，这也是调动藏品研究人员工作积极性、主动性和创造性的重要内容之一。

激励理论作为现代管理理论行为科学体系在藏品研究工作中应当越来

受到重视。各项藏品研究工作激励制度的完善与落实，将会极大地调动博物馆藏品研究工作者的积极性、主动性、创造性。藏品研究工作激励机制的建立和不断完善是优化内部管理、提升核心竞争力的关键。激励是手段，效果是目的。通过工作实践，能够充分体会到在藏品研究工作中激励机制带来的良好效果，使藏品研究工作者自觉主动地投入到藏品研究工作中来，提高自身的素质，创建高素质的藏品研究人才队伍，推动藏品研究进步。从而提高博物馆的社会服务效率与核心竞争力，满足社会发展和对博物馆需求的提升。

交流与合作是博物馆发展的核心

淮安市博物馆 孙玉军 戴姝黎

内容提要

随着社会经济的迅速发展，人民群众精神文化的需求对博物馆的要求越来越高。本文以淮安市博物馆为例，结合近年来工作的具体实践，从现状、实际做法与展望三个方面来简述区域文化的交流与合作是博物馆持续发展的有效途径。

关 键 词

交流 合作 途径

288

文化作为一个民族创造力的重要源泉，是一个国家软实力的重要体现，也是综合国力竞争的重要因素。博物馆作为不以赢利为目的的公益性文化机构，其职能是进行文物的保管、征集、保护研究与开展文化教育等。目前，国内博物馆争相进行馆舍改扩建，在提升展览服务水平、推进文化教育、文物保护等方面获得了长足发展。

中宣部、财政部、文化部和国家文物局在 2008 年初下发《关于全国博物馆、纪念馆免费开放的通知》，江苏省拥有各类博物馆、纪念馆近 200 家，规模和数量位居国内前列，在 2008 年底前全部实行了免费开放。自 2008 年以来，为进一步丰富基层博物馆陈列展览内容，不断适应免费开放后社会大众的精神文化需要，江苏省文物局策划组织了一系列馆藏文物精品交流展，通过到市、县（区）博物馆巡回展出的形式，不仅丰富了基层博物馆的展览活动，满足了社会大众的精神文化需求，也宣传了江苏悠久的历史文化和文物资源，发挥了博物馆在文化建设中的重要作用，取得了巨大的社会效益。

因为地域和历史的原因，江苏省内的一些博物馆展览往往内容较为贫乏，形式单一，更新率低，无法有效吸引本区域内市民前往观看。为解决这一现实问题，实现全省文物的资源共享，让当地市民就近便可看到国内其他城市的精品文物。2012 年 9 月 19 日，省博物馆展览联盟、省博物馆商店联盟、博物馆陈列艺术实践基地揭牌仪式在南京博物院举行。博物馆商店作为博物馆展览和服务功能的延伸，整合了我省各地博物馆策展力量和文物资源，进一步发挥博物馆的功能效应和社会效益，打造江苏特色的综合性大展和文创产品。

淮安市博物馆认真借鉴总结这一经验，不断创新，逐步形成了具有自身特色的办馆经验和做法。在政府拨付博物馆所需运转经费的前提下，市博物馆大力发展交流与合作，进一步提升博物馆馆藏、研究、展览、教育等公共文化服务功能，促进博物馆经济效益和社会效益的最大化。

加强对外文化交流，发展区域合作，与区域文化互动，也是当代中国博物馆的一项重要职能。全球化的时代发展为中国博物馆的改革与发展提出了更高的要求。伴随着社会经济的迅速发展，人民群众对精神文化的需求，对博物馆的要求越来越高。淮安市博物馆近年来在服务理念、功能地位、强身健体、开拓创新等方面进行了积极的探索，特别是积极地参与到与省内外博物馆彼此之间的交流与合作，为博物馆健康持续发展开辟了一条新路，已成为全国博物馆领域的一支重要力量。博物馆间的交流与合作为我们带来了新的理念、实践方法以及新观众群体，我们也为此奉献了江苏省在这一领域的独特探索经验。

淮安地处江苏省长江以北的核心地区，是南北地域文化、民俗的过渡地带，是苏北重要中心城市。作为城市坐标之一的淮安市博物馆，在馆领导先进理念的指导下，加强与省内外博物馆的交流与合作，有效整合现有文化资源得到了稳步推进，取得了积极的成效。下面以淮安市博物馆的实践做法为例，进一步阐述。

一、在区域交流与合作中，把展览办得更加富有成效

博物馆作为一个城市、国家乃至民族的文化灵魂，肩负了传承一个国家文明、民族传统的使命，承担了文物征集、收藏、研究、保护、陈列展览等职责。只有确保其不断创新，才能实现一个博物馆的全面科学可持续发展。

实际上从功能来看无论是征集、收藏、研究、保护甚至是考古，它们的最终目的都是为了给陈列展览提供更加丰富的素材和展品，使陈列展览能够实现更大的社会效益。而陈列展览只有通过形式多样、内容丰富的展出，其宣教内涵才能得到充分的体现，方才可以实现其对社会的最大效益。陈列展览是博物馆的核心文化产品，也是博物馆的生命灵魂之所在，它是博物馆传承文化的基本方式。以淮安市博物馆为例，近年来，我馆坚持科学发展道路，在省文物局和市委市政府的关怀指导下，依靠区域交流合作，采取全方位、多元化的办展模式，坚持围绕"走出去、请进来"的办展模式，努力打造"文化惠民"精品工程，为广大观众提供了一道又一道颇具特色的文化盛宴。

1. 精品走出去，展示淮安深厚的文化底蕴

淮安市博物馆科学策划文物外展主题，整合文物外展资源，围绕馆藏文物特色，举办了多场特色鲜明、展品精美、内涵丰富的文物外展活动。精心遴选了淮阴高庄战国墓青铜器、馆藏明清书画、徐伯璞捐赠近现代名家书画等珍贵藏品，赴长春、邯郸、镇江、江宁、兴化、扬州、盐城等地开展交流，受到当地观众的好评。

2. 展览请进来，提升文化交流层次

在积极"走出去"的同时，淮安市博物馆还纷纷"请进来"。从 2004 年博物馆改扩建工程后重新对外开放至今，先后引进和举办了"世界瑰宝——周恩来外交礼品特展""从木匠到大师——湖南省博物馆藏齐白石艺术精品展""报春蛇——2013 南京博物院蛇年蛇展""天下第一家——南京博物院藏清代宫廷文物展""苏州博物馆藏清代帝王暨状元书画特展""汉室遗珍——徐州汉代文物精品展""镇江博物馆京江画派书画精品展"等百余次精品文化交流展览。引进展览不仅是文物资源的优势互补，还直接推动

了淮安旅游和文化事业的发展，市博物馆逐步成为淮安发展"大旅游"和对外宣传的重要窗口。

3. 以文物为媒介，构筑文化惠民阵地

"走出去"和"请进来"使淮安市博物馆日渐成为文化惠民工程的主阵地，不断丰富了人民群众的精神文化生活，发展和繁荣了淮安文化。

从省内兄弟馆之间的交流到与省外博物馆的合作，多年来，淮安市博物馆开展文物交流的范围越来越广，参观的人数和层次也逐步提高。每天展览参观人数都在 2000 人次左右，高峰期日接待量近 8000 人次。观众的年龄层次由原来单一的学生群体，转变为以社会各行各业市民为主的多层次群体，尤其是外来务工者群体的加入，让我们看到文物交流展这一"文化大餐"的魅力，也看到文物交流这一方式尚有进一步拓展的空间。

二、在区域交流合作中，把专业研究逐步推向深入

在新时期如何拓展科研工作的深度和广度，也是各级博物馆必须面对的一个重要课题。正如有学者云："研究型博物馆是博物馆发展壮大的不竭动力。"[1] 通过区域交流与合作，构建研究型博物馆，探索具有中国特色的博物馆专业理论体系，使专业研究呈现出多元化的新气象。

1. 打破单一、封闭的传统模式，发展区域交流与合作

首先，在保护与修复方面，聘请专家担任技术支撑。

近年来，在我国文物保护事业中，科研成果发展迅速，但其中有一个比较薄弱的环节，即动手能力强的专业技术人才相对缺乏。如文物保护修复人

才，据国家文物局的一项统计数据显示：我国从事文物保护工程的人员约有7万人，其中真正的专业技术人员只有1万人。而专业技术人员的比例应达到40%，即约2.8万人才比较合理。针对这么大的专业技术人员缺口，文物部门尽管连年举办系列文物修复培训班培养人才，但短期成效不明显。

鉴于文物修复人才紧缺的形势，淮安市博物馆在文物的保护与修复方面，通过各种渠道和全国文博界的知名专家学者取得联系、展开合作，利用他们的智慧和才华，为我馆提供有力的专业支撑。

比如淮阴高庄战国墓青铜器的保护与修复项目。起初由于专业技术人员的缺乏，淮安市博物馆制定的文物保护修复初步方案未获通过。此后，经南京博物院青铜专家王金潮对方案修改完善，并到北京邀请国内专家潘璐、孙机等人论证，对方案提出修改意见。方案三上三下，趋于完善和成熟，最终国家予以立项，批准为修复保护项目。我馆委托南京博物院修复了该批青铜器，于2009年通过国家验收，修复成果得到国家文物局的高度认可。2010年初，我馆将《淮阴高庄战国墓青铜器修复保护项目》申报国家文物保护科学和技术创新奖一等奖。

再如淮安运河村战国墓木雕鼓车的保护修复项目。淮安运河村战国墓的木雕鼓车2004年7月出土，被定为国家一级文物。我馆几度赴陕西、河南、甘肃、山东等地考察，与渠川福、袁仲一等专家座谈和交流，学习和借鉴复原成果。方案初步制定后又广泛征求国内知名专家胡继高、奚三彩等人的意见，使复原方案几上几下，并反复对复原方案进行论证。袁仲一先生曾致信对保护修复提出宝贵意见。此保护项目得到南京博物院的大力支持帮助。2007年，《淮安运河村战国墓木雕鼓车的保护修复项目》列入国家文物局国家重点文物保护项目。2011年顺利通过国家文物局验收。

同时，在田野考古方面，有效地整合考古资源。

江苏省文化厅副厅长龚良曾这样定位江苏的考古事业："以大带小，以强带弱，资源共享，共同发展。"各级考古单位技术力量合作，共同对本地区及其周边区域进行考古、发掘和研究。加强了国家、省、市各级科研单位与学者的纵向支持和横向合作，是一种创新的合作模式，不仅是一种探索，各级科研单位的密切协作、分工互助、优势互补，更使考古工作得以深入开展。因淮安市博物馆没有团体领队资质，报批考古发掘证照必须依托有团体资质的单位，通过这种渠道完成田野考古项目。

淮安运河村战国墓是迄今江苏地区出土的规模最大、结构最为奇特的战国贵族墓葬。2004 年 7 月，我馆主动上报并请南京博物院从田野考古和文物保护修复上给予支持和帮助。南京博物院和淮安市博物馆合作对淮安运河村战国墓进行了发掘。该墓葬获 2010 年全省首届田野考古优秀成果奖，这是新中国成立以来江苏省田野考古工作获得的最高荣誉。

又如作为国家大遗址保护项目的淮阴区码头清口枢纽遗址发掘是淮安市博物馆主动发掘的项目，由中国遗产研究院牵头，前后陆续经过五年的考古发掘，于 2013 年 9 月顺利通过国际古迹遗址理事会专家组的验收，考古发掘的成果受到了联合国专家组的一致赞誉，认为我馆的考古工作科学、全面、系统，成绩突出，为研究和保护大运河提供了重要的资料佐证。

淮安清浦区王庄村古墓群由南京博物院和淮安市博物馆联合承担考古发掘，2014 年 3 月顺利通过江苏省文物局专家组的验收。该考古工地被江苏省文物局评为优秀考古工地。

2. 敢于创新，构建网络三维数字化博物馆

当今社会是信息时代，以信息技术为主要标志的科技进步日新月异。数

字博物馆是博物馆在 21 世纪一个崭新的发展领域。我国在二十年前就已经开始了博物馆数字化的探索。中国博物馆学会于 2003 年 11 月 28 日成立了数字化专业委员会，国家文物局已经将数字博物馆的研究正式立项。目前，我国数字博物馆建设还处于起步阶段，主要进行实体博物馆的信息化建设，重点工作在于利用计算机技术收集、整理、保存、加工和展示各类文物信息，在应用软件研发和局部信息基础设施建设方面，取得了一定的成绩，有影响的项目主要有数字故宫、数字敦煌以及上海博物馆、南京博物院、河南博物院等信息化工程。2006 年，"南京数字文物可视化管理平台"项目启动，"平台"项目采用遥感、地理信息系统技术、激光三维扫描测量技术、近景摄影测量技术、三维文物建模技术和虚拟仿真技术等高新技术，对南京市 127 处国保和省保单位进行数字化平台建设。项目完成后，不仅保存了文物信息，而且游客只需动动手，就可以进行参观，了解文物。

2012 年 11 月，淮安市博物馆顺利完成了"网络三维数字化博物馆"项目的一期建设，以实现场馆、展览的全方位三维虚拟化及馆藏文物的数字化、多媒体化展示，并通过交互操作的形式，让观众了解青铜器修复过程、字画修裱过程、陶瓷器修复技艺等专业技术。委托北京中科软科技股份有限公司进行了技术实现，使该馆成为全国地市级博物馆中第一家数字博物馆建成单位。

三、在区域交流与合作中，人才流动与培养形成有效机制

21 世纪是人才的竞争。人是博物馆的智力财富，博物馆的各项工作都离

不开人的主动性和创造性。各级博物馆要成为合格的现代博物馆，必须重视人才的培养和流动，才能充分调动人的能动性，发挥博物馆各类人才的潜力。通过区域内外的交流合作，培养富有创造力的文博工作者，是各级博物馆应该积极探索的课题之一。

以淮安市博物馆为例。该馆首先着眼于引进人才，先后从厦门大学、南京大学、山西大学、南师大、南艺、徐师大等高等院校，引进了考古、图文设计、美术研究等十余名专业人才和4名素质较高的研究生。为了强化宣讲效果，加强讲解员队伍建设，在编制不足的情况下，我们采取编外聘用的办法，公开招聘了3名本科学历的讲解员，同时又引进了获得全国优秀讲解员称号的高素质讲解员1名。为了加强安全保卫工作，确保馆藏文物安全，又从实际需要出发，公开招聘了5名具有本科学历的安保人员。淮安市博物馆现有在编人员30人，本科以上学历25人、大专学历3人，高级职称7人、中级职称9人。

同时，为了提高在职人员业务素质，我们采取了送入高等校院深造办法，先后选送了5名同志到南大、南京博物院等相关院校、科研单位进行知识提升和更新。对年轻有为的专业人才，重点培养、重点使用，鼓励发挥其积极性。例如派送专技人员参加中国遗产研究院举办的全国出土文物保护修复培训班深造，参加南京博物院举办的首届野外拓片技艺培训班及江苏省文博系统书画鉴定培训班等。同时，为充分利用和发掘人才资源，对具有较高学术成果、已经退休的研究员实行返聘，充分发挥他们的余热，对中青年技术骨干做好传、帮、带。

文化传递是文化的纵向积累与传承，文化传播是文化横向的交流与融合，它们纵横交织构成了文化发展的源泉与动力，使社会既能保持传统优秀文化因子，又能吸收外来先进文化。博物馆在文化传递与文化传播方面都负有重要任务，在文化积累与文化交流方面都具有广阔天地。

博物馆事业事关文化传承、历史延续，事关社会发展、文明进步，在文化事业建设中责任重大，任重道远，只有不断总结现有的经验做法，认真汲取省内外、国内外同行们的宝贵经验，不断创新，开拓进取，才能把博物馆办得更加富有特色，为社会进步和经济发展做出应有的贡献。

参考文献

［1］ 自庶，《建设研究型博物馆》，《中国博物馆》2004 年第 1 期。

试论RFID在博物馆中的应用

史为征

中国海盐博物馆

内容提要

新技术对博物馆的影响越来越大，如何将新技术和博物馆的管理结合起来就成了博物馆人要重视的问题，本文试对 RFID 在博物馆中的应用进行探讨，以期对博物馆如何运用新技术带来一定思考。

关 键 词

RFID 博物馆 应用

RFID（Radio Frequency Identification）即射频识别技术，又称无线射频识别，是一种通信技术，可通过无线电讯号识别特定目标并读写相关数据，而无需识别系统与特定目标之间建立机械或光学接触。射频识别系统最重要的优点是非接触识别，它能穿透雪、雾、冰、涂料、尘垢和条形码无法使用的恶劣环境阅读标签，并且阅读速度极快，大多数情况下不到 100 毫秒。RFID 是一项易于操控、简单实用且特别适合用于自动化控制的灵活性应用技术，可自由工作在各种环境下。射频识别系统主要有以下优势：①读取方便快捷。数据的读取无需光源，甚至可以透过外包装来进行。有效识别距离更大，采用自带电池的主动标签时，有效识别距离可达到 30 米以上。②识别速度快。标签一进入磁场，解读器就可以即时读取其中的信息，而且能够同时处理多个标签，实现批量识别。③数据容量大。数据容量最大的二维条形码（PDF417），最多也只能存储 2725 个数字，若包含字母，存储量则会更少。RFID 标签则可以根据用户的需要扩充到数十 K。④使用寿命长，应用范围广。其无线电通信方式，使其可以应用于粉尘、油污等高污染环境和放射性环境，而且其封闭式包装使得其寿命大大超过印刷的条形码。⑤标签数据可动态更改。利用编程器可以向写入数据，从而赋予 RFID 标签交互式便携数据文件的功能，而且写入时间相比打印条形码更少。⑥更好的安全性。不仅可以嵌入或附着在不同形状、类型的产品上，而且可以为标签数据的读写设置密码保护，从而具有更高的安全性。⑦动态实时通信。标签以与每秒 50～100 次的频率与解读器进行通信，所以只要 RFID 标签所附着的物体出现在解读器的有效识别范围内，就可以对其位置进行动态的追踪和监控。无线射频技术是物联网技术的核心技术之一，物联网概念始于 2005 年，由国际电信联盟提出，和"云计算"并称为 IT 界的两大"新秀"。国家文物局对全国文物信息的管理采纳了"云"计算的理念，物联网技术辅助博物馆管理也成了发展趋势。无线射频识别技术被应用到博物馆库房，还是近几年的事情。

目前博物馆管理中存在的问题，一是文物的标识以纸质标签和漆笔标记为主，文物标识编写工作量大，对操作人员的专业技能要求高，专业性强；为保证文物登记和管理由账目与实物一一对应准确无误，需要反复人工核对，工作强度高，工作量大，工作效率低，易产生人为失误。二是文物安全管理主要靠人和管理制度严防死守，安全管理完全处于被动状态；不能够远程实时监控管理博物馆内的文物的实时状态、馆内游客实时流量情况。三是缺少个性化、人性化的游客导览系统；缺少游客流量实时统计分析、预警管理系统。

一、无线射频识别技术在管理藏品中的应用

文物传统标识方法与 RFID 标签比较

文物管理	传统技术手段	RFID 技术手段
文物标签	纸质标签、易损易坏	RFID 标签，可在恶劣工作环境使用
文物辨识	效率低	效率高
辨识范围	近距可视，常需移动和触及文物	一定距离，不需移动和接触文物
辨识数目	单个	多个同时
盘点核查	费时费力且易发生错误	快速容易且不易发生错误
文物位置	人工确定	系统生动识别确定
文物信息	人工采集整理	实时自动采集写入
文物状态	不确定、人工管理	实时确定、管理
文物安全	无法确保，失物无法立即发现	实时监测变化，自动即时报警

博物馆的每一件藏品都具有它独特的收藏意义，国家文物局2001年制定颁布的《博物馆藏品信息指标著录规范（试行）》对藏品的"实际数量"释义为"一物一号"。"一物一号"的规定使得每一件藏品都有一个唯一的总号，若将这唯一的总号信息录入无线射频识别标签，并且附着于藏品器身上便形成了藏品的身份识别卡。

藏品一般都存放在库房的藏品柜架中，而且库房藏品密集排放，因此识别标签的终端机选用手持终端机将会更加便捷灵活。此外，文物的这一保管对象的珍贵性使得它客观上要求藏品标签应该是"无源标签"。无源标签较之于有源标签能够更好地保护藏品不受损坏，且无源标签的成本相对较低能够替博物馆节约经费。通过无线射频识别技术进行文物库房管理，可以实现藏品的出入库管理、藏品盘点、快速查找等工作的信息化和自动化。

在博物馆中，尤其是拥有海量藏品的大馆，如何快速地寻找到目标藏品？如果目标藏品用囊匣存放、多件藏品放置于同一囊匣之中，那么寻找起来将会难度更大。无线射频识别技术能够很好地解决上述问题，保管员在手持终端机中输入要查找藏品的总号，一旦手持终端进入目标藏品的芯片的识别有效范围内就会发出报警铃声，告知已经找到目标藏品。打开手持终端机中目标藏品的详细信息，比对实物藏品信息及图片，便可确定该件藏品是否为目标藏品。这种方式"不触物"的藏品查找方法既方便快捷，又降低了对藏品的物理损伤，拥有传统手工管理无法比拟的优势。

保管工作人员打开手持终端中核对统计功能，逐架盘点，手持终端能够迅速查找到该架上缺失的藏品。例如，某库房中，01-01-01架上有十件藏品，总号000001的藏品"借用"。当保管员点开盘点功能下达盘点

01-01-01架的任务之后，手持终端机在报警9次之后，屏幕上显示000001号藏品缺失。保管员打开000001号藏品的详细信息，查看当前处所指标项，若该指标项显示为"借用"，那么01-01架的盘点工作完成。如果仍然显示"在库"，那么就需要追踪该文物的去向。依此工作方式，可以在显著地提高盘点效率的同时，进行"不触物"的盘点，同时尽可能地保障藏品的安全。

通过无线射频识别手持终端可以帮助形成藏品修复记录、藏品出入库记录等等，总之每发生变化一次，就用无线射频识别手持终端识别一次，系统会自动记录该次操作并且备注该次操作的用途目的。若字段中的任何一项记录重新操作变化，则通过刷新方式自动在本字段生成新纪录，并将原有记录下推另起一行，形成历史记录，而且这些记录都会被服务器按照时间顺序以TXT格式的数据永久地保存下来，以便查证。

博物馆中的藏品都是具有纪念意义的重要物品，如果发生展览品损坏或丢失被盗现象，无疑是重大损失。然而传统的人员定岗监督模式不仅浪费人力物力，更是不可能做到实时跟踪监控。针对此现象，运用RFID技术，可以实现博物馆内展览品的实时监控定位系统。对于展馆内的展品应进行不可移动监控。在展览品底部安装一个自动传感装置，自动传感装置可实现物品的移动监控，即当发生展览品移动现象时，自动传感装置感应并发出传感信号，同时当附近安装的固定读写器感应不到传感器发出的信号后也会将数据传输到控制终端，控制系统会将此信息与数据库中相对应产品的信息相对比，若发生异常会将控制信号反馈到读写器，此时，读写器报警。当工作人员听到报警声后通过读写器上显示信息可以实时定位异常展品并及时采取措施。短距离移动监控是指对于一些可短距离移动的展览品，可通过在产品上粘贴标签来实现对其监控。标签上存储展览品的 ID 标识号码，并且把相关属性存入标签对应的系统数据库，如展览品名称、展览品编号、所列位置、展览品来源以及此标签所对应的首要感应读写器等。某一展览品在博物馆内被移动时，由于每个读写器的识别范围是有限的，当此标签移动出之前对应的首要感应读写器时，此读写器会感应不到标签所发出的数据，此时读写器就会发生报警提示。此外，其他的读写器可以感应此标签的信息，从而实现对标签的定位。盗窃现象监控是展览品在进行属性的确认后，安装标签，标签上存储唯一的能够标识此展览品的 ID 标识号码，并且把相关属性存入标签对应的系统数据库，如展览品名称、展览品编号、所列位置、展览品来源等。在博物馆门口安装固定读写器，当贴有 RFID 电子标签的展览品通过门口，并被读写器感应到时，电子标签中的 GPRS 模块将数据发送到博物馆的相关控制中心，将感应到的状态与控制终端相对应的数据库信息相比较，如果信息匹配，即记录此时的状态即可；若发生异常，读写器将进行报警。监控人员可及时通知安保人员实施相应的措施，从而实现了博物馆内展览品的实时监控管理。

二、运用无线射频识别技术进行电子售票和观众互动

目前大多数博物馆的办公管理方式还停留在较原始的水平。虽然部分场馆配置了计算机、接入了互联网，但售验票工作大多数还采用传统的手工管理方式。纸制的门票虽然印制精美、有纪念意义，但大多还是被遗弃，污染着我们的环境；并且假票、废票、一票复用等现象也时有发生，从而造

成巨额经济损失；闭馆后的清场工作、销售统计管理中的人为疏漏和滞后等问题，也长期困扰着经营管理者。RFID 射频识别技术，可以实现博物馆票务办公的自动化、数字化管理。RFID 标签（代替传统门票）进入磁场后，接受读写器发出的射频信号，凭借感应电流所获得的能量发送出存储在芯片中的信息。读写器读取信息并解码后，送至中央信息系统进行有关数据处理。通过对每一个携带唯一身份信息的射频识别卡片进行信息读取，帮助用户进行身份鉴别、数量统计、近距离互联等功能。RFID 技术一能保证门票的唯一性和不可复制性，杜绝一票复用的现象，便于数据实时采集，通过网络连接，动态更新后台信息数据库，从而保证数据的实效性。二可实时查询馆内人员流量和分布，在闭馆前及时掌握第一手数据，方便工作人员清场；方便数据报表和图形方式统计比较各子馆、各时间段人员流量，使管理者合理安排工作。三可建立完善的门票综合管理系统，实现门票全方位统一的科学化管理；可实现门票的重复利用，降低经营成本，减少污染。

美国的加州技术创新博物馆（该博物馆是第一家使用 RFID 技术腕圈的博物馆）正使用 RFID 技术来拓展和增强参观者的参观体验。他们给前来参观的访问者每人一个 RFID 标签，使其能够在今后其个人网页上浏览此项展会的相关信息。这种标签还可用来确定博物馆的参观者所访问的目录列表中的语言类别。博物馆认为这是参观了解博物馆的一种最好的方法，因为这样参观者能够实现与展馆之间的互动。这种 RFID 腕圈很像一个带有饰物的手链。它是由一个三英寸长一英寸宽的黑色橡皮圈将该博物馆的标签固定住的。每一个 RFID 标签都有一个特有的 16 位长的数字密码粘贴在饰物上面。数字密码被刻在一个薄膜状的蓝绿色铝制金属薄片天线上，天线中央是一个十分显眼的数字配线架——日立公司推出的μ-Chip。这种仅 0.4 平方毫米大的 μ-Chip 是最小的用于标识日期的 RFID 芯片，工作频率为 2.45GHz，其最适合用于像技术创新博物馆的应用程序之类的闭环系统。对于用户来说，他们根本不需要提供任何的邮箱地址或其他类似的信息，他们只需要提供一个 16 位长的数字密码就可以直接登录到他们的个人网页，因此使用这种标签并没有引发侵犯隐私等问题。实际上，许多前来参观的高新技术的爱好者都对此做出良好的反应。博物馆当下已拥有约 40 个此种标签站点，且数目一直在增加。在每一个站点都设有向参观者介绍怎样使用该种标签的招牌和标语，这样就可以使每一个标签都进入 RFID 识读器天线的识读区域内。但有时候，这样的操作说明会显示在一台手动监测器上面。当参观者看到显示灯闪了一下或者听到一声操作音后，便知道他们的标签已经被识读过了。该博物馆成立于 1990 年。自成立以来，就成为了硅谷有名的参观地，吸引了很多家庭和科技爱好者前来参观访问，每年大约能接待 40 万参观者。从参观者所做出的积极良好的反应看来，使用 RFID 标签是成功的。

博物馆开始应用物联网技术，到最终实现博物馆藏品信息的互联和共享，是文博发展的良好愿景。就博物馆学学术领域和发展趋势而言，无线射频识别技术的应用为博物馆藏品管理带来诸多便利，无线射频识别技术的被接受无疑是具有前景的。

参考书目

［1］蒋雨君，《无线射频识别技术在博物馆藏品管理中的应用》，《中国

文物报》2013 年 10 月 16 日。

［2］韩战明，《浅谈 RFID 技术及其在博物馆中的应用》，《创意科技助力数字博物馆》，北京：中国传媒大学出版社，2012 年。

举社会之力助推藏品利用

内容提要

　　一直以来，藏品利用都是博物馆界关注的焦点。很多博物馆都认识到藏品是博物馆的立身之本，但一直囿于藏品不足、资金短缺、人才匮乏等因素，无法行之有效地开展藏品利用工作。藏品是沟通博物馆与社会的桥梁，藏品利用更是博物馆与社会共同面临的问题。因此，博物馆可以在分析自身资源优劣的情况下，战略性地借助社会力量提升藏品利用水平，拓展藏品利用形式，使博物馆藏品真正地取之于民、服务于民，实现藏品的现实意义和时代价值。

关 键 词

　　博物馆　藏品利用　社会力量

扬州博物馆
宗苏琴

藏品是博物馆的生命线，如何有效地利用藏品一直是博物馆界关注的焦点。藏品利用是一门学问，它并非展览、活动、产品开发等单个项目的独角戏，而是一项多种举措有机结合的系统性工作，需要以战略性思维加以解读、实施。但就目前而言，大多数中小型博物馆存在着藏品不足、人才匮乏、资金短缺等多种客观因素，仅凭自身力量一时难以解决问题，若能有效借用社会之力助推博物馆藏品利用，则能收得成效、影响深远。

一、关于博物馆的藏品利用

作为博物馆日常业务的主要内容之一，藏品利用既是博物馆立馆之本，也是博物馆事业的社会意义所在。博物馆的藏品利用通常是指博物馆利用藏品和藏品信息服务社会，主要通过研究藏品发表论文专著、举办陈列展览、开展社会活动、举办学术讲座、进行文化交流、为科学研究服务、为社会提供藏品信息等方式，发挥博物馆的信息传播和社会服务职能。但藏品利用必须以藏品开发为基础，通过增加藏品数量、研究藏品内涵，方能最大限度地利用藏品，实现博物馆的社会服务功能。否则，博物馆的藏品利用只会是无源之水，无本之木，流于表面，无法长久。

作为一项复合型工作，要做好博物馆的藏品利用，需要采取多种方式合力并举，如建立科学管理制度、运用高新技术手段、树立工作人员事业心与责任感、加大社会扶持力度（政府、社会团体及个人）、加强人才队伍建设等等。这些举措都不失为提升博物馆藏品利用功能的良策。而在当今人民群众文化素养大幅提高、艺术品收藏形势迅猛发展、社会公众对博物馆的关注度急剧上升的趋势下，我认为博物馆的藏品利用可以顺势而为，采取一种相对有效、快捷的方式，借助社会之力推动博物馆藏品利用。

二、博物馆借社会之力助推藏品利用的必要性

1. 博物馆功能定位的要求

2007 年 8 月 24 日，国际博物馆协会在维也纳召开的全体大会通过了经修改的《国际博物馆协会章程》，章程对博物馆定义进行了修订，修订后的定义是"博物馆是一个为社会及其发展服务的、向公众开放的非营利性常设机构，为教育、研究、欣赏的目的征集、保护、研究、传播并展出人类及人类环境的物质及非物质遗产"[1]。从博物馆的定义中，不难看出博物馆的存在是源于社会，而存在目的亦是为社会公众服务，是确确实实地归于社会。可见，博物馆与社会是紧密相连、密不可分的，而作为博物馆主要业务内容之一的藏品利用，更是明确以服务社会为宗旨。由此，笔者认为博物馆藏品利用的对象既是社会公众，同样也可从社会中汲取力量，探寻服务公众的途径，以更好地实现为社会服务。

2. 博物馆藏品利用的需求

长期以来，藏品利用一直是困扰博物馆界的一项难题。究其原因，主要有以下几方面问题：一是主动意识不够。目前，绝大多数公立博物馆是事业单位，其用人机制大多是"进时难、出亦难"，加上博物馆无法像企业那样建立竞争激励机制，内部容易形成"温吞水"的不良氛围。因此，很多人抱着只要不犯原则性错误就平安无事的心理，进而在藏品利用方面形成求稳、

求安，重保护轻利用的普遍心态。这是制约藏品利用水平的最大不利因素。二是资金短缺。这是制约藏品利用水平的重要因素。中国众多博物馆，尤其是中小型博物馆中普遍存在此类问题。没有足够的资金保障，就无法有效地征集藏品、保护藏品、展示藏品，这就截断了藏品利用水平提升的有效途径。三是藏品先天不足。藏品是博物馆的立足之本，藏品质量、门类、数量、现状是影响藏品利用水平提升的先天因素。但目前很多博物馆在藏品资源方面存在问题，或藏品重复，或门类单一，或数量稀少，或现状不佳等等，极大程度上制约了藏品利用的内容和形式。四是人才匮乏。藏品和人才是博物馆的核心资源。藏品利用要想得到持久动力，必须依靠强有力的人才队伍。目前国内博物馆总体存在专业人才匮乏、人才队伍结构不合理等问题，高、尖端博物馆人才更是稀缺，制约了博物馆的研究力量，博物馆藏品利用容易产生底子薄、后劲不足等问题。

综合来看，以上问题并非无法解决。古人云，它山之石可以攻玉。既然博物馆自身力量无法改变现状，则可以从社会大环境中汲取力量，有针对性地逐一解决各类制约藏品利用水平的不良因素。

3. 社会力量参与博物馆藏品利用的可能性

近年来随着经济的快速增长和人们生活水平的大幅提高，艺术收藏市场逐渐升温，艺术品收藏大众化逐渐成为趋势。在此背景下，社会公众对博物馆藏品的关注度不断提升，有些高层次的收藏家在积累丰厚的基础上，藏而优则展，主动参与到博物馆的展览和社会活动中来。由此，不断提升的社会收藏热和民众关注度、参与热情，都为博物馆吸纳社会力量开展藏品利用工作提供了强大的群众基础和力量源泉。

三、行之有效地以社会之力推动博物馆藏品利用

在清醒地认识到自身优势和不足的情况下，博物馆可以结合实际状况确定方向，多种渠道借助社会力量推动藏品利用工作。扬州博物馆新馆开馆几年来，在借助社会力量方面做了一系列尝试，在推动博物馆藏品利用方面取得了一定成效。

1. 树立开门办馆、服务社会的办馆理念

在遵循博物馆功能定位的基础上，绝大多数博物馆都是以服务社会公众为宗旨。但博物馆如果只是单纯地"输出"公益服务，而不注重调整服务方式，则难免会陷入曲高和寡、无人响应的尴尬境地。因此，在利用藏品提供公益服务的同时，博物馆应该树立开门办馆、服务社会的理念，适时吸纳社会力量参与到博物馆的藏品利用工作中来，以藏品搭建起博物馆与社会沟通的桥梁，借助藏品实现博物馆与社会之间的服务回路，即实现"博物馆—藏品—社会"。由此，博物馆的藏品资源方能得到有效利用，实现取之于民，服务于民。

新馆开馆以来，扬州博物馆便有意识地吸纳社会力量参与博物馆的各项工作，其中尤以借助私人藏品资源、共同举办专题特展、吸收志愿者为主要形式。八年来共举办了各类私人收藏展十余个，如"明清书画集粹——海上澄远楼收藏展""邗上衔英馆收藏特展""娄东画派特展——邵友红、顾雪琴夫妇珍藏""横空出世——唐宋元明清瓷器极品汇展""文心雅艺"收藏展和"海上生明月——上海著名收藏家刘益谦、应明、颜明宋元明清书画精品特展""华光莹影——仙院藏中国玛瑙器皿展"等，展览级别高、品类丰、受众广、影响深，得到了业内外人士的一致好评，在博物馆借助社会藏

品资源推动本馆藏品利用方面取得了一定成效。

2. 找准藏品利用形式定位，探索社会力量参与途径

博物馆在藏品利用的过程中，应分析博物馆各自存在的困境，划分人群层次，设立专题，对号入座，在立足于地方历史与文化内涵的基础上，确立行之有效的藏品利用形式，拓宽社会力量参与途径。

扬州博物馆虽为国家一级博物馆，但作为中小型地方博物馆，客观上依然存在着资金短缺、人才匮乏、藏品不足等普遍性问题，同时陈列展览、文化创意、宣传服务、社会活动等藏品利用形式仍需完善。鉴于此，近两年来，扬州博物馆仔细分析各类藏品利用形式的利弊和社会人群类型，摸索出了一系列借助社会力量参与博物馆藏品利用的方式。

扬州博物馆社会力量参与博物馆藏品利用实践

项目	社会力量	实例	成效
资金来源	有经济实力的公益企业	龙凤呈祥——博物馆之夜酒会活动	以瓷会友，文化搭台，经济唱戏，拓宽博物馆资金来源渠道，保障了展览活动的学术水准，扩大了宣传范围，培养潜在的乐于公益文化事业投资的企业家。
藏品研究	社会知名专家，如退休文博专家、知名文化学者等	"师带徒"活动	充分利用丰厚的文博师资力量，增强博物馆人才队伍建设的专业化和深入性，保证博物馆人才资源的持久力。
陈列展览	热衷文博事业的专业藏家	海上生明月——上海著名收藏家刘益谦、应明、颜明宋元明清书画精品特展	整合社会资源，调动社会力量，在意识多元化、经济首位化的时代，以深厚文化底蕴及精品文物为主体，引导社会主流意识，发挥正能量作用，树立爱国主义情怀。

项目	社会力量	实例	成效
讲解接待	热心公益的各层次、各年龄段的普通民众	各种专题的博物馆志愿者	提升博物馆社会影响力的同时，拉近博物馆与社会公众的距离，借助社会公众力量，吸纳公正评判建议，提供公平学习机会，实现公益文化服务，壮大公共文化事业。
人才结构	满足博物馆发展需求的相关行业专家	名誉馆员	通过聘请各行业专家，弥补博物馆自身人才结构不合理的缺陷，增强博物馆人才队伍的综合素质，以保证藏品利用的质量和水平。
文化创意	有一定艺术造诣的艺术家和艺术类学生	博物馆文化产品创意大赛	以最专业、最艺术的方式创新博物馆藏品利用形式，以最快捷、最受欢迎的方式将博物馆藏品送到社会公众身边。

3. 建立博物馆核心人才队伍，合理借助社会力量

在大力借助社会力量提升藏品利用水平的同时，博物馆仍应该明确馆内力量和社会力量的主次地位。只有建立自身的核心人才队伍，博物馆才能总揽全局、掌握主动，合理有效地借助社会力量，实现以内管外、以外养内的目的。近十年来，扬州博物馆根据业务需求，已经逐步培养出了一小部分知文物、懂观众、会利用（藏品）、善服务的核心人才队伍。平时，这些人才分布在不同的工作岗位上，以自身岗位为核心，不断积累工作经验，提高工作水平，并在各自工作圈内起到带头人的作用；在专项综合工作中，他们又能够灵活地组成专项工作组，打破部门界限和知识壁垒，系统地完成博物馆藏品利用的各项工作，顺利地利用藏品搭建博物馆与社会的桥梁。只有以战

略性的思维管理自己的核心人才队伍，博物馆才能以之为核心带动社会力量参与到自身的藏品利用中来。

综合来看，博物馆借助社会力量参与藏品利用是势在必行，这既是社会发展的需求，也是博物馆自我提升的需求。合理借助社会力量，提升藏品利用水平，更能实现藏品的现实意义和时代价值。如节约发展成本，使博物馆以最小的成本，最大限度地均衡发展；与时俱进，与社会完全一致同步发展，既紧密联系社会，又把握住了博物馆的生存之本……当然，要想行之有效地借助社会力量参与藏品利用，绝非一日之功，仍需博物馆随着社会形势的发展不断努力探索。

参考文献

［1］宋向光，《国际博协"博物馆"定义的新调整》，《中国文物报》2009年6月3日。

浅谈县级博物馆藏品保护与利用的现状与对策

内容提要

县级博物馆在传统文化的继承和发扬、地域文明的传播、爱国主义教育和公众文化的服务中发挥着积极有效的作用。藏品作为博物馆发挥社会功能的关键依托，是博物馆存在的价值所在。因经费紧张、资源缺乏等方面的原因，县级博物馆的藏品保护与利用面临着严峻的挑战。本文从它所面临的现状、存在的问题进行剖析，以求探索藏品保护和利用的新办法，为县级博物馆的生存和发展谋出路。

关 键 词

中小博物馆 藏品 保护与利用

仪征市博物馆 刘勤

315

博物馆是收藏、保护、研究、展示人类文化遗产的场所，体现的是一个城市和地区的文化底蕴和历史文脉。而藏品作为博物馆存在的价值所在，在博物馆开展业务活动、发挥社会功能等方面起着重要作用，可谓博物馆的生命线。我国博物馆事业发展迅速，据统计，到2013年全国博物馆总数已达3866家。其中作为我国博物馆基层馆的县级博物馆占有相当大的比例，其藏品具有本地区浓厚的风俗特色，在地方文化中发挥着十分重要的角色。

然而目前，一些县级博物馆因经费紧张、资源不丰富等诸多方面的原因，在藏品收藏、保护、研究等方面的现状不容乐观，亟待引起全社会的关注和重视。县级博物馆在藏品保护与利用上的对策和出路在哪里呢？作为一名基层博物馆工作人员，笔者结合工作实际，对此做一粗浅的探讨。

一、县级博物馆藏品保护、征集、研究现状

1. 藏品保护软硬件差

文物的保护需要良好的条件，而大部分县级博物馆的藏品保护管理条件差。一是藏品保存条件不达标。有些县级博物馆因是老馆，没有像样的库房，环境较差；而一些新建的博物馆注重了展厅的建设而忽略了库房的建设，库房面积狭小，藏品拥挤，远远达不到藏品保护的要求。二是藏品环境控制设施简陋，大多数县级博物馆的库房、展厅里没有恒温恒湿、空气净化等设施，导致文物自然损坏严重，藏品的保护设施也严重缺乏，没有足够的文物柜架和囊匣，藏品在库房内随意堆放，自然损坏、人为损坏极其严重，不利于文物的保护。三是安防、消防设施不达标。有的博物馆安防、消防工

程未达标就对外开放，存在极大的安全隐患。四是管理不规范。一些博物馆内部管理制度差，缺乏一套对藏品保护和管理的科学管理制度。藏品登记分类混乱、入库排架无序、编目统计不清、建档内容不齐等现象严重。加之保管员的素质参差不齐，不熟悉基本操作规程，导致人为损坏现象存在。五是藏品保护技术手段落后。大多数县级博物馆因资金、设备、人才等原因，藏品现代化保护技术水平差，缺乏科学保护方法，特别是在文物保护和修复上没有技术来解决，只能眼睁睁地看着文物随着时间的推移而腐蚀或消逝。

2. 藏品征集渠道窄

对于博物馆来说，藏品是其赖以生存的基础，是开展各项业务工作的重要保障。藏品征集是博物馆增加藏品数量、提高质量的重要手段，需要政府投入足够的资金来维持。然而，县级博物馆无论在藏品的数量、门类、品种，还是藏品的质量、档次上都无法与大型的综合性博物馆相比，普遍面临藏品数量不多、门类不全、品种单一、重复较多、档次不高等问题，很难支撑一个独立的展览。作为地方的非营利公益事业单位，财政支持力度小，加之大多数馆自身造血功能不强，运行经费尚且不足，更谈不上花更多的资金来投入文物的征集。由于藏品征集渠道窄，博物馆的藏品数量几年甚至十来年都没有明显增加，有的馆甚至因为自然和人为的原因，藏品数量还有所减少。缺少了藏品的支撑，博物馆的存在就显得苍白，影响力也就日趋衰弱。

3. 藏品研究底子薄

由于藏品本身的局限，县级博物馆一般都不具备研究级的藏品体系，给藏品的系统研究和深层揭示带来困难。这是制约中小型博物馆藏品研究的瓶颈。加之县级博物馆专业人员少，有些馆的藏品管理员相当于库房保管员，专业工作技术含量不高，藏品的登记建档工作都不规范，更谈不上对藏品的专业研究。人才的缺失带来科研能力的下降。可以说，目前相当多的县级博物馆对藏品的研究处于非常滞后的状态。由于对藏品的内涵、性质等缺乏科学系统研究，导致藏品所蕴含的信息无法得到充分的揭示，藏品利用的技术附加值偏低，从而导致陈列展览上没有特色，只是简单地罗列展品，没有深度的解读，不能传递给公众应有的历史、科学、艺术的知识，发挥不了藏品应有的价值。正是因为对藏品的研究薄弱，不仅使得展陈失去特色，没有吸引力和感染力，观者寥寥，更使得博物馆自身的特色不鲜明，定位不准确，宣传不到位，长此以往，博物馆的社会地位也日趋下降。

二、县级博物馆藏品保护和利用上存在的问题

县级博物馆在藏品保护、征集、研究等方面面临的现状可谓不容乐观，它必然制约博物馆的健康良性发展，造成不少博物馆只能是守摊子过日子，得过且过，路越走越窄。

1. 运行经费不足

经费问题是县级博物馆普遍存在的突出问题。现在的县级博物馆主要依靠地方财政的拨款，业务经费很少，自身的创收能力录取差，导致了博物馆全年的运营经费不足。有些博物馆的"运营经费"仅能勉强维持博物馆开门所需的水电费、保安、保洁等物业管理费、设施设备更新维修费，遑论博物馆的藏品征集、保护、研究等所需费用。据笔者了解，像江苏这样的经济发达省份，也只有苏南地区的县级博物馆运行经费能由政府给足，而苏中、苏北地区的县级博物馆普遍面临着运行经费严重不足的困境，没有经费的支

撑,何来博物馆事业的发展?求生存已不错了。多数的县级博物馆由于经费匮乏,无法支撑起博物馆的业务工作,使得藏品保护、征集、研究等工作无法很好地开展,久而久之容易造成恶性循环,造成一些县级博物馆维持在守摊子状态,博物馆成了文物堆放的仓库,藏品得不到有效保护与科学利用,极大地阻碍了文物和博物馆事业的发展。

2. 专业人才匮乏

博物馆是一个专业性很强的部门,要求有历史、考古、博物馆学、文保等多种专业的人才。而县级博物馆普遍面临人才缺乏、专业骨干青黄不接的问题。有些博物馆由于历史原因,安排进来的多是非专业人员,业务不熟悉,专业技术能力差,甚至一些博物馆的馆长也不熟悉业务或更换频繁,使得博物馆工作开展起来困难重重。目前,虽然国家对事业单位用人机制进行了改革,有效杜绝了人情关的进人弊端,但是由于分配制度、用人指标等因素的影响,县级博物馆大多数条件一般,待遇不行,专业人才进不来也留不住,人才引进、知识结构等诸多问题仍制约着博物馆的发展。苏北地区大多数县级博物馆多不过十人,少的只有二三人,而且很多还不是专业人员,这样的博物馆也只能守守摊子,哪里谈得上对藏品的保护、征集和研究呢?

3. 发展意识淡薄

博物馆作为社会公益性事业,需要社会方方面面的关注和支持。县级博物馆面临的困难,除了经费和人才的缺乏,还缺少意识上的重视。一是思想认识上有偏差,一些地方政府将博物馆的建设作为形象工程,一旦博物馆建好之后,对其今后的生存和发展却不再关注。二是博物馆自身缺乏竞争机制和创新意识。大多数县级博物馆门庭冷落,故步自封,往往存在着"等、靠、要"的思想,市场意识、竞争意识、创新意识不强,缺乏相应的激励机制,内部管理体制改革滞后,人员只满足于混日子,无从谈起藏品的收藏、研究、陈列等基本业务工作,直接制约、影响了博物馆事业的发展。

三、县级博物馆藏品保护和利用的对策

藏品在博物馆中的地位可谓举足轻重,没有藏品,博物馆的存在就失去意义,没有藏品的科学保护和合理利用,博物馆的发展就面临危机。面对时代带来的机遇和挑战,县级博物馆应该如何应对,县级博物馆的出路在哪里呢?作为一名基层博物馆馆长,结合自身的实际工作,笔者认为,要因地制宜,开动脑筋,拓宽思维,积极探索藏品藏品保护和利用的新办法,为博物馆的生存和发展谋出路。

1. 多方争取,切实解决经费瓶颈困难

俗话说"巧妇难为无米之炊"。要想使博物馆的藏品得到很好的保护,首先是解决经费的问题。对于县级博物馆,一方面要积极争取各级财政的大力支持,除了地方财政有保证外,还要善于争取专项经费,如免费开放补助经费、藏品保护和修复补助经费等,确保专款专用。其二,借助社会各方力量,吸引社会资金对文物保护的投入。其三,增加自身的造血功能,利用自身的优势,加大文化产业的开发,努力把博物馆推向市场,从而多方面地获取经济收入,缓解资金压力。只有资金得到了保障,才能顺利推动藏品工作的开展。仪征博物馆自2006年建馆开放以来,多方争取资金,改造了库房基础设施,增加了库房面积,增添了专用柜架,各库房配备了空调等设施,

重要文物均量身定做了囊匣，有效改善了藏品的保存环境。

2. 夯实基础，加强藏品保护与管理

建立健全的藏品保护管理制度是博物馆藏品科学管理的重要依据和准则，对于县级博物馆来说，要改变藏品管理混乱、家底不清、账物不符的现状，首要的是要健全规章制度，夯实基础，实行科学管理。仪征博物馆自开馆以来，将藏品的科学管理作为工作重点，按照《博物馆藏品管理办法》，结合博物馆实际情况，制定藏品管理实施办法，严格按规章制度执行。对馆藏5000多件藏品进行全面清查核对，摸清家底。同时充实管理员队伍，做到专人专库管理，藏品按照类别实行分库管理，一一上架标注序号，登记、编目、建档等工作有序进行。按馆藏珍贵文物数据库建设要求，完善藏品的电子档案和纸质档案，做到每件藏品均有案可查，从而使保管工作做到制度健全、账目清楚、鉴定确切、编目详明、保管妥善、查用方便。

二是对藏品进行科学修复与保护。馆藏文物的修复与保护是确保藏品能得以长久科学保存的前提。县级博物馆并不具备修复保护藏品的能力，必须与大中型博物馆、科研单位合作，借他们的力量有效保护馆藏文物。仪征博物馆近两年与南京博物院、扬州博物馆、荆州文保中心合作，对馆藏的150件铜器、木漆器、陶瓷器、书画等进行了保护与修复，从而使藏品得以有效保存。目前，我馆与南京博物院合作，实施藏品预防性保护工程，加强藏品保存环境的达标建设，加大对现代化保护设备，例如恒温恒湿机等的投入，从而使藏品得到更科学合理的保护。

3. 开拓创新，拓宽藏品征集渠道

县级博物馆因经费紧张，不可能像大中型博物馆有充裕资金征集藏品，在资金少、藏品征集渠道窄的情况下，仪征博物馆开动脑筋，积极开拓藏品

征集范围，使藏品数量和质量不断得以提升。一是发动社会力量向博物馆捐助藏品。2006年以来，社会人士向仪征博物馆捐赠331件藏品，其中有退休老人捐赠其多年收藏的雨花石198枚，有扬州剪纸大师捐赠其剪纸作品98幅，既增加了博物馆藏品的数量，也丰富了藏品的种类，体现了博物馆的地域特色。二是在征集上不求大而全，注重小而精，征集有地方特色的藏品，如仪征特产雨花石、地方名人书画、民俗文物等，既节省了经费，又能展示地方文化。三是积极发挥博物馆的功能，加强地下文物保护。通过考古发掘的出土文物一直是我馆获取藏品的最主要渠道。仪征地下文物资源丰厚，配合重大工程建设和农村基本建设，我们充分发挥主观能动性，做好地下文物保护工作。自2004年以来，抢救性考古发掘古墓葬607座、古遗址9处，出土文物4400件，经鉴选增加藏品2077件（套）。通过考古发掘，既有效保护了地下文物，也增加了藏品的数量，这些藏品出土地点明确，记录完整，组合齐全，为研究仪征地方历史文化提供了重要的实物资料。

4. 加强学习，提高学术研究能力

面对县级博物馆专业人手不够、研究水平滞后的问题，一是要尽可能争取扩大编制，引进文博专业人才，二是要加强对现有人员的业务培训，提高业务水平。仪征博物馆从建馆以来，不断引进高层次、高学历的专业人才，目前拥有文博专业人员6人，其中高级职称1人、中级职称5人，涉及考古、历史、文物鉴定、陈列设计、文物保护等专业。在实际工作中，我馆一方面邀请南博、扬博专家来馆传授专业知识，一方面积极参加省、市文物部门组织的各项专业培训，加强岗位的继续教育，不断提高专业水平，使员工的专业素质和水平得到了有效提升。由于专业人员的结构和水平得到提高，极大地促进了博物馆的各项业务工作和学术研究。近几年来，仪征博物馆坚持学术立馆，投入了大量的人力物力财力，加强对藏品的研究，深入发掘藏品的内涵，相继出版了《仪征出土文物集萃》《仪征馆藏古代铜镜》《仪征博物馆藏出土陶瓷》等系列丛书，对于鉴赏和弘扬地方历史文化具有积极意义。

总之，随着时代的发展，县级博物馆要顺应现代社会发展的主流趋势，积极做好藏品的科学保护和合理利用，从而提升博物馆的服务社会、服务大众功能，充分彰显博物馆的社会价值，提高博物馆综合竞争力，使博物馆事业发展永葆勃勃生机。

参考文献

[1] 王宏钧主编，《中国博物馆学基础》，上海：上海古籍出版社，2001年。

红色旅游产业发展与品牌营造

茅山新四军纪念馆　孙志军

内容提要

　　红色旅游是以游览革命遗存、旧址和纪念性设施为主要形式，以传承革命文化精神为主要目的的旅游活动，并在近年迅速发展起来的一种特殊的旅游休闲类型，具有与众不同的特点和发展模式。借助良好的政策环境和高品位的红色旅游资源，实现产品的市场化、多样化、综合化的特点。本文作者认为走政府主导和市场化运作的道路是国内成熟开发的红色旅游地的主要发展模式，红色旅游产品开发须尊重市场规律、强化核心内容、注重品牌营造和宣传工作，并对红色旅游资源和品牌进行区域整合，推进红色旅游产品向自身特色方向发展提出建议。

关　键　词

　　红色旅游　产业发展　品牌营造

一、发展红色旅游的意义

2000 年以来，红色旅游作为新型主题旅游形式在我国逐渐兴起。"红色旅游"是指以中国共产党领导民众在革命战争时期形成的纪念地、标志物为载体，以其所承载的革命历史、事迹和精神为内涵，组织接待旅游者开展缅怀学习、参观游览的主题性旅游活动。近年来，红色旅游不仅可迎合一部分旅游市场的特殊需求，也给革命老区带来了可观的经济效益，促进了地方经济发展。一大批国内著名的革命纪念地利用老区丰富的红色文化资源将发展红色旅游作为振兴地方经济的重要举措，并已取得初步成效。《红色旅游规划纲要》指出：开展红色旅游是新的历史条件下党中央、国务院从加强和改进新时期思想道德建设、弘扬革命传统、促进老区经济社会发展、巩固党的执政地位的战略高度，作出的一项重大历史性决策。红色旅游具有寓教于游、价格适宜等特点，各旅行社也纷纷推出了系列红色旅游线路来满足市场需求。坚持遵循旅游产业发展规律，统筹规划、量力而行、因地制宜、融合发展、不断创新，是红色旅游健康持续发展的根本方法。

二、当前红色旅游的发展状况

1. 红色旅游资源的群聚性特点

了解红色旅游资源地域分布特征，营造红色旅游资源区域竞争优势集中表现在两个方面。一是红色文化块状化集中。红色旅游资源也具有区域分布差异，我国革命文化历史反映出在不同时期、不同阶段、不同地区出色地开展了大量的革命活动，留下了大量的革命遗存、旧址以及群众相互传颂的红色经典，但是由于地理条件、物质资源、群众基础等方面的差异，主要的革命文化区域也呈块状分布的状态，因此，红色旅游资源也具有块状分布的特点，在主要的革命活动地区红色旅游资源相对集中，知名度较高。二是红色旅游产业化集中。由于旅游产业发展六要素各部分之间的关联性、互动性强，需要旅游产业内部和旅游相关产业的共同支持才能为旅游者提供完善、优质的服务。通过红色文化资源作为载体和抓手，把红色旅游区域内部和周边的其他相关资源相互协调，才能有效构建红色文化资源区域性竞争优势。《红色旅游规划纲要》中也明确提出了要发挥红色旅游资源的地域集中的优势，形成具有不同地域特色、服务全面完善的红色旅游经典景区。

2. 红色旅游产品的政治性特征

严格来说，国内红色旅游从建国开始一直存在，直到 20 世纪 90 年代初，多以纯粹的政府接待为主，但作为一种旅游产品向市场推出的还没有起步。20 世纪 90 年代后期，随着全国旅游业的大发展，红色旅游才逐渐开始摆脱纯政治接待性色彩，开始进入市场需求、政府主导、企业运营时期。但红色旅游的真正大发展还是从 20 世纪 90 年代末开始的，随着党和国家领导人对一些革命老区经济、社会发展的关注，以及特定的时代要求，红色旅游进入快速发展期。尤其是 20 世纪末，是一些重要的纪念日如抗战胜利 50 周年、建党 80 周年、90 周年等较集中的时期，加之 2000 年以后，党的十七、十八大的召开，这一系列时间节点促使红色旅游的发展势头更加迅猛。但从总体来看，红色旅游的发展仍存在比较浓厚的政治倾向和烙印，同时其规模、效率仍滞后于国内整体旅游业的发展。

3. 红色旅游产品的融合性特色

虽然经过很多年积累发展，一部分红色旅游景区和景点形成了比较完整的景观的区域布局，产品服务也逐步走向了专业化、产业化的道路，如江西井冈山、陕西延安等地。但是还有很多的红色旅游景区和景点由于资源、交通、产品影响力等原因，没有形成区域内的竞争优势，产品形式比较单一，产业体系发展还不够完善，只能与其他旅游资源相对接，相互融合、合作，形成了与其他旅游产品形式的有机关联。现在这种旅游方式已经很多，逐步形成了红色旅游与绿色旅游、红色旅游与生态旅游、红色旅游与民俗旅游等形式相融合，效益突出、效果明显，正在展现旅游产品融合的生命力。

三、红色旅游模式创新必须遵循的原则

红色旅游产品创新既要注重社会效益，又要创造经济效益，同时既具有传统旅游产品的特点，又具有新型旅游产品的特质，其开发应遵循四项原则。

1. 突出主题特色的原则

主题与特色是红色旅游产品的灵魂，是吸引旅游者的主要源泉和市场竞争的核心。主题是对旅游产品及其相关因素进行组合所形成的内在、统一的基调，这里的旅游产品基调就是"红"。主题的设计与塑造要有特色，而这里的特色要通过确定的"红"色主题来体现。红色旅游产品的开发，要尊重历史的真实性，把这样的旅游产品娱乐化是不可取的，理应恢复红

色旅游资源真实、自然、历史的本来特征，深挖红色文化核心价值，融入到当地特定的历史文脉及地域文化中，弘扬红色精神，凸显红色主题，形成地方特色。

2. 适应市场需求的原则

旅游业具有典型的市场经济特征。旅游需求是旅游产品产生、发展和消亡的决定性因素。因此，红色旅游产品开发必须与旅游市场相适应，以满足旅游者的需求为中心，特别重视参与性、观赏性和趣味性，以实现产品价值和提高市场竞争能力。要以市场需求为起点和终点，确定红色旅游产品开发的导向和规模，构建不同类型、不同层次的旅游产品体系。

3. 协调系统发展的原则

旅游产品具有显著的综合性特点。要满足旅游者吃、住、行、游、购、娱等各方面的需求，涉及众多功能不同的部门和行业，必须系统规划，优化各旅游要素配置，形成服务品牌化、内容精细化、形式多样化的红色旅游产品。同时，红色旅游产品开发要打破条块、部门的分割，解决各自为政的局面，充分发挥比较优势，采取区域内资源的有效整合，加强部门和区域间的分工与合作。

4. 组合交叉开发的原则

发展红色旅游不仅要靠"红色"来吸引，也要综合评判、借助其他旅游资源的优势和特点，因地制宜地实行红、绿（自然生态）结合，红、古（历史文化）结合，红、蓝（海洋河流）结合，红、俗（民俗风情）结合等等，形成优势互补，打造综合型和复合型的旅游产品，调整景区内产品结构，增强综合吸引力，扩充客源市场范围。

四、打造品牌强化红色文化影响力

1. 强化品牌发展战略

打造区域文化品牌，促进生产要素聚集。比如，在华东地区着力打造新四军红色文化品牌，以茅山革命老区为中心，整合苏南、苏北、皖南等新四军活动区域的新四军历史文化资源，大力发展红色文化旅游和影视剧制作，加大红色旅游景区、景点的建设，把体验式旅游与红色旅游结合起来，形成与游客之间的互动效应，增强红色旅游的吸引力，形成完整红色旅游产业链条，改变资源过于分散、行业集中度不高、市场份额不大的现行状况，逐步形成大景区加精品线路发展格局。

打造新兴产业品牌，优化红色旅游产业结构。红色旅游与科技的高度融合是红色文化产业发展的突出特征，只有二者的高度结合才可以创造高附加值。我们应充分依托和利用"铁军"品牌，在推进红色图书报刊、红色广播影视、红色艺术演出等传统文化产业快速发展的同时，优先发展高科技含量、高附加值的新兴红色文化产业门类，构建完整的红色文化产业链。为此，要制定出台一整套的开发红色文化产品的政策和措施，引进其他产业发展的成功模式，尽力把静态的红色文化产品改造成动态的红色文化产品。

打造文化精品品牌，丰富文化产品供给。要积极寻求相关方面的大力支持，着力实施红色文化精品工程，制定繁荣红色文学艺术创作的具体意见，设立红色文艺创作专项基金和红色精品工程奖，形成一批优秀作品竞相涌现的良好局面，先坚持量，再提升质，从而在文化市场上占有较大份额。应充分利用国内丰富的新四军文化资源、智力资源、科技资源以及历史情感，营造宣传、弘扬红色文化的大气氛、大环境，促进红色文化艺术的研究、开发和生产，并寻求成果的转化，朝着大众化、精品化方向发展。

2. 推行体验式产品战略

体验经济从旅游者表面的和潜在的需求出发。当旅游者的需求被充分发掘出来，他们会自觉地为体验付费。一方面，旅游者体验感好的时候，其消费行为往往受非理性因素的支配，这时，他们只要认为通过进一步的货币支出可以得到更高级的体验，甚至是顶级体验，必然愿意支付额外的费用；另一方面，体验经济下旅游产品的开发比在服务经济下更具多样化和个性化，这就提供了一个较大的利润空间。例如在拉脱维亚的港口城市利巴雅，有一座100多年前沙皇俄国建造的监狱。用红砖建成的监狱是一座二层建筑。打开铁门进入其中，可以看到在黑暗的单人牢房的墙壁上刻有"我想回家"等犯人的笔迹。监狱曾经用来关押苏联军队的政治犯和扰乱军队内部纪律者。监狱1997年被关闭，这里就成了一片废墟。如今，这座在苏联解体后被关闭的监狱成为了一个旅游景点。

大力开发互动产品。长期以来，游客和舆论界对红色文化旅游有一个很大的意见，就是红色产品是静态的，是被动的，不是互动的，不可参与，与趣味、娱乐有太大的距离。因而有必要改变过去的那种老面孔，以全新的形式寓教与旅游娱乐之中：一是增加故事性，以小见大、以人说史。历史故事往往形象、生动、有趣、平实，贴近公众和生活，有亲和力。要深度挖掘鲜活生动的革命历史故事，包括故事中感人的细节，既要反映领袖、英雄等在革命历史中的重要作用，也要通过"小人物"的故事揭示人民创造历史的真谛。二是属于情境化，通过情境恢复与再现来展示演绎革命历史场景和历史事件。三是增强体验性，运用游客参与互动的艺术表现形式，设计一些体验式、参与式的旅游项目，让游客在亲身体验活动中感受红色文化旅游的内涵和乐趣。要顺应游客需求，不断创新，设计组合出"原汁原味、有惊无险、苦中有乐"的旅游项目，以增加红色文化旅游的趣味性和吸引力。

3. 实施营销整合战略

首先，要加强红色文化旅游关联品的营销。在实施产品营销时，特别要注重它是集食、住、行、娱、购、游于一体的旅游，所以在体制上要创新，做到统一管理、统一形象的一条龙服务，引进资金共同开发，加强基础设施的投入与建设，做到住宿、餐饮服务好、交通便利、娱乐新颖、购物有特色等要素的紧密结合。

其次，要重视"红色""绿色""古色"等旅游产品的组合营销。除了丰富的红色文化旅游资源，"绿色""古色"旅游资源也要得到充分发展。因此科学规划"红""绿""古"三色旅游产品的组合营销，要以"红色"为龙头，历史文化为纽带，青山绿水显魅力；要以"红"带"绿"，用"红色"感染人、凝聚人；以"绿"衬"红"，用"绿色"来留住人、陶醉人；以"古"衬"红"，用"古色"文化来吸引人、陶冶人，以此形成三色旅游相得益彰、融合发展。

第三，还需重视价格策略。基于红色旅游的竞争格局，红色文化旅游应以低价格来吸引旅游者，从而能迅速地打开红色文化旅游市场，这也符合爱国主义教育的精神。低廉的价格不代表不提供优质服务，游客可在进行红色文化旅游的同时自愿参与别的旅游项目。

第四，要加强促销手段的多样化。一是广告促销，把革命事迹写成书，拍摄成电影、电视，让全国人民熟知。二是活动促销，为突出独特的红色文化旅游,在一些特别的革命纪念日,在学校、机关团体中举行一些巡展、巡演,激发游客的潜在欲望;或举办一些全国性、有影响力的旅游活动,如红博会等进一步宣传红色文化旅游。三是品牌促销。为创红色精品线路,红色文化旅游既要提供好的产品,更要提供良好的服务,发挥"口碑"效应,使游客为红色文化旅游充当义务宣传员。四是网络营销。现在国内很多旅游者是通过网络来寻找旅游目的地,所以红色文化旅游点一定要高度重视网络营销,并善于网络媒体进行宣传营销。

五、产业形成品牌效应还需苦练"内功"

革命文化的存在,一般是以纪念馆或者遗址、遗迹对社会开放,要抓住加强红色旅游景点建设这一历史机遇,发展壮大自身,形成品牌效应,真正打造具有特色的红色旅游产业链,就需要在新的形势下,积极探索红色旅游景区的自身规律,突出教育基地的功能,不断增强基地对观众的感染力和吸引力,这是红色旅游功能的纪念馆事业生存、发展的根本动力和价值所在。

1. 注重内容挖掘

革命纪念馆的基本功能是保管历史资料,运用史料体现教育功能。要发挥优势,不断向社会奉献主题鲜明、内容丰富、时代感强的展览,形成新的展示格局。注重内容的挖掘、增加展览的吸引力,给纪念馆注入了生机和活力,更加显示出各革命纪念馆在精神文明建设中的不可替代作用。

2. 注重学术研究

学术研究是革命纪念馆各项业务活动的基础性工作,在纪念馆的工作中具有重要的地位和作用，是纪念馆展示自我，对外宣传交流的有效手段。不仅如此，还要加强对革命领袖人物、中国革命史、世界史等相关专业的研究，不断推出有本馆特色、理论深度和指导作用的学术成果，充分发挥学术研究的带动作用，增强自身的发展后劲。

3. 注重文物征集

历史不再重现，但是革命文物可以形象地再现历史，是一笔宝贵、不可多得的精神财富。要十分重视对革命文物的征集、研究，特别是一些重要的有历史背景的文物，要注重文物背后的故事的发现，充分发挥革命文物的教育功能。

4. 打造精品陈列

纪念馆是人类文化的载体，要充分显示出对观众的感召力。要针对观众的不同情况，在陈列内容上突出主题，在形式上独具一格，在手段上灵活多变。因此要在内容不变的情况下有新的突破，就要求革命纪念馆打造有自己独特个性、品牌并形成精品的展览并对其精心维护和持续投入，不断注入新的内涵，使精品表现出持久的魅力，精品展览深入人心、感染观众，从而树立红色文化的品牌。

参考文献

[1] 尹晓颖、朱竑、甘萌雨，《红色旅游产品特点和发展模式研究》，《人文地理》2005 年第 2 期。

[2] 黄细嘉、曾群洲、陈志军，《红色旅游可持续发展的战略思考》，《经济研究导刊》2008 年第 19 期。

［3］魏鸿雁、章锦河、潘坤友,《中国红色旅游资源空间结构分析》,《资源开发与市场》2006 年第 6 期。

［4］白洁、杨靓、李俊,《红色旅游区域产业集群化发展策略探讨》,《山东商业职业技术学院学报》2006 年第 6 期。

［5］朱孔山,《区域红色旅游产品体系构建与开发》,《商业研究》2007 年第 8 期。

［6］孙志军,《试论红色文化传播与产业发展策略》,《文化遗产研究通讯》2012 第 2 期。

［7］纪东海,《论革命纪念馆打造红色旅游品牌》,《徐州工程学院学报》2005 年第 1 期。

试谈博物馆展览的『通』性

内容提要

博物馆是服务社会的文化机构，展览是实现其职能的重要环节。随着经济的发展和观众需求的变化，展览的重点也要随之调整。调整的重点在于面向观众，注重沟通。沟通是双向的，沟通也是复杂的，如何使博物馆的展览很好地同观众沟通是我们需要研究的问题。展览要能做到很好的沟通效果，首先要明确博物馆为人民服务的自身定位；其次，要切实增强领导的专业决策能力，在领导的支持下达到各部门的通力合作，分析观众构成，提升业务人员的专业素养；再次，要以"生活化"的思想指导展览主题的确立和文字表达的方式，勇于变化，善于打破文物摆放的常规，深入挖掘"沉默藏品"的内涵。最后，应当注意到，展览并不只是存在于展厅之中，还应该包含与展览有关的各种活动和文化产品的开发。

关 键 词

博物馆　展览　沟通

句容市博物馆　杨京

博物馆是服务社会的文化机构，其服务的水准在很大程度上取决于陈列的优劣。一个好的陈列展览的主题和表达方式必定是面向生活，注重沟通的。这里的沟通指的是布展人与观众的沟通，文物本身与观众的沟通，文物背后的历史与观众的沟通，现实与历史的沟通。只有注重沟通才能使得观众很好地理解布展人的思想情感与表达的态度，最大程度地理解文物本身及其历史后面的故事，理解现实与历史的关系；只有沟通才能获得共鸣，传播的信息量才会最大，社会效益也会最大。随着经济和博物馆事业理论的发展，越来越多的学者关注、提倡互动和为观众服务。笔者拟从博物馆定位、展览的准备工作、展览内容的具体方面、展览的外延影响对如何做好"沟通"进行探讨。

做好展览，首先要明确博物馆的定位。博物馆作为文物的收藏、保管、研究机构，是沟通历史与现在的桥梁。历史是大众的历史，这就决定着博物馆应该在科学指导下尽量生活化，杜绝"精英"模式。生活化并不是拉低学术水准，而是用科学的态度使得展览尽量贴近生活，方便观众的理解。生活化的场景和表达有助于沟通历史和现实，使观众感到亲切。博物馆对观众来说是一个相对陌生的环境，在这样的环境里只有让观众完全放松下来，才会激发观众的激情和创造力，充分感受文物的魅力和展览人员的用心。

展览的好坏是各个部门合作的结果，一个好的展览需要做好三方面的准备工作：一是组织的支持和愿望。一个展览是否开始策划，策划的主题是什么，表达方式如何，完全取决于组织是否同意和支持。组织内成员的观点，尤其是领导的观点往往对展览产生重要的作用甚至是决定性的作用。因此组织的整体观念和领导同志的专业素养首先要得到改变和升华。整体观念要转到如何能与观众更好地沟通，如何更好地服务群众。二是策展人员的专业素养和工作作风。要明确观众在沟通中的地位和作用，要对观众重新定位，让观众从旁观者变为参与者，从被动接受到主动体验。通过将历史与自身经历进行比照，从历史的旁观者变为历史进程的参与者，变为与历史创造者的沟通和交流[1]。陈列设计人员要切实了解观众的需求，尊重观众，那么他设计出的陈列展览才可能被广大群众所接收，否则就只是孤芳自赏而已，没有观众的认同，策展人员不会感受到激励，无法形成良性互动。策展人员的专业素养关系到展览的深度及层次，而观众的需求又是不断在变化，因此有必要加强对策展人员的培训。三是分析本地受众群体的构成。每个博物馆都是为一定区域的群众服务的，只有了解本地观众的年龄、学历、爱好等方面，才会在展览策划中做到胸有成竹。县级博物馆的观众多是老人和孩子，因为这两类人群时间相对比较充裕，尤其要关注老年人，一方面可丰富老年人的生活；另一方面，老年人的兴趣爱好会对孩子产生重要的影响，有利于从小培养孩子的博物馆热情；再则，老年人是博物馆可以开发利用的人才资源，在他们之中进行二次人才开发，发挥其所长，是对他们的慰藉，有利于其身心健康[2]。省级或地级市的博物馆构成相对复杂，需要长期的分析和观察。同时观众的构成在一定条件下会发生比较大的变动，如长假期间，学生们会成为众多的潜在观众，所以在策划展览时也要考虑到这一点，因时因地做不同的调整。

展览的具体内容方面，首先，要以"生活化"为指导，注重说明文字的"熟悉化"。陈列展览的主题和表达方式要生活化，陈列展览的文本是布展人员思维方式的反映，可以有意识地淡化科学术语，转而采取比较朴素的生活语言，朴素的语言有助于观众联系自己所熟悉的世界[3]。另外文字的表达可以采用多种修辞手法，增加语言文字的活泼性[4]，以加深观众对展品、展览表现出的情感取向的认知和理解。优美语言的运用可以很好地增加观众的认同感，增加文物的吸引力和乐趣，激发共鸣，引起强烈的代入感，这个过程其实也就是观众与布展人员沟通的过程。其次，要发掘文物内涵，关注那类数量众多的"沉默标本"。布展中一个不可忽略的内容就是馆藏文物，展览要面向观众，但是更应该考虑自身馆藏文物的特点和数量，只有对馆藏文物有着足够的理解和认识，才能在布展中很好地表现出文物的特点，还原本真的文物，包括文物的制作过程、用途，促进文物与观众的沟通。但是在展览策划的时候时常会遇到馆藏文物没有足够的数量来支撑的问题，尤其是县级博物馆。那么怎么解决这个问题呢？那就要关注那些"沉默藏品"，包括馆藏众多的钱币或者造型相同或相似的文物，以及非常易得的陶瓷片。这里用陶瓷片和钱币举例说明一下。这类"标本"往往数量较多或较为易得，但不被人们重视。这类并非"文物"的标本有着完整文物所没有的特点。如果精力和财力允许，在这方面努力一番可能会收到意想不到的效果。陶瓷碎片可以和文化遗址联系起来，可以和文物修复联系起来，可以看到完整文物看不到的剖面，还可以做成各种艺术品，同时因为并非真正意义上的文物，那么就可以允许观众触摸，又或者干脆来一个"陶瓷碎片展"，展示不同陶片的特色。再如钱币，大多博物馆的钱币展览只是挑选珍贵的钱币按照时代进行展示，那些普品通常就被堆放在库房中。那么这些普品钱币如何利用呢？完全可以借鉴商周青铜器纹饰布局的主辅方式，珍贵钱币是主纹饰，那些普品钱币可以按照展览的主题来确定摆放的形状，例如摆放成一批文字、花朵等等，作为辅纹。让这些普通钱币也有机会展出。第三，要注意展览的色彩控制及文物的摆放问题。展览的空间往往由于前期的设计而无法做到随时变动，但是我们可以利用灯光、色彩来控制景深、突出重点。好的颜色设计和通俗优美的展示文字相结合无疑可以增加展览的观赏性。在文物的摆放问题上，可以适当淡化时间元素，根据表达主题的不同结合排列，尤其在临展中可以尝试"混搭"，打破同质地、同时代、同功用的习惯陈列方式，在保证文物安全的前提下可以增加摆放的层次性和艺术性，突出相似与传承。例如可以把后世的仿铜瓷器与同类型青铜器摆放在一起。之所以强调是临展，是因为临展往往时间较短，不同质地文物摆放在一起的时间较短，对文物保护的影响较小。

通常意义上，人们认为展览只是局限于博物馆内的展厅，但从展览的功能上来讲这并不完全，应该还包括因展览产生的各种影响，例如文化产品的开发。对应展览的文化产品是展览的延续，可以增强对观众的感染力和辐射力，好的产品有助于观众的回归和多次参观，应当受到重视。文化产品的开发应当摆脱千篇一律的"复制"，在价格方面应该分层覆盖，考虑到普通群众的购买意愿和购买力。

总之，博物馆展览应当注重沟通。优秀的展览需要组织的支持和布展人员的努力，更需要观念上的创新，使观众在参观的过程中理解布展人员的用心，学习文物的详细知识，了解历史生活的真实状况，找到历史与现实的结合点，愉悦身心、增加知识。展览并非仅限于展厅，还包括与展览有关的各项活动和产品，应该注重展览后续工作的开展和相关信息的收集。

参考文献

[1] 宋向光，《拨动心弦，感动观众——试论历史陈列与观众的沟通》，《中国博物馆》2004 年第 4 期。

［2］张宁，《博物馆要关注老年观众》，《中国博物馆》2001年第3期。

［3］刘金宏，《博物馆陈列展览主题主线确定的依据与表达方式的生活化取向——以广东历史文化展览为例》，《中国博物馆》2007年第2期。

［4］魏敏，《博物馆展览文字浅析——观众研究视野中的案例分析》，《东南文化》2012年第2期。

浅谈革命纪念馆藏品对爱国主义宣传教育的影响

丹阳市总前委旧址纪念馆 王玉娟

内容提要

　　纪念馆作为爱国主义教育的重要载体，在建设中国特色社会主义中起到积极重要作用。文物藏品是一个国家和民族历史发展无可替代的实物见证，可以潜移默化地影响和培养人们的爱国主义感情，成为团结全体人民的重大物质力量。

关 键 词

　　革命纪念馆　藏品　爱国主义　教育宣传

革命纪念馆是为纪念近现代革命史上重大事件或杰出人物并依托有关的革命遗址、纪念建筑而建立的纪念性博物馆，是保护收藏机构，也是宣传教育机构和科学研究机构，是我国博物馆事业的重要组成部分。

开展爱国主义教育是革命纪念馆的一项中心工作。纪念馆在进行爱国主义、革命传统教育和传承历史、维系社会、继承文化的多样性方面发挥着极其重要的作用。文物藏品是革命纪念馆开展宣传教育重要载体，如何合理地征集、运用革命藏品，是我们革命纪念馆工作人员一直研究、思考的课题。笔者结合多年来的工作实践，谈几点粗浅体会。

一、真实的革命藏品是进行爱国主义教育宣传的根本

纪念馆通常采用文物、实物和照片相结合，历史场景复原与高新技术相结合等现代化展示手段，将祖国百年风云历史画面真实地展示给观众。生动的演示效果、逼真的情景、磅礴的气势以及强烈的震撼力、感染力和表现力让观众身临其境。

纪念馆作为我国博物馆事业的重要组成部分，其社会功能在于利用历史人物或历史事件的遗迹、遗物，传播有关的历史知识，弘扬进取精神，向人民群众特别是青少年进行爱国主义和革命传统教育。改革开放以来，特别是进入21世纪以来，我国纪念馆事业取得了突飞猛进的发展，伴随着这种大发展和大繁荣，纪念馆的展览数量不断增多，馆藏文物和藏品的利用率不断提高。革命文物不仅是纪念馆生存和发展的基础，也是开展爱国主义教育活

动的重要载体。虚假的文物则代表了虚假的信息，虚假的情感，是被社会所唾弃的，是文物工作者所不能容忍的。随着红色旅游的高速发展和红色藏品的持续升温，革命文物的市场价格节节攀升，利益的驱使吸引了大量造假分子包括革命文物的原持有者，利用真文物制作一些假的革命文物，以假乱真，牟取暴利，使得文物造假泛滥，扰乱了市场，对征集费用并不宽裕的基层革命纪念馆的征集工作造成不小的冲击和影响。

为了用有限的经费征集到真正有价值的真实文物，征集人员必须尽可能全面地接触、研究和掌握这些革命文物产生的历史背景、发展演变过程、主要特征以及功能和作用等知识，更要系统全面地熟悉和掌握中国革命历史知识，了解市场上有关革命文物的作伪情况，清楚赝品的形式和特点，不被似是而非的赝品所迷惑，在众多的征集物品中找到本馆需要的真文物。时时注意、事事了解、关心时政，关注文物方面的资讯，多参加有关革命文物研究和鉴赏交流活动，积极把握主管部门、行业系统组织的有利于培养革命文物征集人员的各种学习、研究、交流、锻炼的机会。

二、革命藏品的特有价值为开展爱国主义教育增添了吸引力

当前，各类革命纪念馆建设方兴未艾，而让人们记忆深刻的却为数不多，究其原因，主要是因为随着经济社会的不断发展，广大人民群众精神文化需求出现多层次、多方面、多样性的特点，审美情趣、欣赏习惯、评价标准等与过去相比有了较大变化。社会公众对纪念馆陈列的需求日趋多元，希望看到更多

不同的纪念题材，享受更多不同视觉表达方式，期待能给人以创新启迪和审美愉悦的陈列展览。我国纪念馆的陈列设计从过去的侧重于图片、文字、实物展示到现在的侧重于声光电、数字化展现，有时甚至到了滥用的程度。有的陈列展览不仅每件文物都要采用人工光源处理，而且配音视频、模拟动画等充斥整个展览，令人目不暇接、眼花缭乱。文物展品反倒成为配角，文物展品本身的文化魅力也被遮蔽。

纪念馆是特殊意义的存在，它们都有各自的主题思想，这是展馆的灵魂，藏品是其重要的载体，能不能紧扣住主题思想是至关重要的。上海战役总前委旧址纪念馆是江苏省爱国主义教育基地、江苏省全民国防教育基地，开馆至今一直致力于开展爱国主义教育和革命传统教育。总前委旧址是不可移动文物，旧址通过简单的陈设就将当时总前委领导人陈毅、邓小平带领总前委工作人员在丹阳工作、生活的场景展现在观众眼前。纪念馆展厅内虽然运用场景展示、观众互动、动漫作品等艺术手段，但文物依然突出，两者相辅相成，全面展现总前委在丹阳运筹解放接管上海的生动历史画卷。

展厅内有两件"丹阳造"的二级文物，均为方形布质，长约20、宽约10厘米，一件为白底黑字、居中印有"上海市人民团体临时联合会人民保安队"臂章；一件为蓝底黑字、居中印有"上海市人民团体临时联合会人民宣传队"的臂章。

这两件臂章是由离休干部、原上海市红旗中学校长齐国贞捐赠我馆的。1949年5月，为了能够主动地有秩序地接管上海，总前委、华东局遵照中央指示组织接管人员在丹阳筹划接管上海的各项准备工作，印制军管会的布告、命令，制作臂章、胸章，刻制接管部门的印章等是其中一项工作，这两件文物就是当时在丹阳制作的。新中国成产前夕的上海笼罩着一片白色恐怖的阴云，党组织用汽车把装有大批人民保安队和人民宣传队臂章的一只大樟木箱和一个黑色化纤袋秘密运送到齐国贞的父亲、原冯玉祥的勤务兵齐梦春在上海的家里，由他保管。为防止被国民党发现，齐父甚至没有告诉自己子女真实的情况。5 月 25 日，齐父将箱子运到国棉一厂，那里是中共沪西区委所在地。上海一解放，这些臂章就出现在许多同志的胳膊上了。

我馆宣讲人员在每次讲解时，都要突出介绍这两件藏品。因为当时新解放的丹阳举全城之力支持解放上海，积极开展各项准备工作，印制这些臂章、胸章用光了丹阳城内所有的布匹，全城所有刻字的师傅集中在一起，夜以继日，花了近一个月的时间完成了 500 多枚公章的刻制任务，众多地下党员、民主人士前赴后继冒着生命危险运送、保管这些物资。确保上海解放后复杂艰巨的接管工作有序快速地展开，仅用了两个月时间就胜利完成。

三、革命藏品的时代特性决定了爱国主义教育的宣传方向

对纪念馆而言，其陈列应是主观历史的表现，但是，由于纪念馆拥有了文物——客观历史的碎片，在某种意义上成就了纪念馆拥有了客观历史，纪念馆对客观历史的再现的功能，也成为它在精神文明建设事业中的地位无法被取代的重要原因。

文物可以反映一个特定的时代的真实面貌，或是成为特定人物在某一时期的实物见证。革命纪念馆内的文物藏品内容极为丰富，不仅记录了先辈艰

苦奋斗的优良传统，而且凝聚了人们改革创新的聪明智慧。它是一个国家和民族历史发展无可替代的实物见证，正潜移默化地陶冶和培养人们的爱国主义感情，成为团结全体人民的重要物质力量。

我馆收藏的文物中有很多极具史料价值、观赏价值和研究价值，它们既反映了当时所处年代的情况，又给我们留下了研究的空间。我馆展厅二楼展放的军用毛毯、绑腿、挎包等三级文物，是上海党报《解放日报》创刊人肖木当时在丹使用的生活用品，印证了《解放日报》在丹创刊的历史。1949年南京解放后，中共中央回复华东局关于上海、南京党报的命名问题，指示"上海党报决定命名为解放日报，南京党报决定命名新华日报。毛主席已允写报头。"由济南《新民主报》新华社华东总分社和华东新闻学校人员组成的新闻大队，经过整整一个多月的艰难跋涉，匆匆赶到中共中央华东局领导机关当时的集中地——丹阳，为入城办报作准备。驻扎丹阳后，新闻大队及时明确编辑部人员组成与分工，学习党的城市工作政策，确定报纸的性质、内容、版式。当时驻扎丹阳的陈毅元帅百忙中不时召集新闻大队领导干部研究各种问题，多次亲自到大队驻地荆林桥"王氏祠堂"看望和慰问"新闻战士"们，期间，他参加修改了《解放日报》第一天要刊登的发刊词《庆祝大上海的解放》。1949年5月28日，《解放日报》还没有订户，只凭着报贩们穿街过巷地叫卖，十万多份销售一空。

博物馆的未来会朝着集历史教育、艺术欣赏、公众参与、文化传播和娱乐休闲一体化方向发展前进。革命纪念馆通过持续开展革命文物的征集活动和举办革命文物陈列展览等方式，不断丰富革命文物馆藏，着力强化革命文物的特殊教育作用，达到藏以致用、以史育人的目的。具有本馆特色的多样化的陈列内容使文物藏品的内涵更加深刻地呈现在观众面前，使参观者在比较中获取更多有益的文化信息，在比较中深入思考，从而达到爱国主义教育宣传的目的。

参考文献

［1］单霁翔，《解读博物馆陈列展览的思想性与观赏性》，《南方文物》2013年第3期。

［2］苏东海，《博物馆的沉思——苏东海论文选》，北京：文物出版社，1998年。

文物藏品立体化保管刍议

泰州市博物馆 解立新

内容提要

　　现阶段博物馆藏品保管需要从改变传统模式入手，构建一种新型的多层次多手段的立体保管模式，通过两大子系统、四级平行模块，从实物仓储式保管变为多含义开放式保管，使之能更好地适应文物搭建沟通桥梁的作用。

关　键　词

　　藏品保管　保管模式　立体化　新技术

21 世纪，博物馆的地位和功能发生了前所未有的变化，它已经成为一个国家、一个民族或一个地方的品牌形象，是现代城市的"名片"，是城市综合实力和软环境的体现。博物馆面临的挑战也随之而来，博物馆工作的观念逐步从过去重视收藏、征集、展览发展到现在对收藏、展示与公众关系的重视，从以往的以"物"为本到如今的以"人"为本。近年来，国家又大力实行公立博物馆免费向公众开放的政策，把博物馆建设和管理纳入公共文化体系建设和保障公民基本文化权益体系之中，更加凸显其地位。而要做到以人为本，重要的一点是需要以藏品为纽带。

博物馆的藏品从最原始的状态到最终收藏于博物馆的途径不外乎地下出土和多年传承两种，当文物入藏博物馆后，为了完善文物的各种社会功能，就有了保管、修复、保护、研究、展示等几大工作。这里着重谈谈藏品保管如何更好地适应文物"搭建沟通桥梁"这一功能。

在新环境里，博物馆文物保管工作的观念和方法产生了新的变化。一方面是传统模式的完善和提高，另一方面是新观念和新技术的植入和普及。故而本文提出适应藏品沟通作用的立体化保管的理念，它是一个以藏品为基础的开放式的根系结构模式，即以文物藏品本身为根基，下有两个子系统，一个是藏品的文字系统，一个是藏品的数字系统。文字系统以以往的文物账目和卡片为基础，可扩展为藏品的管理文字系统、展览文字系统、宣传文字系统和研究文字系统四方面。数字系统又可分为图片和音视频两部分，以数字媒体技术为手段，虚拟博物馆和数字博物馆为载体，实现信息互动、平台终端多变，真正做到文物信息与广大受众的多项沟通，将藏品变为博物馆和广大受众的一座桥梁。下面笔者就藏品立体化保管谈谈自己的一点想法。

一、目前博物馆藏品保管的现状和不足

据不完全统计，目前中国已有 4000 多家博物馆，其中大多数是中小型博物馆，它们普遍存在文物征集费少、考古调查发掘项目有限、接受文物捐赠或指定收藏的文物数量不多等情况，其藏品存在总量不多、门类不全、等级不高、缺乏系统性等特点。

多年来国家也颁布了文物保管的一系列制度，对这项工作有很好的指导和管理作用，但是以上这些实际情况加之以往的博物馆藏品管理要求的简单化，使得许多中小型博物馆的文物保管工作还停留在看管这个层次，是一种仓储式的工作，类似于工厂的仓库保管，只能保管文物的安全。藏品的登记、编目、管理以手工为主，工作的专业技术含量不高，藏品信息资源开发利用的技术附加值偏低，多媒体技术、声像技术以及网络通讯技术的应用几乎尚未起步。

近年来，国家启动了珍贵文物数据库管理系统的建设，并在全国范围内开展可移动文物普查，这些工作对新形势下提高文物的保护、管理和利用水平以及发挥文物的社会功能有很大的推动作用，但其应用的成熟还需要一个较长时期的积累与完善。

这些年，许多地方都兴建了博物馆新馆，博物馆的硬件条件无论从面积还是从设备等得到很大的改善。但是以上博物馆藏品的保管现状促使我们思考，为了适应新型博物馆的职能和变化，我们中小型博物馆的文物保管工作如何来得到提升，如何充实内涵。

二、立体化藏品保管的内涵和目的

立体化藏品保管的核心内涵就是将文物实物保管模式变为文物实物加信息管理模式，这一变化恰恰是为了适应藏品的对外展示，它所言的信息是一种经过博物馆人员解读之后的深层信息，是需要我们不断研究的新东西。

以往的文物实物保管工作经过多年的发展已经实现了制度化和规范化管理。文物保管的制度化即从一件文物的征集入藏开始，在文物的清理、修复、入藏、登录、保管、提用、拍摄、展览等各个方面制定相关的规章制度，并且严格执行，加强监督。文物保管的规范化主要是技术层面的规范化，如在文物登录上做到藏品定名规范化，藏品分类规范化，藏品总登记号的规范化，藏品年代的规范化，藏品计量与记件规范化等等。在文物保管整个流程中强调规范化运作。

在博物馆事业不断发展的今天，单纯的文物实物保管模式已远远不够，其主要缺陷在于它的封闭性和单一性。封闭性说的是博物馆的文物藏品除了用于博物馆的固定展览和临时展览之外，绝大部分都收藏于库房，一些大馆更是如此，它们与观众乃至外部专业人员不存在沟通的可能。单一性是指它的保管是以实物为主，而其他的账目大多是一种附属品，文物本身的内涵和价值一方面没有得到重视，另一方面由于专业力量的薄弱，虽然进行了文物相关信息的采集，但是范围狭窄，仅仅停留在原始的数据上面，缺乏横向和纵向的比较与联系，不仅在本馆范围内的比较不够，更没有在全省乃至全国的大背景下的综合考量。

除此之外，文物还有一个动态性的特点，动态性指藏品的保管在最初的定性后，还有完善补充的过程。藏品征集过程中所获得的信息是藏品的初始档案，仅依靠初始档案对藏品进行研究、陈列、宣传是远远不够的。藏品建档后，其藏品档案内容不应该是一成不变的。只有在保管和使用过程中不断补充和完善藏品档案，才能更加丰富而准确地记录下它们的历史价值、科学价值和艺术价值。同时，用恰当的手段记录，藏品在保管和使用过程中发生的各种情况，才能使该藏品的价值不断递增，便于为社会提供服务。

针对上述的情况，藏品立体化管理的文字和数字两大子系统解决了以往文物只见其名未见其形的严重不足，能够很好地解决现有保管状况的相关问题。比如说一件书画作品，从文字上我们知道它是什么时期的，画的是什么，题款和印章分别是什么，作者是谁等等，但是我们对于它的了解依然是十分模糊的。那么这件书画作品的展示和传播从起始阶段就出现了阻碍。有了数字系统之后，我们对它的了解就全面了许多，平面文物有了图片，立体文物增加了视频，每一件文物立体地出现在我们的眼前，为博物馆人员对它的再利用提供了基础。

藏品立体保管的文字系统我们又可分为管理文字系统、展览文字系统、宣传文字系统和研究文字系统四方面。管理文字系统主要用于文物的日常管理，基本立足于以往的文物账目，比如编号、名称、数量、来源、尺寸、残损状况等，在原有基础上加以规范和补充，规范的是以往文物定名等方面的不足，补充的主要是对以往没有涉及的一些现代科技文物指标，比如陶瓷文物的物理和化学指标等。展览文字系统主要面对展览的需要。当前的博物馆展览已经有了专业策展机构，但是大部分博物馆还是立足于本馆人员，不管哪种形式，展览的基础都来源于藏品，所以展览文字系统是十分必须的。它首先也是最重要的是为每件藏品建立适应本馆的展览展题系统，每件文物可以进入不同的几个展题，这项工作需要整个部门的通力合作。在展题的确立下完成模拟展览的文字系统，即对文物中符合展题的元素的提取。宣传文字系统是适应当下各地报刊传媒对文物宣传的需要，要求通俗性、趣味性和可看性，我们在藏品中要有目的地建立这一系统，做到有备无患，并且为研究文字系统打下良好的基础。研究文字系统是藏品最高级别的文字系统。它是在前面几个系统基础上的一个集成，是博物馆人员研究工作的体现，也是博物馆课题研究的雏形。它要求有的放矢，详略得当，在建立基础系统的过程中树立课题意识，多层次、长期化地构建。研究文字系统是提高博物馆学术地位的保障，最终做到对受众高层次的精神输送。

藏品立体保管的数字系统是直接作用于我们的感官的，它是以各种数字信息技术为支撑的新型系统。它带来了几个方面的改变，一是工作模式的改变，融入了多学科、多人才、合作化的需求，由以前单个的保管员模式变成部门合作模式，由以前单纯的文物保管人员变为集合文物、摄影、计算机、文物保护等多重保管技能人员。二是工作理念的改变，由以前的保管部门封闭管理变为与博物馆其他部门的合作共享，将尘封的文物从简单的资料变为丰富的资源。三是技术方式改变，由以前简单的纸质账本变为纸质和数字共存的双轨，加快了传播速度和范围。

立体化保管最终的目的就是使文物的查找更方便，文物的选取更安全，文物的受众更广泛，充分体现藏品的桥梁作用。与此同时，我们应该认识到这种桥梁的沟通是一种有限度、半成品化的沟通，一件文物由于其包含的历史、科学、艺术的内涵很多，对于许多普通受众来说有一种距离感和陌生感，如果直接将二者简单地对接并不会产生很好的效果。以往的陈列更多地是强调以文物本身来说话，将一件文物赤裸裸地置于展线中，通过人工或语音讲解的方式向观众传递信息，许多人看完展览之后也许只留下一些感叹，感叹那些文物的精美，而留在脑海里的知识和衍生的思考是十分有限的。而立体化保管的终极目的就是整合出半成品化的文物展品，在一件文物完成立体保管的过程中，把其展览价值最大化地发掘出来，再完成后期的策展陈列，将博物馆对文物的组合、分解、解读、延伸以多种陈列手段表现出来，形成半成品，留下另一半给观众感受和解读，最后完成二者的沟通，取得我们想要实现的效果。当然这种沟通也是有限的，不可能达到百分之百的完美，一是它有时效性，不同时期对文物的解读有不一样的变化，另一方面它还受制于博物馆和受众二者的局限性。只有通过不断互动，才能更上一层楼。

三、当下立体化保管的困难和对策

现阶段立体化保管的困难有几个方面。首先体现在博物馆藏品保管的思想上。由于以往长期形成的惯性思维和文物保管的特殊性，一般情况下，立体保管所要求的工作量和工作难度是十分巨大的，容易让人产生畏难的情绪，加之博物馆工作的弹性较大，所以加强博物馆保管人员的立体化保管理念是工作开展的基础。当前博物馆保管人员的年龄结构尚不合理，老少皆有，水平不一，尚需区别对待，向有志向、有能力的人员倾斜，从多方面培养，使其成为中坚力量。

其次体现在博物馆保管人员的专业技能上。所谓心有余而力不足，立体化保管要求人的能力的多样化，因为许多博物馆不可能配备非常全面的专业人员，所以一专多能还是相当时期的一个要求。而许多中小博物馆的保管人员存在着老龄化和非专业化的现象，缺乏必要的计算机应用能力。而一些年轻人虽有一定的信息技术能力，但文物专业实践能力又有待提高。为了解决这个问题，可以从自身培训和引进人员两者相结合着手，逐步提高和完善保管人员的综合能力，这项工作需要馆领导的支持和推进。以往博物馆培养专业人才有一个行业特色，就是师徒式的教授，这种方法在如今的院校培养体系下虽有一定局限性，但在文物这个特殊行业中还是有其一席之地的。现在有些专家能够利用现代方法如建立文物鉴赏QQ群来教导学生，但它一是人数较多，难以收到好的效果，二是人员多样，以收藏为主，偏离了博物馆工作的方向。所以建立博物馆内部师徒式的培养方式是今后值得探讨的方法。

第三体现在文物保管的环境上。现阶段许多中小型博物馆在文物保管的软硬环境方面存在很多不足。随着社会的发展和政府对文化的重视，如今许多地区的博物馆硬件条件达到了很高的水平，博物馆新馆如雨后春笋般林立，成为各个地区的文化窗口。但是它们虽然有漂亮的建筑外表，在文物的展陈方面也力求唯美，但是在文物保管的硬件条件上还远远不够，特别是一些小型博物馆。文物保管首先是环境的选择，不同质地的文物需要不同的保管环境，特别是一些特殊质地的文物，如丝织品，这些都需要硬件方面的投入，这一点可以随着经济的发展、专业设备的进步分阶段来加强。此外，在有了好的硬件条件之后还需配套好的软件系统，现在强调文物数字化管理需要建立计算机网络系统、集成管理系统、数据库管理系统等，进行这项工作就要在数字影像拍摄、扫描、录入、加工、存储、查找等各个环节添加相关软硬件设施。

综合以上情况，我们对立体化保管充满希望，特别是数字技术在藏品保管中的应用，它强化了保管的研究化和多功能化，使得博物馆的社会教育功能正从传统文化的范畴向更广阔的科学领域扩展，为今后从随机等待观众的参与向规范化的全民教育转化打下良好的基础。千里之行始于足下，只要我们树立立体保管理念，一步步踏实前进，动脑筋、想办法，经过不懈努力，终能够搭建一个崭新的平台。

社会力量推动博物馆发展的经验及个案分析

昆山文化发展研究中心　王晓阳

内容提要

针对国内社会力量办馆的一些成功或失败的个案进行分析，对社会力量办馆出现的"民生万象"的根源进行了总结，认为社会力量办馆存在的困境和瓶颈是政策生态问题，对现有条件下解决社会力量办馆问题提出了一些可行性建议。

关 键 词

社会力量　博物馆　政策生态　公益文化　生存困境

"去哪个城市旅行，先要去那个城市的博物馆。"一个城市的历史记忆、品格气质、文化魅力，都可以通过博物馆的形式得以展现。长久以来，博物馆作为一种公益性文化资源受到政府的保护，社会力量参与博物馆建设却面临重重困境。20 世纪 80 年代以来，社会力量创办博物馆的势头"风生水起"，如雨后春笋般迅速花开遍野；数十年后，这些博物馆却备尝艰辛，一声叹息。一方面是社会力量坚持办馆"九死而不悔"的坚定恒心，一方面是"中国式生存"的艰难痛苦。这种现象值得深入探究。

一、社会力量办馆的"民生万象"

在经历了建馆后短暂的兴奋之后，私立博物馆创办者发现自己的发展面临着许多意想不到的困难：场馆和资金缺乏几乎成了"民办博物馆"的致命伤，藏品的获取仍只能依赖传统渠道，观众的数量似乎还没有媒体记者多，维持博物馆的开放还需要额外的投入。社会力量办馆，竟然产生了如此的"民生万象"。

1. 现象之一：观复博物馆的"孤军奋战型"模式

从 1996 年建立中国第一座民营博物馆——观复古典艺术博物馆——开始，马未都从未放弃对民办博物馆生存之路的探索。在资金、运营、生存、发展这些问题的求解过程中，观复博物馆建立了中国式生存法则。

观复博物馆的生存模式是：个人品牌＋基金会＋理事制。首先，观复博物馆依靠的是马未都的个人名人效应，这个模式是无法复制的。其次，马未都在探索发展中创建"观复文化基金会"，把他几十年收藏的文物全部捐给观复博物馆，由基金会理事会统一管理。在管理上，观复基金会接受社会捐赠，借鉴国外同类艺术基金会的管理模式，如古根海姆基金会、盖蒂基金会、大维德基金会，打造观复基金会的公益文化品牌，开创适合中国博物馆的运营模式。

为了摆脱对门票收入的依赖，把更多的精力放在提高展陈、服务质量上，观复博物馆成功地引入了"理事会制"。"理事会制"是一种会员制，每年缴纳一定费用，成为观复博物馆的共同主人。成龙就是理事之一。在社会名人的参与下，各展厅还接受企业捐赠，并且享有相应展厅十年的命名权。这些做法有效地解决了博物馆的运营经费问题，保证了博物馆的良好发展。

2008 年，观复开业后的第 11 年，第一次实现了盈亏平衡。在当时国内 2000 家公、私博物馆里，唯一能实现盈利的可能就是观复博物馆。即便如此，随着观复博物馆的用地面临拆迁，"场馆"这个老大难问题依旧是观复面临的最大瓶颈。

2. 现象之二：中国紫檀博物馆的"供养型"模式

1999 年耗费两亿元打造的中国紫檀博物馆，占地 2.5 万平方米，拥有数千件紫檀艺术品。这座以紫檀为内容的天价博物馆能够生存并非靠自身造血，而是一直由企业家陈丽华女士用房地产企业供养。

陈丽华在北京拥有数家房地产企业，她用房地产企业包养博物馆已经花费万金。中国紫檀博物馆收藏了千余件用紫檀、乌木、黄花梨木、金丝楠木以及鸡翅木等珍贵材质雕成的宫廷木器精品，和数百件明清家具。紫檀博物馆的门票和工艺品收入微乎其微，而博物馆耗费的人工费和外事接待活动的开销，每年都是一笔巨大的数目。

陈丽华还有一个家具公司，家具全部用紫檀，只做不卖，为博物馆藏品不断"输液"。陈丽华投身紫檀艺术已经三十余年，海内外无数社会名流、商贾巨子参观过这个紫檀博物馆。紫檀博物馆制作收藏多年的"紫檀故宫万春亭""紫檀故宫角楼"和"紫檀飞云楼"三件大型紫檀建筑模型，分别赠送给美国史密森研究院、英国大英博物馆和德国德累斯顿博物馆。

中国民办博物馆能够像紫檀博物馆过上"吃穿不愁、幸福美满"的好日子的，恐怕寥寥无几。

3. 现象之三：北京今日美术馆的"靠山型"模式

北京今日美术馆是一家按照国际美术馆规范建设和运营的民间美术馆，于2006年7月成功转型为真正意义上的非营利机构，成为在民政部门正式注册的民办非企业的公益性质的美术馆。这种转换对今日美术馆的发展起到了至关重要的作用。"民政部门"成为今日美术馆的"上级主管单位"，对美术馆提供税收优惠并在资金运用上进行监督。

今日美术馆在资金链的构建上已经逐渐走向多元化、社会化和稳定化。一方面有来自国家的政策扶持、税收优惠和专项资金；另一方面则来自于美术馆自筹，包括基金会资金、社会赞助资金以及美术馆的门票、会员卡收入，咖啡屋、书店等商业性收入。其中，社会赞助占据整个资金链中的大部分，会员卡收入在不断上升，书店和礼品店经营不到一年时间就有了很大的发展空间。今日美术馆抓住一切途径拓展资金链，将风险降到最低，在艺术衍生品的开发和礼品店的运营上下足功夫，降低赞助资金的比例。

今日美术馆的经验是：只进行商业运作会死掉，要与文化结合、与品牌企业结合，让文化与商业形成互动。目前今日美术馆分为"商业"和"学术"两部分，界限十分分明。学术上的活动是保证美术馆在学术性和专业性上的一流标准，形成品牌；商业活动全方位挖掘艺术市场，包括创办刊物、出版相关书籍、策划学术研讨，最大限度地发掘艺术家的价值。"学术"和"商业"良性互动，成为今日美术馆的明确定位。总结起来，还是"日边红杏倚云栽"，有政府和企业的双重支持，才能过上好日子。

4. 现象之四：百佛阁博物馆的"苦苦挣扎型"模式

山西永济市百佛阁博物馆是山西省成立较早的民办博物馆。拥有瓷器、陶器、兵器及涉及佛教、科举、盐文化等方面的共 1000 多件藏品，是一家"综合性"的博物馆。办馆十几年来，先从平遥古城县衙迁往古城内的文庙，后又迁到永济市的蒲金渡遗址，眼看签订的合同即将到期，百佛阁的去向还没有着落。

百佛阁博物馆是 2001 年由收藏爱好者陈庆云卖掉房子建立的博物馆，十多年他一直采取和景区合作分红的方式来维持生存，因为生计不佳，他不得不卖掉一些藏品，还落下了几十万的外债。由于缺少安保条件，博物馆先后 4 次被盗。

百佛阁博物馆的生存现状正是国内民办博物馆的普遍生存状况。场馆、资金、人力三座大山，成为民办博物馆生存的巨大压力。

5. 现象之五：水岩奇石博物馆的"昙花一现型"状态

2010 年，广东首个民办自然科学类博物馆——深圳市水岩奇石博物馆得到广东省文化部门的正式批复，落户深圳宝安区西乡街道盐田商务广场。没过多久，该博物馆资金链断裂，彻底消失。曾与当代名家文房四宝博物馆毗邻的"聚兴元紫砂壶"博物馆已经注册申请审批，在漫长的审批等待和繁琐的手续办理还未完成之前就被迫关门。在深圳已经悄然拉下帷幕的民办博物馆还有名闻一时的十里红妆民俗博物馆等数十家博物馆。据说深圳"每年注册新开十家很正常,但每年关闭十家也很正常",民办博物馆如何走出"其兴也勃焉、其亡也忽焉"的怪圈,成为一个难解的困境。

同样,20世纪90年代末,虹口区政府以十分优惠的条件吸引了包括蓝翔筷子藏馆在内的四五家民办博物馆入驻,这条街也因此名噪一时。但是现在其他几家博物馆都已销声匿迹。蓝翔也将自己的藏馆分出一半面积出租,因为资金缺乏,蓝翔同样面临关门的危机。

踌躇满志开张,不堪种种压力退隐,这种"昙花一现型"的状态,已经成为国内博物馆的常见状态。民办博物馆投入的创建经费和运营费用很高,但是几乎没有收益,资金缺口年年增加,维持下去真是很不容易。

二、社会力量办馆面临的"瓶颈"以及"突围"方向

1. 社会力量办馆的困境

第一,身份问题。

各家民办博物馆面临的困难或许五花八门,但是在收藏家马未都看来,这些经济上的困难都是很容易想见的,抑制民办博物馆发展的根本问题和瓶颈是法规和制度的不健全。

1998年国务院发布了《民办非企业法人登记管理暂行办法》,把民办博物馆列入民办非企业法人单位。"民办非企业"是一个概念含混、又带着歧视意味的身份认证。身份问题给民办博物馆的生存造成了诸多困难,"民办博物馆不是企业,因此没法经营,而民办博物馆的生存是需要经营的"。为了生存,博物馆只能另外成立公司来搞经营,可是多一个机构就会多很多支

出。另一方面的问题是，"民办非企业"这样一个尴尬身份让民办博物馆在对外交流时往往无法与对方衔接。

民办博物馆什么时候能够"正名"，还是一个遥遥无期的"大饼"。

第二，准入问题。

随着社会的发展，社会力量创办的博物馆作为对国有博物馆的补充和传统文化遗产保护的重要力量，已经得到各级政府的重视，扶持政策陆续出台。但是各项扶持政策中，对藏品数量和场馆面积都有具体规定，对藏品来源也有详细要求，这对于大多数民办博物馆来说是一种"奢求"。政府的法规政策一般都倾向于"锦上添花"，而不会"雪中送炭"，对于大多数资金匮乏的民办博物馆来说，正常过日子尚且"举步维艰"，还要力求场馆面积专业人员和管理流程的达标无疑是较大的难题。一个民办博物馆想注册得到省级文物部门的批准都很难通过，更别指望政府的扶持资金了。

第三，自身缺陷。

除了少部分实力雄厚的大家，大部分民办博物馆都存在"先天不足"：展品不够丰富，内容也较为单一，专业性不足，专业人才匮乏，管理不规范……诸如此类的问题，困扰着大部分民办博物馆，成为民办博物馆的另一大硬伤。而博物馆必须面对的场馆和资金问题，更是让民办博物馆头痛不已。

2. 各个地方试图"突围"的创新型实践

第一，"抱团取暖"，以图"春暖花开"。

四川安仁古镇是一个以民国公馆与风情著称的"博物馆小镇"，2013年"建川博物馆聚落"，总共有24座民办博物馆，2014年将达到30座。创办人樊建川投入了好几个亿，但是对于盈利却"没有把握"，工资、水电费、维护费用等算出去，自给自足已经很了不起！

但是，樊建川很看好这种"抱团取暖"的方式。在他的宏伟蓝图里，博物馆小镇让博物馆事业和产业结合，集聚效应能吸引来大批游客，然后餐厅、酒店、展览、旅游商品的售卖、电影道具的出租都能依托于此发展起来，从而形成综合产业，使民办博物馆活下去。"看单个的博物馆，观众可能不想跑这么老远，但要是一次能看几十个形形色色的博物馆，那吸引力就大很多。"

虽然博物馆小镇的未来前景还不明确，但是"抱团取暖"的模式，还是让我们有所期待。

第二，以市场运作争取发展资金。

在博物馆比较发达的无锡，两家民间的专业博物馆通过正规注册获得资格。

过去，民间博物馆在无锡是一个空白。无锡市收藏家协会牵头创办了无锡市民间蓝印花布博物馆，保存和展示了蓝印花布的实物和制作工艺工具，其中包括"麒麟送子""凤栖牡丹"等众多精美的清代作品。位于南禅寺中的"得一堂"博物馆则是无锡地区第一家从事瓷器收藏、研究的民间博物馆。馆内主要陈列品为瓷器，从宋代的名窑瓷器到清代官窑御瓷，一直到罕见的水注、透雕，观者如同浏览一部中国瓷器发展史。

这两个博物馆都是走市场化的发展路线，蓝印花布博物馆是与生产厂家合为一体的，也是以厂养馆。"得一堂"博物馆则通过专家专业讲座、咨询、交流等活动产生效益。

第三，放松限定，"发展了再说"。

山东济南准备实现打造"博物馆之城"的目标，但是面临文物局的严格准入政策很苦恼。要想建成每一座博物馆都会很难，要想每座博物馆都能够达标注册不是容易的事情。济南市的政策是"先建起来再说",即对于基本符合条件的博物馆等,先由市文物部门挂牌,指导其改造提升、逐步规范。另外像本不属文物范畴的奇石、根雕等,也鼓励建成博物馆,也算是对现行文物政策的"小突破"。比如"建博物馆不追求观众流量,而在于满足人们个性化的观赏需要。公办博物馆缺乏个性,有'众馆一面'之感。社会力量建设的博物馆,通常专注一方、个性鲜明,容易讨好具有某种兴趣的爱好者,也是国有博物馆的补充。"

第四,嫁给"有钱人"。

一些民办博物馆因为和旅游景区的"联姻"获得了生存,还有一些民办博物馆自觉和企业家联合,以塑造"企业形象"的方式得到资助,还有一些是因为保存了当地的非物质文化而受到政府的扶持。不管怎样,嫁给有钱人都是一种生存的途径。

当然,嫁给有钱人必须自己"姿色撩人",大多数民办博物馆如果没有实力,也很难嫁出去。不过和财力集团"联姻"不失为一种突围方法。

三、鼓励支持社会力量办馆的努力方向

1. 改变社会力量办馆的政策生态

民办博物馆,从藏品的精品度以及对公众免费开放的普及度,其实已经履行着和国家博物馆同样的社会功能,但受到的待遇仿佛"天壤之别"。除了资金来源不同之外,还有很多政策上的歧视。南京某美术馆创办人说:"在购买海外藏品的时候,国有博物馆只要出具证明,就可以顺利过海关,人员差旅费用国家承担。而民办博物馆自己承担费用，还要多缴纳30%的关税。"这样的政策生态，对于民办博物馆是不公平的，应该给与相当的待遇。

而这样的不公平待遇，还充斥着藏品收购、资金扶持、财税政策等各种方面。支持鼓励社会力量办馆，首先要改变的就是社会力量办馆的政策生态。

2. 建立博物馆序列的公益性基金会，接受社会捐赠

社会力量进入博物馆的方式主要有两种：一种是通过建立公益性的基金会直接捐助，另一种是社会力量直接介入到博物馆的管理。公益性基金会的建立，能够把广泛的社会力量拉进来，形成有效而长期的博物馆资金来源。

如美国大都会博物馆三分之一的经费来自政府，此外便是社会各界的资助；洛杉矶盖蒂中心属于盖蒂基金会，基金会的资金来源是已故石油大亨保罗·盖蒂的遗产；韩国的私立博物馆除了政府资金补贴，还有文化机构的专业人员义务驻馆工作。在西方，加入某种社会文化类的基金会往往只是为了一种"名誉"。一个人成为博物馆基金会的"理事"或者"会员"，就代表他的社会责任和文化修养，是很多企业家热衷的。就好像一个慈善机构能够得到很多形式的捐款，一个博物馆的公益性基金会同样能够吸纳很多社会捐款和直接藏品捐助，用于本地的民办博物馆发展事业。

3. 设立民办博物馆的"宽进严管"制度

据上海收藏欣赏联谊会统计，在上海仅家庭博物馆就达120余家，而在上海民政部门登记注册为民办非企业单位的民办博物馆总共只有15家。我国目前国有博物馆约2900余座，而注册的民办博物馆只有400余座，仅占前者的13.7%。究其原因，很多民办博物馆均无法达到《博物馆管理办法》中有关成立非国有博物馆的规定。政府对于民办博物馆的审批要求过于严

格，基本是按照国有博物馆的要求来办民办博物馆，使得大多数民办博物馆无力注册。

民办博物馆对社会的贡献却是非常可观的。目前我国收藏品的种类达7400多种，老式家具、像章、票证、打火机、算盘、邮票、纪念币、栓马桩都成为新的收藏热点。这种大众式的收藏，是国有文博机构无法贡献给社会的。国家应该吸引更多的民间资本参与进来，共同保护我们的文化遗产。管理部门应该对民办博物馆"网开一面"，要"放水养鱼"，慢慢培养，而不应该"设立门槛"，将民办博物馆一下子"推出门外"。

4. 将民办博物馆建设纳入社会文化发展规划

民办博物馆是国有博物馆的有力补充，有利于提高区域公共文化服务能力和地域文化影响力。当前各地尤其是先进地区都建立了规模宏大的博物馆群，场馆面积很大，保存条件良好，空置也很多。可以将一个地方的民办博物馆建设纳入社会文化发展规划，为民办博物馆提供场馆和辅助资金，一视同仁共同规划，共同管理。

和国外一些国家相比，我国民办博物馆的比例相当低。泰国一个华人聚集的岛上就有17家民办博物馆，马来西亚马六甲市这座海滨小城市中就有大大小小50多家民办博物馆和1家国立博物馆，政府规划要办100家民办博物馆，成为当地吸引各国游客的重要景点。无论从哪个角度，民办博物馆的处处开花都不失为一种良好的社会文化现象。将民办博物馆建设纳入整个文化发展规划，广泛吸引社会力量参与博物馆办馆，才能迎来各类专业博物馆建设的黄金时期。